普通高等学校"十四五"规划企业行政管理专业新形态精品教材

编委会

顾　问：

丁　煌　武汉大学政治与公共管理学院原院长，教授、博士生导师
王　端　华中师范大学管理学院教授

主　编：

黄安心　广州开放大学管理学院院长、教授

编　委：（排名不分先后）

李文斐	黄安心	杜　敏	虞巧灵	余祖伟	张仕华
段建军	谈　萧	吴兴华	王启珊	周晓梅	郑伟发
郭凤林	蓝　天

普通高等学校"十四五"规划企业行政管理专业新形态精品教材

Corporate Public Relations and Planning

企业公关与策划

（第二版）
（2nd Edition）

▶▶ 段建军 主编

中国·武汉

内 容 简 介

本教材是企业行政管理专业核心必修课教材。它是根据企业行政管理专业学生和企业行政管理人员、公关人员学习公关实务知识,培养和提升公关活动筹办和公关策划能力的实际需要来编写的。内容主要包括公关的基本理论与策划知识、企业公关从业人员、公关策划方案、公关处理、营销公关、庆典策划、赞助策划、会展策划、公关传播策划、危机处理、企业形象及 CIS 战略策划。作为企业行政管理专业实务性课程的教材,本书主要介绍公关的基本理论、基本方法和基本原则,为从业者打下较好的理论基础;同时,通过具体案例情境训练公关实际操作的基本能力。

本教材适合高职高专、开放教育院校和应用型本科企业行政管理专业学习使用,也可供行政管理、工商管理、人力资源管理、公共关系等相关专业学生学习了解公关实务知识使用,还可作为政府机构及企事业公关部门的培训教材。

图书在版编目(CIP)数据

企业公关与策划/段建军主编.—2 版.—武汉:华中科技大学出版社,2021.8
ISBN 978-7-5680-7471-1

Ⅰ.①企… Ⅱ.①段… Ⅲ.①企业管理-公共关系学-高等学校-教材 Ⅳ.①F272.9

中国版本图书馆 CIP 数据核字(2021)第 163068 号

企业公关与策划(第二版) 段建军 主编
Qiye Gongguan yu Cehua

策划编辑:	周晓方
责任编辑:	章 红
封面设计:	刘 卉
责任监印:	周治超

出版发行:华中科技大学出版社(中国·武汉)　　电话:(027)81321913
　　　　　武汉市东湖新技术开发区华工科技园　　邮编:430223
录　　排:武汉正风天下文化发展有限公司
印　　刷:武汉市籍缘印刷厂
开　　本:787 mm×1092 mm　1/16
印　　张:14.75　　插页:2
字　　数:353 千字
版　　次:2021 年 8 月第 2 版第 1 次印刷
定　　价:58.00 元

本书若有印装质量问题,请向出版社营销中心调换
全国免费服务热线:400-6679-118　　竭诚为您服务
版权所有　侵权必究

企业行政管理是近些年兴起的新兴管理学分支学科。从字面上看,企业行政管理是企业管理与行政管理相结合而产生的一个概念,但实际上并非如此。企业行政管理既非一般的政府行政管理,也非人们通常所理解的企业管理。一般人认为,行政管理就是公共行政管理,它是指国家行政组织或公共行政组织在宪法和有关法律的规定范围之内对国家和社会公共事务进行的管理活动。但企业行政管理不同于公共行政管理,它是指为保障企业经营管理目标的实现,由企业行政性机构及其人员按照既定的行政渠道,采取一定的行政手段,实施企业行政性组织建设、行政性事务处理、统筹协调、服务保障等保证企业经营活动正常开展的带有内部公共性的企业管理活动。两者在管理主体、管理依据和管理内容上都不同,但有共通的管理特性,如指令性、公益性、服务性、保障性等。

企业的行政管理体系是企业的中枢神经系统。它是以总经理为最高领导,由行政副总分工负责,由专门行政部门组织实施、操作,其触角深入到企业的各个部门和分支机构的方方面面的一个完整的系统、网络。行政管理体系所担负的企业的管理工作,是企业中除生产经营业务工作之外的管理工作。行政管理体系推动和保证着企业的技术(设计)、生产(施工)、资金(财务)、经营(销售)、发展(开发)几大块生产经营业务的顺利、有效进行和相互之间的协调。

行政管理工作在其广度、深度、重要性及敏感性等方面都不同于企业其他方面,也不同于政府机关的行政管理,具有一定的特殊性。在一个企业中,行政管理工作的水平直接影响着企业的生产经营,决定着企业未来的发展前景。企业行政管理工作的广度涉及一个企业的全部运作过程,其深度又涉及许多局外人难以想象的细枝末节。可以说,企业行政管理是企业的中枢神经,是企业内外上下沟通协调的桥梁和纽带。建立高效的企业行政管理体系,提升企业的核心竞争力,是现代企业关注的问题之一,也是中国企业管理向高层次、高水平发展的瓶颈问题。因此,在现代企业中,行政部门是企业重要的管理部门。做好行政管理工作是企业有效运转的重要前提,也是经营者提高企业管理水平的一个切入点。正因为如此,企业行政管理工作越来越成为政府、企业、学界、社会等主体关注的热点问题。

在国外,企业(商业)行政管理早已为社会各界所重视,专业学历教育和职业教育已形成完整的体系。20世纪60年代,西方发达国家和多数发展中国家开始重视教育培训的投入,但随着新技术的突飞猛进,产业结构的急剧变化,以及经济竞争的大大加剧,在教育与经济的关系上,世界各国都面临着一个共同的问题:如何促进教育培训与生产相结合、与产业相结合,为企业服务、为社会经济发展的需要服务的问题。于是,英国政府提出了"为了成功的未来而开发技能"的国家教育培训目标,国家职业资格标准 NVQ(national vocation qualification)体系随之产生并开始在所有英联邦国家推行。这是20世纪英国教育培训与鉴定考试制度最重大的一次革命,并对世界范围内的教育培训模式产生了巨大影响。

NVQ 体系已是全球 100 多个国家共同认可的国际标准。参加 NVQ 国家级企业行政管理职业资格认证成为现代企业行政管理人员追求的目标。获得行政管理资格认证的人员,成了当今企业竞相争夺的稀缺人才资源。

早在 1997 年,为了适应中国加入 WTO 后企业对高级行政管理人才的需求,满足国际职业对高级行政管理人才的需求,培养与国际职业标准相接轨的专业人才,劳动和社会保障部(现称"人力资源和社会保障部")职业技能鉴定中心(OSTA)参照英国国家职业资格 NVQ 证书体系,推出了中英合作的 NVQ 企业行政管理职业资格证书。并先后在北京、天津、广东等地设立了16家考证中心,每年进行4次考试。主要知识内容有:设备、材料、服务和供应,工作环境的创建与管理,程序,信息与交流,组织效率和个人效率,商务会议、商务活动和商务旅行等。2001 年 7 月,我国第一批考生通过考试拿到了 NVQ 证书。该证书由执行单位——劳动和社会保障部职业技能鉴定中心和英国伦敦工商会考试局(LCCIEB)联合签发,是在全国范围内通用的国家级职业资格证书,其国际职业标准为外企、三资企业所青睐,是总裁助理、行政总监、办公室主任、行政经理等行政管理人士专业能力提升的最佳选择,也是体现求职者能力的"就业通行证"。

20 世纪 80 年代初,跨国企业集团进入中国。为了站住脚,他们花了上千万美元,请咨询公司和中国人一起搞了一套适合中国国情的管理模式,即 A 管理模式。这是企业内部的行政管理模式(包括预算计划系统、组织系统、企业文化系统、垂直指挥系统、横向联络系统、检查反馈系统、招聘任用系统、培训系统、激励系统等九大系统),源于跨国集团与国际接轨,诞生在中国大地,具有显著的中国特色。1997 年 10 月 25 日,中国企业管理协会召开论证会,与会的国家经贸委、体改委的官员和部分专家学者对 A 管理模式给予了充分肯定。A 管理模式构建了一个企业行政管理平台,简称"经理 ABC":企业必须建立在利益分配系统和权力分配系统两大基础上,这是根本制度——企业的行政管理模式(administration)。A 管理模式阐述的就是企业行政管理模式和经理人应具备的企业行政工作能力,也就是掌权的能力,这是经理的第一专业。掌权是为了什么?不是为了个人,而是用手中的权力经营(business)企业,使企业赢利;控制(control)企业,让企业安全。这就是"经理 ABC"。为什么有的老板很敬业,但企业仍然混乱不堪?为什么有的企业生意兴隆,合同一单又一单,但见不着利润?为什么有的老板不断给职工涨工资、发奖金,但还留不住人才?原因在于企业的根本制度不科学、不公正。企业的经理只懂业务,不擅行政。A 管理模式认为,企业发展必须伴随制度建设,建立自己的管理模式。有了科学的模式,就有了优秀的遗传基因。有了一批善于"掌管行政权"的经理,就有了"传教士"。依托配套的电脑和网络,企业就有了执行能力和控制能力;依托统一的教材——"企业圣经",企业就有了繁殖能力,就可能成为一代企业帝国。A 管理模式为我们描绘了一个企业行政管理工作的蓝图,虽然不一定能被大家完全接受,但它是建立有中国特色的企业行政管理模式的富有成效的一次探索,也提出了一个重要而紧迫的课题,期待专家、学者去破解。

在企业管理实践中,由于行政管理工作涉及面广、综合性强,行政管理人员要有较宽的知识面和较高的理论水平、政策水平、专业水平和专业技能。因此,企业行政管理人才培养与工商管理专业人才培养并驾齐驱,需要有从大专、本科到研究生各层次的人才培养学历教育体系作为支撑。目前,国内在学历教育方面,已有不少本、专科院校开设了企业行政管理专业或企业行政管理方向,一些高校如清华大学、北京大学还开设了行政管理专业(企业行政管理方向)研究生课程进修班,为企业培养高层经理人。不过开设的课程,受到工商管理和行政管理专业的影响,没有很好地进行课程模块设计,本专科教育基本上是工商管理专业课程,研究生教育又主要是行政管理专业课程,没有体现企业行政管理专业的特性和教育需求。

企业行政管理专业需要一定的行政管理和工商管理专业知识作支撑,但不能替代企业行政管理专业核心知识的功能,因此,需要考虑国外已有教育经验和中国国情,研究开发出有中国特色的企业行政管理专业教育项目,特别是构建有中国特色的企业行政管理知识体系和学历教育专业课程体系。笔者在国内较早关注企业行政管理专业高等教育,并积极推动该项建设工作,做了大量的前期准备。在华中科技大学出版社和有关专家的指导下,我们组织一批有相关学科、专业长期教学与实践经验的专家编写了这套"全国高等学校应用型人才培养·企业行政管理专业系列规划教材",包括《企业行政管理概论》《企业公关与策划》《企业文书与档案管理》《企业法律实务》《企业品牌与文化》《企业员工管理》《企业管理信息化》《企业经济信息与运用》《企业后勤管理实务》《企业招标采购实务》《企业班组现场管理》《员工关系管理》等12本专业核心课程教材,以满足广大师生对相关教材的迫切需要。

本套教材第一版出版后,受到了社会广泛关注,不但成为高校企业行政管理专业(方向)的首选教材,而且不少央企和大中型企业将其作为企业内部培训教材。这是对本套教材作者的最好回报和激励。第二版教材根据环境变化做出了认真修改,完善了内容,以增强教材的科学性和适应性,更好地满足学习者的需要。

随着我国社会发展和政治经济体制改革的深化,对公务员队伍素质的要求越来越高,行政管理专业本科毕业生在政府部门的就业机会有减少的趋向。行政管理专业专科毕业生由于公务员入门本科"门槛"的要求,基本上只有选择读专升本继续深造或选择非公务员职业。很显然,我们的行政管理专业教育只盯住公务员职业或只选择公共行政管理教育方向多少是有点不合时宜的。如果继续原有的以培养公务员为目标的行政管理专业教育模式,不但脱离实际,而且人为地造成大量行政管理专业学生就业困难。而另一方面,现代企业需要大量的受过专业教育的企业行政管理人才却得不到满足。事实上,从一般意义上讲,只有从事专业对口的工作,才更有可能找到职业感觉和实现职业发展目标,实现人生价值。企业行政管理专业又何尝不是如此呢?可以说编写这套教材是适应现代企业发展、企业行政管理实践和企业行政管理人才培养需要的创举。

考虑到应用型人才的培养需要,本套教材在编写体例上尽可能考虑职业素质和职业技能的人才培养目标需要和人才规格要求。在课程知识和内容组织上,强调以知识学习的项目管理为范式,以岗位工作任务为中心,以流程(过程)和方法为逻辑线索,以环境变化为权变因子,以恰当的知识呈现和教学方式方法实现教学目标。

这套教材的突出特点如下。

第一,基础性。主要考虑国内目前此类教材稀少,成套性和基础性成为本套教材的重要编写方针,以使其成为企业行政管理系列教材的母版,起到抛砖引玉的作用,为此类教材建设做好基础性工作。

第二,创新性。本教材的科目设计及知识体系选择,既考虑国外的经验,又考虑中国国情,突出了中国企业行政管理体制、企业行政模式与企业文化特色的要求,引进、继承和发展并重,力求形成有中国特色的企业行政管理知识体系和专业教育特性。

第三,应用性。教材以解决现代企业行政管理人才培养的重点、难点问题为己任,突出对企业行政管理实践问题的回应,强调专业素养和专业技能的培养,实现知识体系模块化以及项目管理化、任务化。设计有案例引导、案例分析、技能训练、实践活动等栏目。

第四,现代性。教材吸收一些长期从事远程教育、成人教育的专家参与,不但更好地结合企业实际开展教学,而且能够运用现代远程教育技术、信息技术、网络技术,开发网络课程,实现在线支持服务,为求学者解决工学矛盾,实现终身学习、持续发展的人生目标。

2017 年 3 月

目录

第一章 企业公关与策划概述 ... 1
- 学习目标 ... 1
- 案例引导 ... 1
- 第一节 企业公关概述 ... 3
- 第二节 企业公关工作的一般程序 ... 12
- 第三节 企业公关策划概述 ... 16
  - 案例分析 ... 19
  - 技能训练 ... 20
  - 本章小结 ... 21
  - 本章练习 ... 21

第二章 企业公关从业人员 ... 24
- 学习目标 ... 24
- 案例引导 ... 24
- 第一节 企业公关从业人员的素质 ... 25
  - 案例分析 2-1 ... 25
  - 案例分析 2-2 ... 27
  - 案例分析 2-3 ... 30
  - 案例分析 2-4 ... 30
- 第二节 企业公关人员的培养 ... 31
  - 技能训练 ... 33
  - 本章小结 ... 33
  - 本章练习 ... 33

第三章 公关策划方案 ... 36
- 学习目标 ... 36
- 案例引导 ... 36
- 第一节 公关策划方案的内涵和构成要素 ... 38
  - 案例分析 ... 40
- 第二节 制订公关策划方案的程序 ... 42
  - 技能训练 ... 53
  - 本章小结 ... 54

本章练习 54

第四章　企业公关处理 57
　　　学习目标 57
　　　案例引导 57
　　第一节　企业内部公关处理 59
　　　案例分析 4-1 61
　　第二节　企业外部公关处理 65
　　　案例分析 4-2 67
　　　案例分析 4-3 69
　　　案例分析 4-4 71
　　　技能训练 72
　　　本章小结 73
　　　本章练习 73

第五章　企业营销公关 77
　　　学习目标 77
　　　案例引导 77
　　第一节　企业营销公关的含义与职能 78
　　第二节　企业营销公关程序 81
　　第三节　营销公关的策略 88
　　　案例分析 5-1 90
　　　案例分析 5-2 91
　　　案例分析 5-3 92
　　　技能训练 93
　　　本章小结 93
　　　本章练习 94

第六章　企业庆典活动公关策划 97
　　　学习目标 97
　　　案例引导 97
　　第一节　企业庆典活动的含义与类型 98
　　第二节　庆典活动的准备工作及仪式程序 100
　　第三节　庆典活动公关的注意事项 103
　　　案例分析 105
　　　技能训练 107
　　　本章小结 107
　　　本章练习 107

第七章　企业赞助活动公关策划 ········· 110
　　学习目标 ········· 110
　　案例引导 ········· 110
　第一节　企业赞助活动的含义、目的与类型 ········· 110
　　　案例分析 7-1 ········· 113
　第二节　企业赞助活动的程序 ········· 113
　　　案例引导 7-2 ········· 115
　第三节　企业赞助活动实施的注意事项 ········· 116
　　技能训练 ········· 118
　　本章小结 ········· 118
　　本章练习 ········· 119

第八章　企业会展公关策划 ········· 121
　　学习目标 ········· 121
　　案例引导 ········· 121
　第一节　企业会展公关的目标 ········· 122
　第二节　企业会展活动类型 ········· 124
　第三节　企业会展活动的工作程序 ········· 127
　　技能训练 ········· 140
　　本章小结 ········· 140
　　本章练习 ········· 141

第九章　公关传播策划 ········· 144
　　学习目标 ········· 144
　　案例引导 ········· 144
　第一节　传播及其要素 ········· 145
　第二节　传播的类型与方式 ········· 148
　　　案例分析 9-1 ········· 149
　第三节　公关传播媒介及效果 ········· 152
　　　案例分析 9-2 ········· 155
　　　案例分析 9-3 ········· 159
　　技能训练 ········· 161
　　本章小结 ········· 162
　　本章练习 ········· 162

第十章　公关危机处理策划 ········· 164
　　学习目标 ········· 164
　　案例引导 ········· 164

第一节　公关危机的含义与类型 ………………………………………… 165
第二节　企业公关危机处理机制 ………………………………………… 167
第三节　企业公关危机处理的基本原则 ………………………………… 171
　　案例分析 10-1 ……………………………………………………… 172
　　案例分析 10-2 ……………………………………………………… 173
　　案例分析 10-3 ……………………………………………………… 174
第四节　公关危机处理程序与策略 ……………………………………… 175
　　案例分析 10-4 ……………………………………………………… 175
　　案例分析 10-5 ……………………………………………………… 179
　　技能训练 …………………………………………………………… 180
　　本章小结 …………………………………………………………… 181
　　本章练习 …………………………………………………………… 181

第十一章　企业形象及 CIS 战略策划 …………………………………… 184
　　学习目标 …………………………………………………………… 184
　　案例引导 …………………………………………………………… 184
第一节　企业形象概述 …………………………………………………… 186
　　案例分析 11-1 ……………………………………………………… 193
第二节　企业 CIS 战略的含义与构成 …………………………………… 195
　　案例分析 11-2 ……………………………………………………… 200
　　案例分析 11-3 ……………………………………………………… 201
　　技能训练 …………………………………………………………… 207
　　本章小结 …………………………………………………………… 208
　　本章练习 …………………………………………………………… 209

各章练习参考答案 ……………………………………………………… 212
参考文献 ………………………………………………………………… 225
后记 ……………………………………………………………………… 227

第一章　企业公关与策划概述

了解企业公关的基本含义与特征、企业公关的各项构成要素及其之间的相互关系、企业公关的职能和原则,熟悉并掌握企业公关工作的一般程序,熟悉企业公关策划的含义、类型、原则和方法等。

特斯拉:危机管理教科书

2013年10月2日,一辆特斯拉Model S型豪华轿车在美国西雅图南部的公路上发生车祸起火。从录像可以看出汽车前部着火,两侧轮胎火势较大,中间最前部出现几次小型的火球,驾驶舱和汽车后部基本完好。尽管特斯拉Model S型电动车曾在安全碰撞测试中获得美国公路交通安全管理局(NHTSA)的最高分5.4星,但随着视频的广泛传播,再次引发了公众对于电动车安全性的怀疑。

尽管受到该事件的冲击,特斯拉公司股票以及声誉受到短期的重挫,但特斯拉成功化解了危机。公司CEO马斯克的及时回应使特斯拉在起火危机中的表现广受称赞,甚至有人将之称为"教科书一般的危机公关案例"。事故发生后,马斯克不但及时联系车主,向公众介绍了事故情况,并且对特斯拉起火事故做出了全面分析和解释。

在汽车起火发生的当天,特斯拉全球公关就发布紧急声明,承认着火的车辆是一辆特斯拉Model S,但他们解释该车是在发生重大撞击之后才起火,并非自燃。这份措辞讲究的声明还不忘强调车辆的安全性能:大火仅仅局限在车头的部位,所有迹象都显示火焰没有进入内部驾驶舱。同时特斯拉的警报系统显示车辆故障,很智能地"指引"驾驶员靠边停车并安全撤离,避免了人员伤亡。

随后,马斯克引用了相关数据再给公众吃下一颗定心丸。全国的驾驶数据证明了这一点。据统计,全国每年有15万起汽车着火事件,而美国人每年要开车3万亿英里(1英里≈1.61公里)。也就说每2000万英里就有一辆车起火,而特斯拉行驶了1亿英里,才有一起起火事件。这意味着驾驶传统汽油车遭遇起火的概率要5倍于特斯拉。

在完全了解了起火以及事故发生的原因后,事故车的驾驶员为特斯拉做了"无罪辩护",他对特斯拉在此次事故中的表现很满意。他说,车辆在这样极端的情况下表现良好,并表示自己仍是特斯拉的粉丝并还会再购买一辆。

保时捷:车主维权"无门"

2013年4月27日下午3点左右,车主郝钢驾驶着保时捷卡宴Turbo在沪昆高速路上行驶,在1088路段200米左右时发现应急车道有变道指示,于是赶快松油门减速,此时车速在100 km/小时左右。然而,由于某种原因,保时捷刹车失灵,导致汽车直接撞向了前方车辆。在车主郝钢、保时捷中国技术人员的见证下,湖南大学司法鉴定中心做了事故鉴定,确认该车在碰撞事故发生前发动机已经熄火,使制动、转向系统的增力作用消失,从而使行驶安全性下降,引发此次交通事故。随后,湖南省公安厅交通警察总队高速公路管理支队潭邵大队出具的"第4315076201301107号"《道路交通事故认定书》中明确:"郝钢驾车采取制动措施时,自车发动机因故障熄火,制动不力,车辆追尾碰撞前方……"

但是,保时捷中国技术部门负责人何彦在给出的书面回复中称:"根据事故现场的碰撞位置看,我们判断该事故是由于驾驶员预判错误导致刹车不及,为避免正面撞击而主动把车开到紧贴绿化带位置,用其右侧车头撞向前车。随后因为该车有事故后自动切断发动机运行的功能,使客户有无法操作方向盘和刹车硬的感觉。要知道事故发生的整个过程可能仅有1~2秒的时间,加上事故发生时气囊引爆会对客户头部有直接的冲击,这可能是导致客户把事故发生后的感觉误认为是事故发生时的体验。"

车主郝钢表示对保时捷的表现极其失望。郝钢夫妇在维权3个多月的过程中,与长沙星利捷保时捷4S店、保时捷中国代理方反复交涉,却至今无果。"我们算是幸运的,但是还有更多的卡宴车主,他们随时都有可能遭遇和我们同样的事故。发生这么大的事故,保时捷中国无动于衷。"

——摘选自《中国商报》,谢师,《车企危机公关案例大起底》,2014年3月13日第C02版

【启示】

同样的危机,不同的公关行动,不同的消费感受,企业公关显示了其"魔力"。企业公关作为企业行政管理的一个分支,其根本还是着眼于人心的学科。学好企业公关,用好企业公关,无论是对企业还是员工,都具有很重要的现实意义。

第一节　企业公关概述

一、企业公关的含义与特征

(一) 公关的含义

"公关"一词是英文"Public Relations"的直译，缩写为"P.R."，最早载于1807年美国《韦氏新九版大学辞典》。还有一种译法为"公众关系"。现在，"公关"已成为世界性的概念。人们对公关的认识是随着对现代社会发展的认识不断深入而深入的。所以，到目前为止，人们在公关定义这个问题上仍然处在一个不断加深认识的阶段，对公关概念的解释也呈现出多样化的特点。仅在国外，对公关所下的定义就有几百种。其中具有代表性的有以下几种。

美国的哈罗博士在分析了472个公关定义后所给出的定义：公关是一种独特的管理职能，它帮助一个企业建立并维持与公众之间的交流、理解、认可和合作；它参与处理各种问题与事件，它帮助管理部门了解民意，并对之做出反应；它确定并强调企业为公众利益服务的责任；它作为社会趋势的监视者，帮助企业保持与社会变动同步；它将有效的传播技能和研究方法作为基本的工具。

《韦伯斯特20世纪新辞典》1976年版认为：公关是通过宣传与一般公众建立的关系，公司、企业、军事机构等向公众报告其活动、政策等情况，试图建立有利的公共舆论的职能。

我国国内公关学者对公关概念的解释也各不相同。

王乐夫等编著的《公共关系学》认为：公共关系是一种内求团结、外求发展的经营管理艺术；它运用合理的原则和方法，通过有计划而持久的努力，协调和改善企业机构的对内、对外关系，使本企业机构的各项政策和活动符合广大公众的需求，在公众中树立起良好形象，以谋求公众对本企业的机构的了解、信任、好感和合作，并获得共同利益。

居延安在他的《公共关系学导论》一书中认为：公共关系是一个社会组织用传播手段使自己与公众相互了解和相互适应的一种活动或职能。

从上述所列举的国内外有代表性的公关定义中可以发现一种现象，这就是尽管人们对公关的定义存在着这样或那样的不同认识，但对公关下定义的思维角度和方法却只有两种：一种是力求从公关的作用和功能的角度来解释什么是公关；另一种则是力求从公关的本质属性的角度对什么是公关加以解释。我们认为，第一种方法虽然能够较全面地反映出公关的作用和功能，但很难从本质上区分公关与其他相关或相近概念，影响人们对公关本质的认识，同时也会影响到公关实际操作的质量。所以，我们比较认同第二种方法。

(二) 企业公关的含义

在综述了目前学界对公关的含义的研究后，我们认为，企业公关是企业通过各种努力，了解公众的态度和要求，并使企业的政策和做法赢得公众的理解、好感和支持的各种行为的总和。在这个定义中,其结构由企业、各种努力、社会及其公众或目标,即主体、中介和客体三个要素组成。其中:"企业"是主体,包括各种类型的企业;"各种努力"是指主体了解、改变客体的各种方法、手段或措施,主要(但不是全部)是各种传播媒体;客体是指企业公关的对象及其所要达到的目的,这里包括公众和目标,其中"公众"包括企业内部员工和社会及其公众,目标是指企业通过开展公关活动所要达到的目的,如赢得社会及其公众的理解和支持,为企业的顺利发展创造条件等。

(三) 企业公关的特征

由于企业有别于其他社会组织,所以企业公关也必然具有自己的特征,与其他社会组织的公关有所差异。又由于企业种类繁多,既有共同的特征,又存在着各自的特点,因而企业公关也反映出共性的特征和各自的特征。企业公关的共性特征,即利益性、协作性和互动性。

1. 利益性

企业是独立经营、独立核算的经济组织。社会主义的企业不能把追逐高额利润作为企业经营的根本目的,还应创造社会效益。但是企业实现自己的经济利益不仅是合理的,而且也是必需的。在社会主义市场经济中,企业与国家、与其他企业、与顾客之间的利益分配关系,本质上是商品交换关系。社会主义的物质利益原则,促使社会主义企业要维护自己合法的经济权益,要谋求盈利。企业的利益与其公众的利益始终是一对矛盾。我国企业体制改革中所涉及的国家、企业和职工以及顾客之间的利益关系,其实质就是企业公关的利益性,是指在利益均衡的前提下,协调企业与公众之间的利益矛盾,共同发展,互惠互利。企业经营目标与企业公众利益的关系是辩证统一的关系。一方面,企业公众利益不仅制约着企业的发展,同时也常常给企业的发展带来机会,企业应及时抓住这种机会,把它与企业的经营目标紧密联系起来,以成为促进企业经营目标实现的有利因素;另一方面,企业的经营目标对企业公众利益也有反作用,有时也会给公众利益带来巨大的影响,因此企业要妥善处理自身利益与公众利益之间的辩证统一关系。开展企业公关活动,须在不损害企业及公众利益的前提下,通过各种方式尽可能满足公众合理的要求,缓解企业与公众之间的利益冲突,为企业的生存和发展创造良好的环境,以实现企业的经营目标。

2. 协作性

企业是生产社会化的产物。社会分工的发展导致社会化大生产,它既是企业产生的直接原因,又使企业成为整个社会生产长链条中的一个环节。企业不是万能的。由于企业行为的个体性和社会生产的整体性之间的矛盾,因而协作成为社会经济和企业发展的重要条件。

就企业而言,协作关系表现在企业的外部环境要求和内部环境要求两个方面。

外部环境要求,是指社会生产整体性要求企业之间协调一致,有计划按比例地进行生产,以适应社会经济稳定发展的需要。但每个企业又都具有个体行为,即从企业的盈利目的出发,使企业竞争性增强,甚至由竞争导致盲目发展,如近年来出现的房地产热等。然而,由于企业个体行为与社会生产的天然联系,迫使企业的发展表现出对于社会经济活动的极大依赖性。尤其是随着科学技术的迅速发展,大科学、大企业、大工程的兴起,使得企业的个体行为的局限性越来越大,这些都迫使企业从社会协作中寻找出路,寻求发展。我国近年来出现的横向联合、企业集团等也反映了这个趋势。

内部环境要求,是指企业内部专业化分工细密,要求员工之间同心协力,才能使企业机体正常运转,以实现企业经营目标。由于企业员工来自社会的不同方面,每个员工都具有不同的经历,思想和行为上也存在着差异性,所以,只有克服了这些差异性,才能使企业员工之间协作和谐。企业公关的协作性,是指通过企业与公众之间的沟通和协调,发挥润滑剂的作用,尽可能减少各种摩擦,在企业内部和外部,建立起良好的协作关系。

3. 互动性

互动是社会心理学的一个基本概念,是指人们通过不断地交换意见、交换对情景的感受,以逐步达到相互间理解的过程。企业是一个开放系统。企业这个系统的运行机制要求,无论从企业内部来讲,还是从企业外部来讲,都希望实现互动。企业开展公关活动时,既要有信息输出,又要有信息输入和反馈。从企业与公关互动的角度来看,信息输入和反馈较之于信息输出,具有更重要的意义和价值。

企业公关的互动性,是指通过企业与公众的信息沟通,实现企业与公众的相互理解。企业内部互动,可增强企业的凝聚力,促使企业子系统协调,实现生产要素的优化组合,提高企业的经济效益。企业外部互动,可赢得外部公众的理解、支持和信任,形成良好的外部环境。企业最佳的公关状态,也就是企业内部互动和外部互动均达到了理想的程度。

二、企业公关的构成要素

企业公关主要是由主体(企业)、客体(公众)和中介(传播媒介)三个要素所构成。

(一) 企业公关主体——企业

任何一个企业对它的公众来说都是主体。

(二) 企业公关客体——公众

企业公关的对象是公众。企业的公众分内、外两部分,以内部员工为对象的公关,称为企业内部公关,主要包括员工关系、上下级关系、股东关系等。搞好企业内部公关,可以加强企业内部的团结和凝聚力,提高企业素质,为企业的发展提供良好的内部环境和基础。以外部公众为对象的公关,称为企业外部公关,主要包括消费者关系、供应商关系、经销商关系、社区关系、新闻媒介关系、政府关系以及教育科技界关系等。企业外部的公关量大面广,较之企业内部公关更为复杂多变,企业公关部门和公关人员的主要工作应放在协调好外部公关方面。

企业公关中的公众主要具有以下几方面的特征。

(1) 同质性,即在特定的时空环境中面临相同的问题。

(2) 群体性,即公众是多人组成的群体,反映群体的意见和要求。

(3) 相关性,即公众面临的问题与企业的目标和发展相联系。

(4) 可变性,即共同的问题一旦解决,就会出现另一类公众。

(5) 多维性,即公众的要求是多层次、多角度的。

(6) 普遍性,即任何公众都与一些企业相联系。

根据需要,可将公众按以下标准进行分类。

(1) 按企业对公众的影响程度,可将公众分为非公众、潜在公众、知晓公众、行为公众。

(2) 按公众与企业联系的状况可将公众分为企业公众、非企业公众。

(3) 按公众与企业联系的持续程度可将公众分为临时性公众、稳定性公众。

(4) 按公众与企业的利害关系可将公众分为互利性公众、冲突性公众、单向性公众。

(5) 按公众的问题导向可将公众分为企业内部员工、企业外部公众等。

(三) 企业公关中介——传播媒介

企业公关的传播媒介是公关主体(企业)向公关客体(公众)传播信息时所采用的载体、渠道和方式。它是一个含义十分广泛的概念,是各种传播技术和传播手段的总和。

根据企业公关传播媒介的特征,可将其分为以下两大类。

(1) 印刷媒介,包括报纸、图书、杂志、文字、图片等。

(2) 电子媒介,包括广播、电视、电话、网络等。

其中,报纸、杂志、电视、广播被称为四大传播媒介。

各种传播媒介都有自己的特点,可以综合运用,互相取长补短,但很少能互相代替。

企业公关传播渠道主要有人际传播、大众传播、公关文书、新闻发布、公关沙龙等。

公关的传播方式主要有直接传播和间接传播两种。

三、企业公关的职能

公关是企业经营管理的重要组成部分,作为一种职业和一门艺术,公关在企业经营管理的各个环节上都肩负着重要的职能。概括地讲,就是传播沟通、协调关系、决策咨询、塑造企业形象和处理危机。

(一) 传播沟通

企业公关的一个重要职能,就是进行传播沟通。通过传播沟通,增进公众对企业的了解,广结人缘,为企业创造良好的外部环境,达到塑造企业良好社会形象的目的。它的基本内容是通过积极主动、及时的宣传沟通,不失时机的交往,将企业的有关信息有效地输出,增强社会公众对企业的了解、信赖、好感,让公众舆论向有利于企业的方向发展。

传播沟通的目的是多种多样的,概括起来无非是分享信息、融洽感情、改变态度、引起行为。传播沟通的途径也很多,主要利用各种媒介,如报纸、电台、电视、杂志等,也可以运用演讲、学术会议、展览、信息交流会、赞助活动等传播手段,还可以借助直接交往,如日常接待、走访、各种联谊活动以及各种专门活动等,进行传播沟通。

公关的传播沟通对企业具有十分重要的作用。

首先,它是塑造企业形象的重要手段。美国企业家万纳曾为公关下了一个通俗的定义:"Do good,tell them",即"做好,告诉大家"。对于一个企业而言,"做好"就是要求有优质的产品和优良的服务。但是在商品经济高度发达、市场日益广阔、竞争不断加剧的条件下,只局限于"做好"还不够,如果不设法使自己优质的产品和优良的服务得到公众的了解,公众就不会对你的产品和服务产生兴趣。所以,还必须"告诉大家",也就是要通过公关的传播沟通活动,把企业的有关信息输送出去,达到树立企业良好形象的目的。企业是这样,其他企业机构也是这样。

其次,它是改变公众态度、消除公众误解的好方式。一些企业常常存在这样两种倾向:一种是封闭型,这种企业既不向外收集信息,也不向外传播自己的信息;另一种是停留在单向的信息传播阶段,只注重把企业的信息传播出去,向社会公众"灌输"有利于自己的思想。这两种倾向都很容易引起公众对该企业的怀疑和误解。只有通过广泛的信息传播沟通,促进公众和企业的相互了解,才能有效地改变公众的态度,消除公众的误解。

(二)协调关系

每个企业与社会之间都存在着相互联系、相互依存的关系,企业的方针、政策、计划、方案的实施对社会必然产生一定的影响,而社会的变化,特别是公众意向和社会舆论的变化,也会对企业的发展产生影响。企业内部各部门、各要素之间也是相互依赖、相互作用和相互制约的。因此,协调关系,是企业公关的又一重要职能。

协调关系,就是在长期开展公关工作的基础上,搞好企业内部和外部的各种关系,使企业内各部门的活动趋向同步化与和谐化,使企业与周围的环境相适应,为企业的发展铺平道路。公关的协调主要包括以下几个方面的内容。

(1)协调企业内部领导与职工的关系、职工与职工的关系以及企业内部各管理职能部门的关系。在一个企业内部,公关的纠纷是不可避免的,而导致这些纠纷产生的原因又是错综复杂的,这些原因主要有:地位上的差别、认识上的差异、利益上的冲突、信息沟通上的障碍、体制上的缺陷等。对于企业而言,如果领导和职工关系处理得不好,就不会有良好的团结精神和高昂的士气,也就不能产生有效的协同作用。因此,公关人员要努力做好这方面的协调工作。企业的各个管理职能部门,如计划部门、生产部门、销售部门、人事部门等,应当相互配合,才能产生出最佳的管理效果。这些部门的协调工作主要应由领导者去做,但是公关部门也应起一定的配合作用,如沟通信息渠道,加强部门之间的联系等,使各部门之间形成一种相互支持、相互信任、相互谅解的团结合作氛围。在企业内部,由于职工之间在思想水平、社会阅历、经验、业务能力、生活习惯、兴趣爱好、组织纪律、利益分配等方面存在差异,所以必然发生矛盾和纠纷,影响生产和工作,也影响生活情绪。因此,公关部门和公关人员应当善于发现问题,努力协调好职工之间的关系,化解矛盾,求同存异,变消极因素为积极因素以实现企业目标。

(2)协调企业与外部环境和外界公众之间的关系。企业要生存、发展和壮大,必须依赖于与各类外部公众的联系。譬如:企业合法、正常地运转,就要与政府的各职能部门发生关系,包括工商行政管理部门、税务部门、审计部门、环境保护部门、上级主管部门等;企业的生产与产品销售又离不开银行、原材料供应者、经销者和消费者;企业作为社区的一员,又与社区公众发生各种联系。所以,较之企业的内部公关,外部公关涉及的面更广,由于各种原因而产生的公关纠纷更多,因而对这种关系的协调就更为重要。

企业外部的公关纠纷常见的有政府关系纠纷、企业关系纠纷、消费者关系纠纷、社区关系纠纷等。

公关纠纷具有极大的危害性。对于企业来说,它会降低企业的信誉,影响产品的生产和销售,甚至危及企业的生存和发展;对于公众来说,企业内部的公关纠纷,不仅会影响职工的团结,挫伤职工的积极性,降低管理人员的威信,还会导致企业经济效益下降,使职工蒙受物质和精神的双重损失。企业外部的公关纠纷,则会损害外部公众的利益;对于社会来说,一起公关纠纷,往往涉及社会各界,如新闻界、法律界、政府部门等。有的纠纷还会引起地方的、全国的及至世界的关注,造成广泛的社会影响,使某一地区,甚至某一国家的形象遭受损害。总之,公关纠纷一害企业、二害公众、三害国家。因此,必须引起企业的高度重视,对它加以认真防范和妥善处理。

(三) 塑造企业形象

企业形象,是指社会公众对一个企业机构的全部看法和评价,即个人或群体对一个企业机构的整套信念。这种看法和评价,可以通过知名度和美誉度两项指标反映出来。知名度表示社会公众对一个企业知道和了解的程度;美誉度表示社会公众对一个企业信任和赞许的程度。一个企业形象的好坏,取决于它所具有的知名度的好坏和美誉度的高低。良好的社会形象是企业的立足之本,塑造企业形象是公关的基本职能。

在现代经济社会中,一个企业机构美好的社会形象,是一项重要的无形资产。例如对于一个企业来说,如果它在社会公众中信誉卓著、形象美好,它就能因此而吸引更多的顾客,能招揽到优秀的人才,能增强职工的凝聚力和归属感,能比较容易地吸引股东投资,能得到便宜可靠的原材料供应,能获得销售系统的优势,还可以成为所在社区的中坚分子,受到社区公众的拥护。而塑造并维护企业的美好形象,正是公关工作的中心所在。

公关人员在塑造企业形象之前,要了解企业的自我期望形象,了解领导层和全体员工对所属企业的形象有何期望。同时,还要通过分析社会舆论和进行民意测验等方式,分析企业的实际社会形象,找出企业存在的问题,找出企业实际形象和自我期望形象之间的差距,进而明确要塑造什么样的企业形象,怎样塑造良好的企业形象,制定公关的目标和策略。

(四) 决策咨询

所谓决策咨询,就是指公关人员要向企业决策层和各管理部门提供有关公关方面的情况和意见,以作为企业决策的依据。就这种职能来说,公关人员在一定程度上成为企业的"智囊",起着决策参谋的作用。公关的决策咨询的职责主要有两大方面的内容:一是向企业最高决策层提供全面决策的公关咨询服务;二是向企业其他的管理职能部门,如企业中的计划、生产、销售、财务、人事等部门,提供部门决策的公关咨询服务。

公关咨询在企业决策中占有很重要的地位,并且在很大程度上影响决策,是直接关系到公关工作的协调功能是否能实现、能实现到何种程度的关键因素。由于现代社会的复杂性,决策过程中谋与断的分离变得不可避免,这就决定了决策者在决策过程中必须依靠咨询。如果不依靠咨询,就有可能凭自己的经验来进行决策,企业在决策过程中就易犯主观片面性的错误。因此,现代决策者必须把公关咨询作为科学决策不可分割的组成部分。在一个企业中,公关人员应针对一些主要问题为企业决策提供咨询服务。如:企业形象问题,包括企业的整体形象、产品形象、管理者形象等;公众消费意向问题;企业外部环境状况,包括政治环境、经济环境、文化环境、竞争环境、法律环境等。例如,日本丰田公司在确立决策目标时十分注意公关方法的运用。丰田公司在20世纪70年代已成为日本汽车行业第一大企业,但该公司领导却看到汽车噪音、废气污染给社会带来公害,公众反应强烈,决定从根本上加以解决。经过研制,该公司于1972年推出符合高标准限制废气型汽车,结果深受消费者欢迎,市场占有率一再提高。

(五) 处理危机

企业公关应具体应对并妥善处理企业随时可能面临的各种突发性的危机事件,切实维护企业或品牌的社会声誉和良好形象。

四、企业公关的原则

(一) 实事求是原则

实事求是原则,是现代公关工作的基本原则。这一原则的基本含义是指,企业开展公关工作,必须以科学理论为指导,踏踏实实地去做,公关活动要建立在对事实真实把握的基础上,向社会公众如实地传递有关企业的信息,并根据事实的变化来不断调整企业公关活动的政策与行为。

1. 先有事实,后有公关

坚持实事求是原则,首先要从企业内部做起,注重发展自己,先做后说。也有人认为公关不过是搞搞宣传,做做广告而已,这纯粹是一种误解。确实,开展公关工作离不开媒介的传播,但如果以为仅凭传播技术与宣传技巧就能争取公众、树立形象,那就很荒谬了。对于任何一个具体事物来说,形式是事物存在和表现的方式,内容则是事物存在的基础,内容决定形式,形式依赖于内容。公关的宣传也绝不能超脱于有关的社会事实或信息,也就是这个道理。美国企业家万纳曾给公关工作下的一个定义是:"Do good,Tell them."显然,他认为公关的重点首先是"做好",然后才是宣传。没有客观存在的事实,也就没有与之俱生的信息。事实与信息全无,那么以传播为手段的公关工作就成为无源之水、无本之木了。公众不仅重视企业的宣传,更重视企业的行动。企业形象具有客观性的特征,如果只有宣传而没有实际行动,企业的形象就不会真正改变,做与说必须互为表里,相辅相成,方能建立起良好的公共关系。

2. 实事求是地传播信息

坚持实事求是原则,就是要在全面客观地掌握事实的基础上,讲实话,公布事实真相。公关的宗旨是建立良好的企业与公众之间的关系,良好的公关是建立在相互信任、相互尊重、诚实守信的基础之上的。美国公关先驱艾维·李认为,进行公关工作必须"说真话",他鲜明地提出了"公众必须被告知"的著名原则宣言。他的公关思想的核心就是说真话。如果没有对事实的准确把握,企业开展的公关活动也就失去了生存的基础。靠花言巧语、胡乱吹嘘,一旦真相败露,就会使公众产生逆反心理,使企业形象受到严重损坏。所以,做

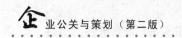

公关工作,就是客观全面地向公众提供信息,是好说好,是坏说坏,有一说一,既不夸大,也不缩小。而且要把来自外界的批评和意见当作重要的信息反馈,从中找到自身的不足,据以改进工作。只有这样,公众才能体会到你的诚意,企业公关工作才能实现增进相互了解、提高企业形象的目标。

(二)互惠互利原则

所谓互惠互利原则,就是一个企业既考虑自身利益,又考虑公众利益,同时又兼顾国家整体利益。实质是摆正各方面的利益关系。绝不能只顾自己,而不考虑别人;或者只顾自身经济效益,而损害社会效益和生态效益。

公共关系就是"公众"关系,离开了公众,公关就成了无源之水。要建立和保持良好的公关,必须密切注视公众利益,以公众利益为出发点,把公众利益放在首位,是平等互惠互利原则的升华,是以为人民服务为宗旨的必然要求。一个企业有无存在和发展的价值,取决于公众是否需要它。所以,企业必须为公众服务,千方百计地为公众谋取更大利益。必要时,要牺牲自身的、局部的、暂时的既得利益,而赢得长远的、整体的、更大的利益。以企业为例,失去用户,就等于失去了生产的目的,失去了企业存在和发展的价值。以商场为例,商场要赚钱,就必须以销售对路商品、热情周到服务来招引顾客,处处为顾客利益着想,顾客高兴而来,满意而去,商场惠顾的顾客越多,商场才能货畅其流,财源滚滚而来。

在市场经济不断发展的今天,有一些企业为了赚钱而背弃信义,不择手段。我们认为,这样的企业纵然一时得逞,也不可能收效长久。因为企业是整体社会肌体的一部分,损害社会肌体必然反过来威胁自身的生存。公众的支持与合作是企业生存发展的基础。艾维·李曾反复向他的客户灌输"凡是有益于公众的事业,最终必将有益于企业"的信条。只有对公众负责的企业,才会有永久的生命力。福特汽车公司董事长亨利·福特二世曾说过:"最近20年来,企业已经意识到,无论其行动多么合法和循规蹈矩,仅以盈亏作为衡量行动的准则是远远不够的。我们必须自觉意识到国家的宗旨和目标,并且努力使企业的行动尽可能顺应公众意见的潮流。"换句话说,一个真正对社会负责的企业,在采取任何行动之前,应该关注公众的意见和态度。只有同时处理好企业自身、公众、社会三方面的利益,企业才能长期地保持与外界的协调与平衡,并得以顺利发展。

(三)双向沟通原则

公关工作过程就是一个传播过程和信息交流过程。双向沟通原则的基本含义是指一个企业在开展公关活动时,既要有信息输出,又要有信息输入和反馈,从协调企业与公众的关系角度来看,信息输入和反馈较之于信息输出来说,具有更重要的意义和价值。只有企业对公众的态度和意见是敏感的,它才能真正了解自己。

信息交流有单向和双向之分。如果只是企业单方面向公众传播自己的产品、服务信息,这就叫单向交流。公关的信息交流强调是双向的传递过程,一方面吸取舆情,以调整改善自身;一方面有效地对外传播,使公众了解和喜欢自己。真正贯彻双向沟通原则,既是保证企业公众关系得以成功的条件,也是实事求是原则得以实现的条件。这是因为,要切实遵循实事求是原则,就必须通过双向的信息交流,了解和把握事实真相,以此为依据调整自己的政策和行为。坚持双向沟通原则,就要在发布信息之后,随时收集外界的信息,监测外界环境的变化,并对此做出反应。能否及时地输入信息,对于企业发展至关重要。例如,20世纪60年代美国速溶咖啡刚投入市场时,家庭主妇反应冷淡,原因是觉得娴熟地掌握一门煮咖啡技术是自己能力的显示,所以不愿意购买速溶咖啡。厂家获得这个信息后,一方面通过传播媒介宣传介绍煮咖啡的艺术与方法;另一方面向人们灌输"时间就是金钱,效率就是生命"的观念,终于赢得家庭主妇的理解,从此速溶咖啡由滞销变为畅销。

(四) 全员 PR 原则

所谓全员 PR 原则,是指在一个企业内增强全体员工的公关意识,促使全体员工共同关注公关工作,调动全体员工参与公关工作的自觉性和积极性,围绕企业整体的公关目标,使之相互协调、相互配合。

公关的责任是通过踏实细致的工作,影响公众舆论、企业关系网络,提高企业的知名度和美誉度。这不是光靠公关人员就能完成得了的,特别是服务性公关,需要企业全体员工的协调配合,才能付诸实施。事实上,完整的公关活动是渗透在企业的各类活动中的。除了专职公关人员从事的专题公关活动外,企业的每一个成员都是企业与外部公众联系的重要触角。个人的言谈举止、仪容仪表和工作态度都会给人留下印象,进而直接影响到企业的整体形象。另外,每一个成员在自己特定的社交圈内与亲戚、朋友、邻居的交往中,也会给潜在公众留下某种印象,进而间接地影响到企业形象。如果每位员工都意识到自己肩负的重任,并在各自的工作岗位上,以公关意识为指导,时刻注意利用内外沟通,调整自己的行为,那么这个企业必将是团结向上、蓬勃发展的。相反,如果企业的其他成员不注意以自己的行动维护企业的形象,无论公关人员再努力,企业的公关状态也不会有多大改观。因此,确立整体意义上的全员 PR 原则,使企业成员都真正树立公关意识,掌握公关基本知识与技能,自觉从事公关活动,才能塑造良好的企业形象。美国一位小企业管理专家这样写道:"那些以诚实、礼貌、尊重的态度为公众服务的企业正在促成一种良好的公共关系,从而为他们的企业在工作中创造了稳固的地位和良好的形象。他们失败的可能性最小,有些企业之所以闻名于世,很大程度上就是因为他们几乎成了公关机构。"这对我们贯彻全员 PR 原则有着很好的借鉴意义。

(五) 长期坚持原则

通过公关活动,建树良好的企业形象和声誉,是一项长期工作。因为这涉及公众对企业的信息分享、感情沟通、态度转变、发生行为的一个循环渐进的过程。做好公关工作,不是一朝一夕、一时一事就能奏效的,需要从长远着想,经过长期努力、日积月累才能完成,这便是公关的长期坚持原则。

由于企业形象具有相对稳定性,公众不会因为企业行为的某些变化而马上改变对该企业的看法。如果一个企业在公众心目中的形象不好,想一时摆脱这种不良影响,是很困难的。需要企业通过较长时间的不懈努力才能挽回局面,重塑企业形象。即使有着良好形象和声誉的企业,也要不断努力,加以维护、巩固和发展。因为公众实际上不可能只同一个企业打交道,如果在一定时期内听不到你的消息,对企业原有的印象就会逐渐消失;但假如在良好形象的基础上,也时常注意企业与公众的信息沟通,那么即便发生什么对企业不利的事情,只要企业采取针对性很强的公关措施,就很容易争得公众的同情和支持,改善自己的处境。

(六) 开拓创新原则

公关是适应竞争的需要,市场经济发展到一定阶段的产物。随着企业间形象竞争的日趋激烈,越来越多的企业已认识到了公关的巨大作用。人们运用公关从事企业活动的自觉性日益增强,公关的一般活动逐渐普及,内容相似、程序相近的公关活动没有新意,也就无法吸引公众,提高本企业的知名度。开拓创新原则要求公关人员能解放思想,大胆探索,对公关活动或观念不断进行改进和充实,争取做到有所发明,有所创造,使企业达到"苟日新,日日新,又日新"的境界。

公关工作是一项富有挑战性的工作,对处于成功之中的公关专业人员来说,一个不可避免的问题就是:"下一步我们该怎么办?"同样的活动,同样的招式,若再来一次,就会使公众感到索然无味。高质量的公关活动总是和公关人员的创造性思维联系在一起的。从事公关活动最忌人云亦云,盲目随大流。公关的轰动效应,往往来自于标新立异。1992年8月下旬,第二十五届巴塞罗那奥运会刚刚结束,正当各地众多企业竞相奖励奥运会获奖选手之时,上海一些单位向"榜上无名、拼搏生辉"的奥运健儿伸出了温暖之手。8月28日,《新民晚报》和上海恒源祥绒线公司共同主办了大型座谈会,热烈欢迎上海16名未获得奥运奖牌的运动员,并向他们赠送了奥运参与奖。在座谈会上,上海英雄金笔厂、上海杏花楼饭店等单位分别向运动员赠送奖品。上海凯司令食品厂宣布,每年将在运动员过生日之际赠送生日蛋糕。在人们纷纷锦上添花的高潮中,上述单位却来了个雪中送炭。两者产生的公关效应,雪中送炭无疑大大胜过锦上添花。雪中送炭的公关效应显然来自于公关人员的创造性思维。这种创造性思维是从事公关工作的真谛,公关的活力正是来自于这种突破常规的主动性和创见性。

第二节 企业公关工作的一般程序

企业公关的一般过程分为七个步骤:调查情况、制定目标、确认公众、选择传播媒介、编制预算、传播策动、效果评价。

一、调查情况

调查情况是搞好企业公关的基础和依据,它贯穿于整个公关的过程之中。应运用定性与定量分析的方法整理信息、积累资料,准确地了解企业公关的历史和现状,从而预测公关的发展,检验公关活动的效果。

(一) 企业公关调查的内容

(1) 企业基本情况调查。企业基本情况调查包括企业建立的时间,企业历史上的重大事件及其影响,企业产品市场分布情况,企业原材料市场情况,企业产品、服务、价格特点,企业形象、厂容厂貌,企业机构、领导制度以及员工情况等。

(2) 公众意见调查。公众意见调查包括企业在公众中的知名度、美誉度,社会新闻媒介对企业的反应,政府部门、社区对企业的印象,专门性公关活动的效果,企业内部职工对规章制度、领导的意见等。

(3) 社会环境调查。社会环境调查包括国家有关的法律、法规,政府政策对企业发展的影响,政治局势,社会经济情况,其他企业生产经营状况和公关工作,社会文化、风尚、道德对企业发展的影响,进出口情况等。

(二) 企业公关调查的方法

(1) 谈话调查法。谈话调查的对象包括内部员工和外部公众。通过调查可及时地掌握公众对企业产品和服务的反映,或对某一事件的态度,便于企业及时迅速采取措施,予以解决。

(2) 文献研究法。文献研究的对象包括企业管理者的工作日记、书信、公事性文件、会议记录、决议决定、业务往来备忘录、财务账目、报纸、刊物、通信稿、经济合同等。

(3) 问卷调查法。问卷调查包括确定调查目的、调查对象,拟订问卷表,确定调查方式,返回问卷的抽样,资料整理和撰写报告等。

二、制定目标

企业公关目标必须与企业整体目标相一致,即公关目标必须服从和服务于整体目标。公关目标包含如下几方面内容。

1. 传播信息

传播信息是企业公关的基本目标,主要是向公众传递企业的有关信息,让公众及时了解企业的方针、人事变动、企业产品和售后服务等情况,使公众了解事情真相,以得到公众的理解、支持和信赖。同时,也要及时收集来自公众的各种信息、意见和要求。

2. 联络感情

联络感情是企业公关的长期目标。感情是人们交往的纽带,公关部门是企业联络公众感情的主要职能部门。公众与企业的感情越深,就越会关心、理解和支持企业。要经常研究与公众的感情联系,加强和加深与公众的感情。

3. 改变态度

改变公众对企业的态度,主要是通过信息传播,纠正或改变公众对企业的不满态度,或让公众接受新的观念,对企业做出新的评价。

4. 激发行为

激发公众行为是企业公关的高级目标。它最容易检验,也最难达到。传播信息、联络感情、改变态度,归根结底都是为了激发公众的行为。

三、确认公众

公关是一种利益关系,根据企业与其公众在利益问题上的相关程度,可以对公众进行分类。利益问题上的相关程度决定了公众对于企业的重要性,而公众对于企业的重要程度则是确定公关对象、目标、制订公关计划、方案,评估公关活动效果等问题的重要依据。

按照公众与企业的相关情况,可将公众分为生存性、功能性、横向同业和扩散性系统公众。一个企业能否在社会中生存,取决于生存性系统公众。因此,企业的公关部门必须加强对这个系统公众的工作,为企业的生存维护和建造有利的环境。企业的发展速度、发展前景则取决于功能性系统的公众。这个系统的公众与企业的利益关系最为直接、最为密切。处理好与这个系统的公众关系,可为企业的发展提供有利的条件,开拓广阔的渠道。

至于横向同业公众系统和扩散性公众系统中的公众,比较而言,与企业的利益关系则不是十分重要,对这两个系统中的公众也应该开展公关工作,但不应该把它当作重点。

不同类型的公众,具有不同的特点和不同的作用;对社会来说,具有不同的影响程度。根据公众对企业的重要程度,可将公众分为首要公众、次要公众和边缘公众三类。

首要公众与企业的关系最为密切,相互关联最为直接,是企业生存和发展的基础。因此,企业应该投入最多的人力和物力来维护和改善同这类公众的关系。次要公众和边缘公众虽然与企业有联系,但对企业的生存和发展不起决定作用或不发生影响。显然,不应该以此作为工作重点。

通过分析可以看出,不同类型的公众对企业来说具有不同的重要程度。而对于具有不同重要程度的公众,就应该采取不同的政策,投入不同的力量,选用不同的沟通方式,这样才能使公关取得成效。

四、选择传播媒介

传播媒介主要包括报纸、杂志、广播、电视、电话、电传、信函等。媒介选择适当有利于提高企业公关的效果。

了解各种传播媒介的特点并不是公关工作人员的目的,真正的目的是更好地进行媒介的选择,取得最佳的传播效果。怎样做到正确地选择媒介呢？一般来讲,应着重考虑下列因素。

1. 媒介本身特点

不同的媒介有不同的特点,因此适用的传播类型也不同。报纸、广播、图书、杂志、电视、电影等适合于大众传播,信函、电话、电报、传真等适用于人际传播,内部报刊、闭路电视适用于企业传播,灯箱、广告牌、布告适用于公共传播,互联网既适合于大众传播、组织传播,也适合于人际传播。媒介选用得当,在传播过程中可收到事半功倍的效果。

2. 传播内容

不同的传播内容应选择不同的传播媒介。一般来说,比较形象浅显的内容应选用电子媒介,而难以理解的适合于印刷媒介。同样是印刷媒介,传播系统的理论、深奥的知识应选择图书;内容不太多但专业性很强,应选择杂志;内容相对通俗易懂、易引起普通公众关注,应选择报纸。同为电子媒介,靠美好悦耳的声音就能打动公众,可选择广播;有丰富多彩的画面,有变化多端的动作,则可选择电视和电影;如果要求场面宏大、气势磅礴,则更适宜选择电影。如果传播内容有一定保密性,则宜选择电话、信函;如果要求将内容迅速广泛传播,则广播、电视、报纸、互联网是理想选择。

3. 受传者的特点

受传者是传播的目标和对象,传播效果取决于受传者接受信息的多少和对信息的理解程度,因此应对受传者进行全面细致考察。根据受传者的文化层次进行选择:对文化水平高、喜欢思考的知识分子,宜采用图书、杂志、报纸;对文化程度不高的农民和生产一线的工人,宜采用电影、电视、杂志、连环画。根据工作性质进行选择:对经常加班的出租车司机和从事简单劳动的农民,宜采用广播;对从事复杂劳动且时间比较紧张的公司白领,宜用报纸。根据年龄特征进行选择:对于中老年人,宜采用广播、报纸作媒介;对于青年人,宜采用电视、互联网作媒介;对于儿童宜采用电视,如果能拍成动画片的形式,效果会更佳。

4. 讲求经济效益

各种传播媒介的成本和使用费用相差极大。因此,在选择传播媒介时,公关人员应进行成本效益分析,遵守"花最少的钱争取最大的传播效果"的信条。就电子传播媒介为例,若效果相当,选用广播比选用电视经济得多。

5. 注重时间安排

有些信息传播,其目的是吸引公众的短时注意,有的则是引起公众的持久注意;有的信息要求迅速传送出去,有的则无时间要求。因此,选择媒介应注意时效性和频率上的合理性。如重大新闻、短期展销广告就宜选用电子传播媒介;而树立企业形象的系列内容,则应选用印刷传播媒介有规律地连续刊出。

五、编制预算

公关预算包括公关项目活动费、设备购置费、办公费、人员工资等。公关预算的制订可以采取比例法或目标任务法。

比例法是指按当年预计总产值或预计总销售额的一定比例提取公关经费。

目标任务法是指将为实现确定的公关目标而必须进行的各项活动项目所需的费用加总,再加上公关活动的管理费用,从而确定公关预算。

六、传播策动

公关活动是一项整体活动,它本身是由一系列活动项目组成的,这就要求运用相应的策略加以指导。具体的公关项目是指为了实现公关活动的目标,而采取的一系列有组织的行动,包括记者招待会、展览会、纪念庆祝会活动等。在制定公关决策时,还要充分考虑预算开支、所需人力和技术上的可行性以及各种可控或不可控的因素。

这一步骤的主要工作就是选择公共宣传的信息和工具,并决定如何加以运用。

公关宣传的素材来源有:关于产品和企业的趣味性文章,如企业新产品的开发;企业信息传播,如举办新闻发布会、邀请专家名人参观;组织活动,如赞助体育文艺比赛,赞助慈善晚会,在不同的地方举行聚餐等。

公关活动的实施基本上可以遵照行动方案按部就班地进行下去。在实施过程中,需要借助公关工作人员与新闻传播媒介有关人士的私人友谊和其他社会关系。但需特别注意的是,当所进行的公共宣传涉及具有较大社会影响的事件时,要密切注意和控制事态的发展变化,一旦出现不利变化,就必须迅速做出适当的反应,提出切实可行的解决办法。

七、效果评价

评价企业公关的效果,目的是评价公关活动给企业带来的好处,了解公关本身的工作成绩、经验、教训,帮助调整和制订下一个公关计划。评价程序主要如下。

(1) 同原制订的公关目标对比,看实现预订目标的程度。

(2) 收集和分析资料,评价公关是否达到了预期的要求。

(3) 向决策部门报告评估结果,便于领导决策。

如果企业单独使用公关进行促销活动,那么公关的效果比较容易衡量;但在与其他促销方式共同使用时,它的效果就难以准确地测定了。通常评价公关效果的方法有以下几种。

(1) 媒介统计法,也称为展露法。它通过统计刊载了企业有关信息的媒介数量及信息面积(新闻、图片)、报道时间(电视、广播)、发行量(报刊)、视听者人数(电视、广播)等资料,并将其与采用付费广告的形式来发布这些信息需要支出的费用相比,从而评价公关的效果。这种方法的不足之处是无法有效地统计出接受了企业公关信息的人数。

(2) 态度测量法。它是通过调查在企业开展公关活动前后公众对企业及其产品的注意度、理解度和美誉度等方面的变化水平,来评价公关的效果。

(3) 销售效果评价法。即通过对开展公关活动前后企业产品的销售额和利润额的变化水平的比较,来评价公关的效果。

第三节　企业公关策划概述

一、企业公关策划的含义与原则

(一) 企业公关策划的含义

企业公关策划,是指企业为实现某一具体的企业公关目标而选定的企业公关主题、设计企业公关方案、谋划企业公关对策、攻克企业公关难关的运筹过程。

(二) 企业公关策划的基本特征

1. 目的性

一般而言,企业公关策划工作,其目的在于促进企业公关活动从无序转变为有序,从模糊转变为清晰。具体的公关策划工作的目的视环境、条件和所追求的目标而定。

2. 思想性

企业公关策划是一种思维过程,它依赖于人脑的机能,并通过策划者对社会环境、企业的条件和策划目标的分析来完成的。

3. 创造性

企业公关策划的思维过程是一种创造性思维。

4. 针对性

企业公关策划不具有统一的、一成不变的模式。

5. 调适性

企业公关策划方案应该具有一定的弹性,以便随环境的变化和方案的实施而进行有针对性的调整。

二、企业公关策划的类型

由于企业的环境状况不同,所面临的企业公关问题不同,按照对企业公关问题的认识和采取的策略不同,企业的公关策划自然也呈现出各种不同的面貌。加以归纳,可分为以下四大类型。

1. 某一发展时期的企业公关战略策划

某一发展时期的企业公关策划,如 5 年或 10 年的发展规划。这类策划活动最终形成的是一种企业公关战略性指导文件,主要内容包括企业公关战略总目标、实现战略总目标的条件和主要措施、阶段性目标及实现阶段性目标的构想等。这类策划不对具体的企业公关活动作具体、明确的规定。

2. 专题性企业公关活动策划

专题性企业公关活动策划是围绕着某企业公关问题而展开的,时间上可以是跨年度的或几个月的。如 20 世纪 60 年代初,日本精工为改善产品形象而策划的为期 4 年的以东京奥运会为高潮的公关活动计划。这类策划如果时间较长,一般采用在总目标下分阶段的形式来编制计划;时间较短则以在总目标下分项目的形式制订计划。其主要内容是:制订总目标、各阶段或各项目目标、实现目标应采取的措施、实施各项活动的工作程序和时间表,以及确定效果评估方法和预算等。这类策划方案要求具体、明确和具有可操作性。

3. 年度企业公关策划

年度企业公关策划是一种以年度为周期,制订年度企业公关目标及如何达成目标的策划活动。它是企业年度工作计划的一部分。其内容有:年度企业公关总目标、年度企业公关主题、企业公关活动的主要项目、企业公关活动实施时间表、效果评估方法和年度企业公关预算等。

4. 企业公关活动项目的策划

企业公关活动项目的策划,如对某次记者招待会、某项新闻指导计划、某次开放日或展览活动等的策划。这类策划方案常附于专题或年度公关策划书的后面,作为策划书中各专项活动实施的依据,有时也作为独立的企业公关活动计划加以推行。其内容包括:项目的目标、项目负责人和实施者、项目涉及的对象、项目所需的传播媒体、器材设备,以及外部环境、项目的筹办、实施的工作程序及时间表、项目考核标准和方法、预算等。

三、现代企业公关策划方法

21世纪是创新的世纪,如市场创新、产品创新、观念创新、方法创新、理论创新。企业公关策划是市场经济时代的一种竞争手段。它是以企业形象宣传为对象,以知识、技术为媒介的活动和方式。因竞争而起的策划,免不了需要细细地谋划一番。当今企业面临的是一场没有硝烟的经济大战,特点是由以往的"大鱼吃小鱼"转变为"快鱼吃慢鱼",跑得最慢的兔子最终被老虎吃掉。创造不仅是公关策划的题中之意,也只有创造才能使策划发出耀眼的光芒。一个没有创意的策划不能称之为策划,仅仅是人云亦云,模仿而已。凡事要有创造,创造是事物的魅力所在,会产生令人想不到的效果。亚马逊网络书店(amazon.com)曾经是纳斯达克(Nasdaq)的股王,虽然只是卖书,但市场价值曾高达200亿美元以上。它就是利用网络去开发顾客、创造商机的。成功的企业需要公关策划,成功的公关策划需要创造,它是人类利用脑力的智能经济,其途径在于丰富知识结构,培养联想思维的能力,克服习惯思维对新构思的抗拒性,培养思维的变通性,加强讨论,经常进行思想碰撞。现代企业公关策划方法包括以下几种。

1. 水平和垂直思考谋划法

水平思考谋划法是指基于水平思维方式而进行的企业公关方案的策划方法。水平思考法(lateral thinking),又称为戴勃诺理论、发散式思维法、水平思维法。

垂直和水平思考法是英国心理学家爱德华·戴勃诺博士(Dr Edward De Bono)所倡导的广告创意思考法,因此,此方法通常又被称为戴勃诺理论。水平思考法是针对垂直思维(逻辑思维)而言的。垂直逻辑的思考和分析法(vertical thinking)是以逻辑与数学为代表的传统思维模式,这种思维模式最根本的特点是:根据前提一步步地推导,既不能逾越,也不允许出现步骤上的错误,它当然有合理之处,例如归纳与演绎等,都是非常重要的思维方法,但如果一个人只会运用垂直思维一种方法,他就不可能有创造性。区别于垂直思维,水平思维不是过多地考虑事物的确定性,而是考虑它多种选择的可能性;关心的不是完善旧观点,而是如何提出新观点;不是一味地追求正确性,而是追求丰富性。

戴勃诺博士说:"凡是一个人,都具有走路、呼吸和对事物的思考能力。思考的方法则因人不同。"他将人的思维方法分为两种:一种是逻辑的思考和分析法,另一种称为水平思考法。

水平思考法(lateral thinking/horizontal thinking)是指在思考问题时摆脱已有知识和旧的经验约束,冲破常规,提出富有创造性的见解、观点和方案。这种方法的运用,一般是基于人的发散性思维,故又把这种方法称为发散式思维法。

水平思考法是一种促使创意产生的创造性思维方法,是指摆脱某种事物的固有模式,从多角度多侧面去观察和思考一件事,善于捕捉偶然发生的构想,从而产生意想不到的"创意"。

案例分析

标题：飞黄壮举策划——水平思考法的杰出精品

1999年6月20日黄河娃朱朝辉驾驶摩托车成功地飞越黄河天险之后，紧接着就是他和披着婚纱的恋人王彩丽同乘一辆观光缆车，从西岸横越黄河回到东岸，接受两岸数万名观众的热烈祝贺。之后，两人又喜结良缘，在黄河边上举行了一场别开生面的婚礼，从而将他飞越黄河的壮举推向一个新的高潮。

飞越黄河和结婚，是风马牛不相及的两回事，两者之间本没有必然的联系。但是，创意者抓住该活动的主题是喜迎澳门回归以及穷山沟里的黄河娃朱朝辉成功地飞越黄河是天大喜事这两大特征，为了突出喜上加喜，特意将飞越黄河和喜结良缘这两回事珠联璧合在一起，暗寓喜迎澳门回归和飞越黄河是双喜临门，相得益彰。因此这一创意的含义是非常深刻的。同时这一创意的针对性也很强。无论朱朝辉还是他的父老乡亲，都是土生土长的农民，都有一个共同特点，那就是喜欢喜庆。朱朝辉的这一创举和殊荣，无论对他本人还是对他的父老乡亲而言，无疑都是一件光宗耀祖、天翻地覆的特大喜事。因此，喜上加喜，以大团圆的方式来结束这一盛事，这也是合情合理、顺理成章的事情。此外，在朱朝辉飞越之前，新娘已经披上新嫁衣在对岸的缆车中待命。这就给广大受众带来一个巨大的悬念：朱朝辉能不能顺利飞越黄河？他们俩的婚事能不能如期顺利完成？这种悬念也无疑会给飞越表演增加一种独特的魅力。

总结：这种双喜临门的创意，既符合活动的主题，又迎合当事人以及主要受众的心理和愿望，同时又给这一活动披上一层新、奇、特的外衣，使之不落俗套、高潮迭起，实属匠心独运，难能可贵。

2. 德尔斐法

该方法最初由美国兰德公司和道格拉斯公司提出，是一种广泛征集专家意见的方式。程序如下：

（1）对策划过程中所要涉及的问题，规定统一的评估标准。

（2）将上述确定的问题通过邮寄、电子邮件或传真传达给涉及的各方面专家。但此过程需要注意的是，各专家相互之间不能沟通交流，即要匿名进行，这样可以避免各专家之间因为观点的不同而伤了和气。

（3）对专家的意见进行评估处理，并将结果反馈给他们。

（4）专家再根据反馈的结果对自己的建议进行修改。这样经过多次反馈后，意见会比较集中，但需要占用大量时间，影响时效。

3. 公众调查法

公众调查法是通过对公众的调查、了解来掌握公众对企业的不满、要求、意见和建议，并以此作为企业公关策划的依据。公众调查法的具体方法有公众座谈法、公众问卷法和走访调查法。

4．头脑风暴法（BS）

头脑风暴法又称头脑激荡法，最早是由奥斯本提出的一种群体策划的方法。该方法的主要做法就是将所有参加人员召集在一起，让他们对某个问题发表自己的意见和见解。该法有以下几点要求。

（1）不允许对别人提出的意见进行反驳，即使该意见明显错误，也不可对其进行批评。

（2）不允许重复他人的意见，但可以补充和发展。

（3）对最后的结论不做任何的评论。该方法的优点：可以广开言路，鼓励大胆思考问题并敢于提出。缺点：意见较为分散，整理以及对意见质量的分析较为费时，会拖延决策的时间。所以，该法较为适用于比较单一、清晰的问题，而不适用于那些复杂的问题。

5．对演法

对演法也称"逆头脑风暴法"。这种方法通常是将成员分成持不同观点的小组，相互辩论，各抒己见，充分论证、暴露矛盾，充分展示各种方案的优、缺点。这种方法在准备报告上级或交付客户前，用于自我审查比较适合。

6．创意逆反法

创意逆反法其实就是头脑风暴法的派生方法。该方法是让人们对某个方案只提批评意见，尽量挑毛病，甚至吹毛求疵也行，从而达到改进方案的目的。

7．创意裂变法

创意裂变法也称原子弹法。顾名思义，就是说创意智能经过突变"爆炸"，形成新创意、新方法、新思想。大家可能会对此种说法感到疑惑，其实"创意"是一种客观存在的意识运动，也有能量。比尔·盖茨曾说："创意具有裂变效应，一盎司创意能够带来无法计数的商业利益、商业奇迹。"

8．替代法

替代法在日常生活中用途相当广泛。替代也就是用相似的物品或方法来取代原来的，从而达到相同或更好的效果。如圆珠笔，正是符拉迪斯拉夫·伯罗（Vladislav Biro）用一个小球替代了钢笔笔尖，才促成了它的诞生。

技能训练

训练目标：

1．了解目前企业公关理论的最新发展和主要的流派，对主要流派的基本理论有所了解；

2．掌握收集资料的方法和途径。

训练内容：

通过图书馆或者互联网等工具，查询相关的资料，整理出企业公关理论发展的简要历程和主要流派的主要理论。

训练步骤：

1. 通过图书馆或者互联网找寻相关的资料；
2. 将有关的资料进行整理，梳理出基本的脉络。

训练要求：

提交一份书面的公关主要流派及其论点的材料，材料要层次分明，脉络清晰。

本章小结

本章对企业公关的理论进行了介绍，提出了企业公关的定义，企业公关就是企业与公关对象之间的信息传播与沟通中的管理活动；提出了企业公关要素的构成分为企业、公众、传播媒介，并分析了企业公关的基本职能和工作的基本原则，同时提出了企业公关实际操作的工作程序。从本质上来说，企业公关就是企业为获得更多更好的经济效益而采取的一系列活动，但是它又必须注意社会性、长期性。

本章练习

一、判断题（10 小题）

1. 公关的概念最早出现在 1807 年的英国《韦氏新九版大学辞典》。（   ）
2. 美国的哈罗博士认为公关就是一种独特的管理职能。（   ）
3. 从本质上来说，公关就是一种企业的经营活动。（   ）
4. 企业公关的基本特点是公益性、协作性和互动性。（   ）
5. 企业公关的根本目的是追逐利润。（   ）
6. 企业公关的协作性是由企业的社会性决定的。（   ）
7. 企业公关的主体是公众。（   ）
8. 企业公关原则中的实事求是原则是公关的基本原则。（   ）
9. 企业公关策划方法中的水平思考法逻辑性强，创新不够。（   ）
10. 从长期来看，企业公关应注重长远利益和总体效益。（   ）

二、单项选择题（5 小题）

1. 企业公关从本质上来说，是企业的（   ）。
   A. 生产活动   B. 管理活动   C. 销售活动   D. 内部活动
2. 企业公关特征中的互动性是一个（   ）的基本概念。
   A. 营销学   B. 管理学   C. 社会心理学   D. 社会行政学
3. 全员 PR 原则是指（   ）。
   A. 全员营销   B. 全员评估   C. 全员公关   D. 全员生产
4. 在企业公关编制预算时按照当年预计总产值或预计总销售额的一定比例提取公关经费的方法是（   ）。

A. 比例法　　　B. 目标任务法　　　C. 量入为出法　　　D. 平均分配法
5. 召集专家进行开会讨论得出策划方案的方法是(　　)。
A. 水平思考法　　B. 对演法　　C. 德尔菲法　　D. 公众调查法

三、多项选择题(5小题)

1. 企业公关的特征有(　　)。
A. 利益性　　　　　　　　　　B. 协作性
C. 互动性　　　　　　　　　　D. 公益性
2. 企业公关构成的要素有(　　)。
A. 企业　　　B. 公众　　　C. 传播媒介　　　D. 信息
3. 企业公关的职能有(　　)。
A. 传播沟通　　　　　　　　　B. 协调关系
C. 决策咨询　　　　　　　　　D. 塑造企业形象、解决危机
4. 企业公关的原则有(　　)。
A. 实事求是　　　　　　　　　B. 互惠互利
C. 双向沟通　　　　　　　　　D. 长期坚持原则
5. 企业公关调查的方法有(　　)。
A. 谈话调查法　　　　　　　　B. 德尔菲法
C. 问卷调查法　　　　　　　　D. 文献研究法

四、问答题

1. 企业公关的特征有哪些?
2. 企业公关的构成要素和职能有哪些?
3. 现代企业公关策划的方法有哪些?
4. 简述企业公关的一般程序。

五、案例分析题

好药还要有广告

杭州第二制药厂是浙江省规模最大的抗生素生产厂家,产品质量可靠,10多年来从未发生质量事故,某些产品深受用户好评,每年都大批出口。但该厂多年来一直把主要精力放在企业内部的生产管理上,忽视公关宣传,以致知名度不够。相比之下,同处一地、同天出生的杭州第二中药厂,在生产迅猛发展的同时,高度重视公关,使得第二中药厂及其名牌产品"青春宝"深入人心。厂名仅一字之差的第二制药厂的形象,无形中被第二中药厂的声誉冲淡了,并由此引出许多误会和生产经营、对外交往中的麻烦。

1988年元月,该厂在浙江省公关协会的关心和大力支持下,决定开展一场大规模的公关活动,展开猛烈的宣传攻势。在征集各方面意见之后,确定了活动的方式:更改厂名,并在短时间内争取得到社会的认可。围绕这项目标,他们采取一系列公关手段:①争取上级各有关部门的批准和支持;②在报纸、电台上发布"杭二药"征集新厂名启事,向全社会公开征集厂名,同时辅之介绍企业、产品的广告;③组织专家评定,正式筛选出新厂名,并召开新闻发布会;④配合新厂名推出,本厂独家主办国内或省内大型的文化和体育活动、电视连续剧特

约播出等;⑤结合更新厂名宣传抗癌新药。

4月13日上午,该厂举行征集新厂名新闻发布会,并先后在《浙江日报》《杭州日报》《钱江晚报》《公共关系报》等媒介上发布更改厂名的公报。这一举动,立即在公众中引起强烈反响。

短短半个月内,该厂收到来自全国20多个省、市、自治区的17 000余封新厂名提案信,经电子计算机储存和分类处理,广泛征求各界人士意见,精选出10个候选厂名。然后又通过多家报纸刊登新厂名选票。在短暂的3天内,该厂收到8万余张选票。参加选票和提案的各界人士中,有大学教授、学生、医务工作者、渴望早日康复的患者等。根据群众选票和专家评定,该厂从1988年10月16日起,正式启用公众取的新厂名:华东制药厂。

这次活动收到了很好的公关效果,大大提高了企业的知名度,影响范围也极为广泛。

1. 根据上面的案例,对企业公关理解不正确的是(　　)。
   A. "企业公关"是一种活动 B. "企业公关"是一种状态
   C. "企业公关"是一种练习 D. "企业公关"是人际关系
2. 上述案例中,公关的主体是(　　)。
   A. 杭州第二制药厂 B. 杭州第二中药厂
   C. 杭州市媒体 D. 杭州市民
3. 杭州第二制药厂收集厂名的活动很明显地反映了企业公关活动的(　　)原则。
   A. 尊重事实 B. 互惠互利 C. 双向沟通 D. 全员公关
4. 在本案例中,企业公关的职能主要体现为(　　)。
   A. 采集信息 B. 咨询建议 C. 宣传推广 D. 协调关系
5. 杭州第二制药厂举行征集新厂名新闻发布会,厂名征集等活动,从企业公关的工作程序来看,应该属于(　　)阶段。
   A. 调查研究 B. 实施方案 C. 策划方案 D. 效果评估

第二章 企业公关从业人员

学习目标

了解企业公关从业人员所要具备的基本素质包括哪些方面,熟悉企业公关人员的培养途径和方法,深入理解企业公关人员培养中需要着重注意的问题。

案例引导

35次紧急电话

一天,一位名叫基泰斯的美国记者在日本东京奥达克余百货公司买了一台电唱机,准备作为送给住在东京的婆婆的见面礼。当时,售货员以日本人特有的服务,使基泰斯满意而归。但是,当她回到住所开机试用时,却发现电唱机没有装内件,根本无法使用。基泰斯不由火冒三丈,准备第二天一早去奥达克余百货公司交涉,并迅速写了一份新闻稿,题目是《笑脸背后的真面目》。

第二天,当基泰斯正准备动身前往奥达克余百货公司交涉时,一辆汽车赶到她的住处,从车上跳下的是奥达克余百货公司的副总经理和提着皮箱的职员。他们一进基泰斯的客厅便俯首鞠躬,表示歉意。基泰斯颇感意外,他们是怎么找到这里的?那位副经理打开记事簿,讲述了大致的经过。原来,昨天下午清点商品时,他们发现错将一个空心的货样卖给了一位顾客。因为此事非同小可,经理马上召集公关部有关人员商议。当时只有两条线索可循,即顾客的名字和她留下的一张"美国快递公司"的名片。据此,奥达克余百货公司展开了一连串无异于大海捞针的行动,打了32次紧急电话向东京各大饭店查询,但没有结果。于是又打电话给纽约的"美国快递公司"总部,接着打电话给顾客的父母得知了顾客在东京的住所。这期间所打的紧急电话合计35次。接着,副经理亲手将一台完好的电唱机,外加唱片一张、蛋糕一盒奉上,然后离去。这一切使基泰斯深受感动,她立即重写了新闻稿,题目叫《35次紧急电话》。

【启示】

上述案例中日本东京奥达克余百货公司表现出了真正的"以顾客为上帝"的理念和精神,而公司员工的高素质使得公司的理念得到了切实的贯彻,并且在本次事件中表现出了较高的公关处理能力,获得了顾客的好评,化危机为商机。所以,企业公关从业人员对公司公关的实施有着极其重要的作用。

第一节　企业公关从业人员的素质

案例分析 2-1

在一次公关小姐培训班的报考面试中,考官在考察一位应试者时有以下这样一段对话。

问:"你看过《公关小姐》电视剧吗?"
答:"看过。"
问:"有何感想?"
答:"通过观看这部电视剧,我对公共关系和公关小姐的工作有了初步了解。我非常喜欢周颖这个角色。"
问:"你喜欢她的什么?作为一名公关人员,她给你的最深的印象是什么?"
迟疑了一下答道:"气质。总的来说,她的气质很好。"
问:"什么是气质?"
答:"气质嘛……只能意会而不可言传。"说完,这位应试小姐的脸上浮起了满意的笑容。

——摘选自蒋亮平,李家芸主编,《展现你的风姿:公关人员的形象与素质,》广西人民出版社,1993年11月第1版,第5页

公关人员的素质,是一种从内到外的全面表现。要成为一个优秀的公关人员,必然需要从内而外地全面自我塑造。

企业公关人员的素质,是以公关意识为核心,以自信、热情、开放的职业心理为基础,配以公关专业知识结构和能力结构的一种整体职业素质。

一、公关意识

所谓公关意识,它属于一种现代经营管理思想、理念和原则,是公关实践在人们思维中的反映,且由感性认识上升为理性认识。公关意识作为一种深层次的思想,引导着一切公关行为。公关意识是一种综合性的职业意识,它大致由以下几个方面的内容构成。

1. 塑造形象意识

塑造形象意识是公关意识的核心。良好的企业形象,是一个企业的无形资产和无价之宝,因此,公关人员必须具有极强的形象塑造意识。公关人员要对企业形象的知名度、美誉度、公众对企业形象的忠诚度进行分析评价,成为企业形象的设计大师。他们会时时刻刻像保护眼睛一样维护自身的形象,甚至视其为自己的生命。

2. 尊重公众意识

尊重公众意识是公关意识中最重要和最基本的意识，公关人员要有公众优先的意识、投公众所好的意识、服务公众的意识，能处处为公众着想，利用条件、创造条件为公众服务，真正做到"公众就是上帝"、"顾客至上"。尤其是当企业利益与公众利益发生冲突时，满足公众利益更要摆在第一位。现代公关教育的先驱、美国著名公关学者爱德华·伯内斯早在1923年就指出：公关工作是为了"赢得公众的赞同"，"公共关系应首先服务于公众利益"。

3. 双向沟通意识

公关人员要确切地意识到自己除了是本企业形象的维护人以外，还是企业与内外部社会公众、社会环境进行信息交流的中间人，因而负有收集和整理企业的外部事件和内部员工信息情况并将其同企业的信息传播活动双向沟通的任务。

4. 公关宣传意识

公关人员的工作性质决定了其必须具有极强的公关宣传意识，必须认识到公关活动的本质特征，就是主动、系统、长期地向企业内外部公众传播信息。公关人员必须精通信息处理、信息传播、信息宣传的技巧，有极强的战略性与战术性，有公关宣传素养和能力。

5. 真诚互惠的意识

真诚互惠的意识指公关活动不应建立在"你死我活"、"尔虞我诈"的基础上，而应建立在既竞争又合作，共同发展的基础上。虚情假意、欺骗他人、坑害公众的行为终将会导致企业的声名狼藉。

6. 创新审美的意识

企业良好形象塑造过程中的每一项公关活动的策划与设计都需要有创新。我们说公关是一门科学，指的是它有客观规律可循，有相对稳定的操作程序；而我们说公关是一门艺术，指的是它具有突破固定程式、追求无重复的创造的特点，它要超越对手，超越自我，超越昨天，每一次公关活动都是一种创新。唯有创新，才能塑造独特的企业形象；唯有创新，才能使企业的良好形象在竞争的社会中永远立于不败之地；唯有创新，才能使企业的良好形象不断提升。

7. 立足长远的意识

塑造良好的企业形象不是一蹴而就的事情，而是一个长期积累的过程。这就要求公关从业人员要有立足长远的意识，从长远的角度进行公关活动，在长期的公关活动中去营造企业在公众中的良好形象。

二、心理素质

1. 自信和进取

自信和进取是对公关人员职业心理的最基本要求。一个人有了自信心和进取心，才会激发出极大的勇气和毅力，最终创造出奇迹。

公关是一项创造性的劳动，充满自信心和进取心的公关人员，敢于坚持用实践去检验真理，凭借智慧、毅力最终将灵感变为现实的方案，而缺乏自信心和进取心的公关人员最终将被经验和习惯做法束缚,成为平庸、缺乏创造力的人,最终被公关队伍淘汰。正如法国哲学家卢梭所说:"自信心对于事业简直是奇迹,有了它你的才智可以取之不尽,用之不竭。一个没有自信心的人,无论他有多大才能,也不会有成功的机会。"

2. 热情

从事公关工作的人员待人处事应该热情。公关人员在与人交往的过程中,必须热情洋溢、真诚而又有礼貌,热情的态度可以使对方感到你的诚意、友好、礼貌,为交往的顺利进行打下良好基础。同时对其他事物保持热情,它可以激发你的兴趣、想象力和创造力。

3. 开放乐观

公关工作是一种开放型的工作,从事这种工作的人需要有一种开放的心态,公关工作要不断接受新的事物、新的知识、新的观念,敢于大胆创新,做出突出的贡献。

具有开放心态的人,能宽容、接受各种各样与自己性格不同、风格不同的人,并能"异中求同",与各种类型的人建立良好的关系,这是公关工作十分需要的。

公关人员有开放乐观的心态,在困难和挫折面前,就能从容面对,始终把微笑带给公众,而不是把满脸愁云带给公众。

三、思想道德素质

1. 恪尽职守,诚信守诺

衡量一个公关人员是否具有职业道德,最重要的是看他对公关事业是否尽心尽责及恪尽职守。尽心尽责,恪尽职守,要求公关人员热爱本职工作,对工作极端负责任,有强烈的责任感。玩忽职守、无组织无纪律的思想和行为,都是不尽心尽责的表现。

在公关行动中要有技巧,要讲艺术。但是,良好、稳固的公关却来自于公关人员的诚实和守信。诚实指对公众真诚、诚挚、实在、不图虚名,不以任何花架子去替代真心实意的交流;守信,即讲话做事,要守信用、讲信誉,言行一致,表里如一。公关人员的信誉和信用表现在约定会晤、安排会谈、企业会议、履行合同等都要守时、守约,接受任务必须竭尽全力,按期完成,说到做到。公关人员只有在诚信守诺的基础上,方能取信于人,方能使自己传播的信息、宣传的形象和推广的品牌为公众所接受。

案例分析 2-2

某宾馆诚信守诺公关项目案例

上海有一家宾馆的公关人员就十分重视"守信",这是一家以"饭菜质量好、服务质量更好"而闻名的宾馆。一天深夜,宾馆里来了三位德国人,但是宾馆早已客满,于是宾馆的总服务台就与其他宾馆联系,终于为他们找到了一家离市区较远的宾馆。他们派车把客人送去,当听到这三位客人说是经朋友介绍才慕名而来时,他们当即对客人说:"明天上午就来接你们回我们宾馆住。"第二天,由于接班人员的疏忽,直至傍晚才发觉这事没办,当公关部李小姐驱车赶到那家宾馆时,三位客人早已不知去向。李小姐想,如果今晚不把这三位客人找到,无疑会严重影响宾馆的信誉。于是,她开车挨个宾馆地找,直到晚上10时,才把这三位客人找到。李小姐当面向客人检讨,并说明房间已安排好了,请他们去住。此时,客人倒为难了,因为他们的房间已订,并且当晚还有朋友来访。李小姐当机立断:"这里的房费由我们承担,你们的朋友来访,由我们负责接到我们宾馆去。"这件事使客人很受感动。

总结:往往是一些细小的事情成为公关成败的关键。从小事做起,认真对待每一位顾客,是企业公关成功不变的秘诀。

2. 努力学习,有效工作

21世纪是竞争更加激烈的世纪,是知识更新异常快速的世纪,公关人员必须有学习能力,才能与时俱进。

互联网的出现,使信息的传播速度大大加快,公开性增强,公众的欣赏水平和品位越来越高,网络使公众真正意识到"不看不知道,世界真奇妙"。公关策划要有创意,要有新颖性,要求公关人员要有较强的学习能力、信息捕捉能力、丰富的想象力和创造力。

3. 廉洁奉公,不谋私利

公关人员工作的目标是树立企业良好的形象,提高企业的信誉。这个目的是在为公众和社会的服务过程中体现出来的,所采取的手段也必须是光明正大、顾全大局的。廉洁奉公,不谋私利,对公关人员来说十分重要。公关人员必须始终把国家利益、公众利益、企业利益放在首位,在任何时候都不自私自利。

4. 知法、守法、用法

公关人员与任何公民一样,受法律的约束。要知法、守法,还要懂得运用法律来保护企业的权益。具有法律意识,还应该在遇到有违法乱纪的行为时,能勇敢地站出来予以揭露、控告或制止,绝不能听之任之,更不能同流合污、知法犯法。公关人员应认真学习和掌握《宪法》、《刑法》、《民法》、《经济法》、《公司法》、《合同法》等。对从事涉外公关活动的公关人员,还要懂得中外合资合作企业经营法,以及关于进出口的外汇管理条例等。要坚决反对行贿受贿、贪污腐败行为。

四、公关从业人员的知识结构和能力结构

公关人员的知识结构包括从事公关工作所必需的专业知识和相关知识。健全的知识结构不仅是公关人员基本素质的重要组成部分,而且是其创造性地开展公关工作的保证。公关人员的能力通常指完成一定活动的本领,如果没有能力,再好的品德和知识也难以发挥作用。

1. 公关从业人员的知识结构

美国公关协会开列了一份公关人员应该学习的知识清单,其中提到了近20种知

识——新闻写作、公关理论、演讲与谈判、舆论调查、小说创作、杂志纪事、撰写论文、地方报纸研究、摄影杂志研究、传播学研究、工业情报编辑、撰写批评文章、印刷技术、制作广告、媒体调查、撰写科学纪事、广播和报业关系法规、报业史研究等。概括起来公关从业人员的知识结构包括以下内容。

(1) 公关专业知识。公关专业的学科知识包括：公关理论知识，如公关的基本概念、公关的由来、公关的职能、公关活动的基本原则，以及公关的三大要素——企业、公众和传播的概念和类型、不同类型公关工作机构的构建原则和工作内容、公关工作的基本程序等。

(2) 背景学科知识。背景学科知识包括：管理学类学科，包括管理学、行为科学、市场学、营销学等；传播学类学科，包括传播学、新闻学、广告学等；社会学和心理学类学科，包括社会学、心理学、社会心理学等。

(3) 操作性学科知识。操作性学科知识对提高公关人员的实际工作能力有直接的帮助，如广告学、写作学、演讲学、社会调查学、计算机应用与社交礼仪知识等。

(4) 方针政策知识。公关人员应熟知党和政府的有关政策、法令、法规，了解社会的政治、经济、文化等诸方面的现状及未来的发展趋势。

另外，公关人员有时会根据特定的需要，开展某些特定的公关工作，譬如，企业的产品由内销转为外销，企业需要开展国际公关工作，这时，公关人员就有必要了解国际关系、国际市场营销、国际公关等方面的专业知识和有关国家的政治、经济情况。

公关人员的知识结构应该是一种动态、开放的结构，它能够随时吸收新的知识，不断丰富和发展自己。静态、封闭的知识结构是没有发展前途的，它会因跟不上时代前进的步伐而被淘汰。

2. 公关从业人员的能力结构

公关人员的基本能力有以下几个方面。

(1) 较强的文字和口头表达能力。能写会说是公关工作对公关人员的最基本要求。公关人员要编写宣传材料、撰写新闻稿件、编写企业刊物的稿件、为领导撰写演讲稿、起草活动计划方案、写年度报告或工作总结等。这些工作都要求公关人员有扎实的笔墨功夫、较强的文字表达能力。

公关人员更多的是直接接触公众，采取面对面的方式进行传播，如交谈、讲座、演讲、发言等。这就要求公关人员会讲标准、流利的普通话；讲话要吐字清楚、简明扼要、抑扬顿挫、有节奏感；交谈态度应诚恳、坦率、热情、大方；不可态度冷漠、虚情假意，或言不由衷，或哗众取宠，或搞外交辞令。要讲究讲话艺术技巧，思维敏捷，反应灵活，遇到突然提问或特别情况能用准确、生动、幽默的口语表达自己的看法，反映企业的情况。同时也通过口头表达，把企业的宗旨、产品、服务以至企业形象传达给内外公众，以得到他们的认可、理解和赞赏。

(2) 组织协调能力。公关计划、方案的实施，工作千头万绪、具体繁杂，没有较强的组织能力是很难顺利做好工作的。组织能力是公关人员从事公关活动的重要保证。在筹划一项公关活动时要深思熟虑,精心准备,制订详细周密的计划、措施,设想可能发生的种种情况;在活动开展过程中,要穿针引线、烘托气氛,左右逢源、应付自如;在活动结束后更要认真总结,仔细归纳得失利弊,任何经验教训都是下一次活动的基础和依据。协调能力是指公关人员要随时并善于发现企业内外、企业与公众之间的矛盾和不平衡;善于发现各类公众对企业产生的误解或不信任,及时加以沟通、协调;或通过上级领导部门,或通过新闻媒介,或通过自己的劝导、游说,进行调解,以维护企业的声誉。

案例分析 2-3

酒店组织协调能力项目案例

我国广州中国大酒店的公关人员,曾精心组织拍摄了近 300 名员工的合影照,并利用广大员工穿着不同颜色的工作服,构成一个醒目的中国大酒店的"中"字图案,还将照片制成明信片。如此庞大的工程,安排得井然有序,充分显示了公关人员的组织协调能力。

总结: 公关人员必须具备各方面的组织和交际能力,因为公关人员经常面临大型的公关活动的组织。如何在活动组织中突出特色,安排得当是检验公关人员素质的一个重要方面。中国大酒店的这次活动从某种意义上会给我们一些启示。

(3) 公关策划能力。公关人员必备的专业能力之一就是公关策划能力。公关策划能力可以说是公关人员最为重要的职业化能力之一。虽然公关人员的其他能力也非常重要,但公关策划能力可以说是这些要素的集中外在体现。公关人员必须具备把科学的公关策划普遍规律(程序)与艺术的公关创造思路结合起来的能力。必须能够迅速地策划出各种创新的公关方案,来解决摆放在自己眼前的各种公关难题。公关策划要具有新颖性特点,要突出"新、奇、特"三个字。

(4) 信息捕捉能力。公关人员要眼观六路,耳听八方,保持灵敏的信息嗅觉,善于捕捉别人不易察觉的信息,并设法把信息转化为企业的公关机会。牛顿提出万有引力定律是受到了苹果落地的启发、笛卡儿把二维空间发展成三维空间、门捷列夫把化学元素排列成周期表的形式,据说都是做梦捕捉到的灵感。

案例分析 2-4

信息就是机会

美国亚默尔肉类公司的公关人员有一次从报上看到一则有关墨西哥发生生猪

瘟疫的病例,他们立即想到,如果墨西哥真发生此病,一定会从加州和德州边境传到美国,而加州和德州是美国最重要的肉类供应基地,一旦发生生猪瘟疫,肉类供应就会成大问题,到时候肉价会大涨。公关人员立即将情况向公司老板作了汇报,引起了老板菲力普·亚默尔的重视。他立即派人去墨西哥调查情况,证实了消息是真实的。于是,公司果断决策,立即集中了全部资金购进了加州、德州的生猪,并及时运往美国东部。不久,墨西哥以及美国一些州生猪瘟疫蔓延,生猪大量死亡,肉价飞涨。这时,亚默尔公司将肉全部抛出,公司净赚900万美元。

对于企业来说,机遇随时会有,就看能不能很好把握。闻名世界的北京长城饭店刚开业时,生意十分萧条。1984年,公关部巧夺天工地借助里根总统访华这一千载难逢的机遇,为长城饭店制造了一个全球性的大新闻,世界上500多家报纸、电台几乎同时报道了里根总统在长城饭店举行告别宴会的消息。从此,长城饭店名声大振,成了接待各国元首的主要饭店之一。

总结:在当今全球化的浪潮中,信息爆炸,如何有效地捕捉信息,是每个公关人员必须面对的重要问题。

(5) 随机应变能力。公关工作包括繁重的日常事务和各种重大事件的处理,工作量很大。公关人员要想干好这些工作,必须有耐心、有毅力、有很好的自制自控能力。自我控制是要求公关人员在处理各种冲突或投诉时,能保持清醒的头脑,能忍住心头的火气和怒气。公关人员要临危不乱,有遇事不慌、沉着冷静的应变能力,对各种情况能够迅速加以分析、判断,运用逻辑思维,决定何去何从。譬如在产生失误和事故时,要积极、迅速地采取一切可能的措施,化险为夷,扭转逆势,把不良影响或损失减少至最低限度。一名成熟的公关人员,越是困难,越应具有高度的自信心,善于在困境中调动客观和主观的一切有利因素,变被动为主动,使之逐步摆脱困境,化险为夷,求得问题的圆满解决。

(6) 人际交往能力。衡量一个公关人员能否适应现代社会需求的标准之一,是看他是否具备善于与他人交往的能力。公关人员必须懂得各种场合的礼仪、礼节,善于待人接物,善于处理各类复杂的人际关系。公关人员在平时要注意培养自己的良好性格、儒雅风度、学识修养;在社交活动中要热情、自信;注意仪表、举止;面带微笑。

第二节 企业公关人员的培养

一、企业公关人员培养途径

对企业公关人员的培养目前有以下两种途径可供选择。

一是自行企业培训。这种方式可根据企业公关人员的整体素质和企业的条件而异并有所侧重。一般是"做什么,学什么"、"缺什么、补什么",较为灵活机动。具体方式有以下四种。

(1) 训型,即岗位培训型,主要从培养公关人员的能力出发,帮助他们掌握现任职务工作所需要的各种特殊能力。

(2) 习型,鉴于目前各企业公关人员多数未经系统公关知识的专业训练,而多是在某一两个方面有所特长的人员转业进入这一工作岗位的,对于这种"零碎型"或"经验型"的人员进行一定的知识补习,可使之公关知识系统化,成为"理论型"人员,使他们能在今后的工作中具有更宽广的适应性。

(3) 新型,这是针对当前知识老化加速这一现象而设计的一种培养途径。它力求使每个公关从业人员都能经常以新知识、新技术、新方法、新手段去适应工作中出现的新情况,以更高的效率去从事工作。

(4) 全新型,这是对那些未曾受过任何公关方面训练而又有培养前途的优秀青年进行系统的学习训练,使其达到专业甚至更高的水平,成为公关方面的高级人才的途径。自己办学可以根据企业的需要培养较多的各类人才,但这类方式需要较多的费用,小型企业一般不宜采用。

二是委托培养。这种形式可以将培养对象送至有关院校进行理论上的培养,亦可送至那些公关开展比较成功的单位进行工作培训,边工作边学习边实习。这种方式可以节约企业的办学费用,但培训的人才数量很有限。

二、企业公关人员培养方法

企业公关人员的培养有两种基本的方法,即课堂讲授和实际操作。但不管哪种方法都强调理论联系实际。

从课堂讲授来看,虽然主要是侧重公关知识和有关知识的传授,但在传授过程中要充分显示出操作性的特点。从国外公关教学经验比较丰富的学校的课程设置来看,其在授课过程中,有相当大的比例是采取案例教学和课堂讨论方法,甚至连考试的试题也带有较强的实际操作性,比如伦敦工商业会的公关试题中就有这样的题目:"你的公司最近委任了一个新的主席,他是一个卓越的人物,作为经济学家他有一定的声誉,但又是一个朴素、害羞而不太知名的人。应该让人知道他是公司的主席,你作为公关顾问,将提出什么建议。"

三、企业公关从业人员培养的注意事项

做好企业公关从业人员的教育培养工作是发展企业公关事业和提高公关人员综合素质的有效途径。因此,需要做以下几个方面的工作。

(1) 在培养目标上,通才型公关人才培养与专才型公关人才培养结合。通才型人才掌握了公关学及其相关学科的全面知识体系,知识面广,思路开阔,能指挥企业全局性的公关工作。专才型人才掌握了公关某一方面的专业技术,如写作、广告、美工、摄影、编辑等。在企业攻关工作中这两种类型的人才都不可缺少,所以要根据需要把培养通才型人才与专才型人才相互结合起来。

(2) 在培养内容上,系统教育与单项培训相结合。系统教育包括公关理论学习,公关实务的培训,以及与公关密切相关的其他学科知识的学习,一般通才型人才要进行系统的

教育。专才型人才一般不必进行系统的公关教育,他们通过单项培训就可以担当公关专项技术工作。单项培训的内容可包括公关知识、一项或多项公关有关的知识和单项技能等的训练。

(3)在培养方式上,教育单位办班、用人单位办班和联合办班等三者相结合。教育单位办班有学科基础比较好的优势,特别是综合性高校的与公关学比较接近的专业拥有较为雄厚的师资力量,同时这类学校学科比较齐全,图书比较丰富,理论水准较高。用人单位办班的最大好处是可以结合本行业业务的实际,同时也可选择性地邀请各种专家和高校教师来讲课。联合办班即教育单位和用人单位联合办班,可以兼有两者的优势,发挥更好的作用。

技能训练

训练目标:
1. 通过实际交谈了解企业公关人员从业的环境、从业的经验;
2. 了解实际企业公关从业人员所要具备的基本技能和素质。

训练内容:
1. 制作相应的访谈问题列表或者调查问卷;
2. 对访谈的内容进行整理,做成表格,分析哪些素质和技能是企业公关人员必须具备的。

训练步骤:
1. 制作问卷或者访谈问题列表并寻找可能的访谈对象;
2. 与访谈对象进行访谈,并进行记录;
3. 对访谈的记录进行整理,并做出简单的结果分析。

训练要求:
访谈的对象不能少于5位,每位访谈对象的问题不能少于10个。

本章小结

本章主要论述了企业公关工作人员必备的素质要求,必须是在公关上专业,同时又有较高的知识文化素养、具有一定的创新能力的人;接下来叙述了企业公关人员培训的基本方式和途径,主要是通过社会和企业多方合作,以培养有知识又有实际操作能力的新时代公关人员。

本章练习

一、判断题(10小题)
1. 企业公关人员就是企业推销人员。(   )
2. 企业中的每一个员工都要有公关的意识。(   )

3. 在企业公关人员的素质中,专业素质是其核心的素质。(   )
4. 尊重公众的意识是企业公关意识的核心。(   )
5. 性格内向的人很适合做企业公关人员。(   )
6. 在某种条件下,企业公关人员只要能取得成绩,道德素质可以不过于计较。(   )
7. 人际交往能力是公关人员必备的能力之一。(   )
8. 在培养企业公关人员的过程中,特别要注意与实践相结合。(   )
9. 从某些情况来看,只要能说会道就可以成为一个好的企业公关人员。(   )
10. 企业公关实际上并没有给企业带来经济效益,只是企业出现某些问题的时候才需要。(   )

二、单项选择题(5小题)
1. 企业公关人员素质的核心是(   )。
   A. 思想　　　　B. 自我意识　　　C. 服务意识　　　D. 塑造形象意识
2. 尊重公众意识是企业公关人员的(   )。
   A. 次重要的意识　B. 基本意识　　　C. 最高意识　　　D. 必备意识
3. 从企业与公众来说,企业公关人员是二者的(   )。
   A. 中介人　　　B. 中间人　　　　C. 组织者　　　　D. 协调者
4. 衡量企业公关人员是否具有职业道德,最重要的是看他是否(   )。
   A. 爱企业如家　B. 诚诚恳恳　　　C. 恪尽职守　　　D. 廉洁奉公
5. 当企业需要召开发布会的时候,发言的企业公关人员应该具备的基本能力是(   )。
   A. 文字表达能力　　　　　　　　B. 口头表达能力
   C. 协调能力　　　　　　　　　　D. 信息捕捉能力

三、多项选择题(5小题)
1. 企业公关人员必须具备的意识有(   )。
   A. 塑造形象意识、立足长远意识　B. 尊重公众意识、创新审美意识
   C. 双向沟通意识　　　　　　　　D. 公关宣传意识、真诚互惠意识
2. 企业公关人员应具备的心理素质包括(   )。
   A. 自信和进取的心理　　　　　　B. 热情的心理
   C. 开放乐观的心理　　　　　　　D. 敢作敢当的心理
3. 企业公关人员应有的道德素质有(   )。
   A. 恪尽职守、诚信守诺　　　　　B. 努力学习、有效工作
   C. 廉洁奉公、不谋私利　　　　　D. 知法、守法、用法
4. 企业公关人员应该具备的基本能力有(   )。
   A. 较强的文字和口头表达能力　　B. 协调能力、应变能力
   C. 策划能力、人际交往能力　　　D. 信息捕捉能力
5. 培养企业公关人员的形式有(   )。
   A. 训型　　　　B. 全新型　　　　C. 习型　　　　　D. 新型

四、问答题
1. 企业公关人员培养的方法有几种？
2. 在培养企业公关人员的过程中应该注意的事项有哪些？
3. 要成为一个优秀的企业公关人员，应该具备哪些知识？
4. 为什么企业公关人员要有较好的协调能力？

五、案例分析题

没有策划的年会

某高级健身俱乐部准备举行年会活动，把年会的策划交给了公司的几个职员，他们对策划基本不懂。最后，这几个职员做了一个比较粗糙的方案。他们把会场选在本市一家新开业的宾馆，时间是星期六。

开会时，每个人面前都有一台电子设施、一个麦克风，上面有很多数字，不同的数字对应了参会人员的代号，但谁也不知怎么使用、谁是几号，连会场服务人员也不清楚。最后，除了主持人的麦克风终于响了之外，其他人即使弄清楚了自己是几号，按下相应按键，却会从意想不到的地方传来麦克风的声音，使会议反复中断，与会者情绪受到严重干扰，最后会议在参会人员低声的抱怨中不欢而散。

会后还有文艺活动，但是由于没有经过仔细的彩排，节目表演洋相百出，更有少数表演者缺席演出。

整个活动很糟糕。活动结束后，领导对这几个职员进行了批评，而几个职员之间却互相推卸责任。

1. 从资料中可以看到，以下（　　）是这几个职员所没有具备的，因此导致了策划的失败。
   A. 专业的策划知识　　　　　　B. 广博的基础知识
   C. 丰富的实践经验　　　　　　D. 对公司的了解
2. 上述案例中的几位职员，要成为专业的策划人员，可以（　　）。
   A. 自己摸索　　　　　　　　　B. 参加专业的培训
   C. 自己理解　　　　　　　　　D. 自己多看看
3. 从案例中几个职员相互推卸责任可以看出，他们缺乏专业策划人员所需要的（　　）的性格。
   A. 积极　　B. 宽容豁达　　C. 乐观　　D. 执著
4. 从以上案例活动组织的杂乱可以看出，这几个职员缺乏企业公关活动策划人员所应有的（　　）基本技能。
   A. 交际能力　　B. 组织能力　　C. 口语表达能力　　D. 写作能力
5. 从资料可以看出，企业公关活动策划的主体是（　　）。
   A. 策划者　　B. 活动组织者　　C. 企业　　D. 企业管理人员

第三章　公关策划方案

理解企业公关策划方案的基本内涵和主要内容，了解企业公关策划方案的制订程序，并对各项程序所涉及的知识有所掌握，初步具备制订公关策划方案的基本知识和能力。

广东××集团30周年庆典现场策划案

1. 现场布置

(1) 庆典大会主席台安排在西门广场，主席台铺红色地毯，上书"广东××集团创业30周年庆典大会"，设蓝色背景，并放置祝贺花篮若干。

(2) 主席台前划分1区为嘉宾区域，庆典大会会场共摆设800张座椅，并划分为1区、2区、3区。

(3) 主席台后方厂房分别垂挂五幅悬幅："同心同德筑千秋大业，群策群力创世纪辉煌"；"开放、和谐、务实、创新"；"锐意改革创伟业，奋力创新展宏图"；"三十征程乘风破浪，八千丹心笑逐颜开"；"××电器，为人类创造美好生活"。

(4) 西门广场及其东区范围共置30个高空气球和若干彩带。

(5) 东大门外庆典装饰，布置三道彩色拱门，主门正上方突出4个蓝色大字——"××电器"。在大门外道路两旁500 m内，布置彩旗、灯柱。

(6) 大门、西大门、工业城区域楼顶插彩旗。

(7) 集团办公楼入口喜庆装饰渲染，楼顶插彩旗，门楼用绸缎、灯笼串装饰，楼顶拉横幅——"热烈庆祝××集团创业30周年"。

(8) 西大门门口放置一对气模；柜机厂、研究厂、电机厂布置高空气球彩带；西门外公路两旁插彩旗、灯柱分别至××桥和××职工医院；彩旗上全部写有"××电器"字样。

(9) 东、西区道路两旁插彩旗。

(10) 餐厅、宴会厅做相应喜庆装饰，挂上彩旗、彩带、小气球串。

(11) ××新村门口做适当装饰,挂上彩旗、灯笼串、横幅。

(12) 来宾入住酒店各布置横幅一幅,并适当布置彩旗。

(13) 新闻发布会现场布置横幅一幅——"××集团创业30周年新闻发布会"。

(14) ××镇主要街道悬挂庆祝横幅20幅。

2. 现场布置预算费用

(1) 充气拱门类合计:1 500+1 200=2 700(元)

(2) 落地球合计:2×600=1 200(元)

(3) 空飘类合计:45 000+4 700=49 700(元)

(4) 主席台:28 000元。

(5) 彩旗类合计:6 5000+27 200=92 200(元)

(6) 餐厅、宴会厅装饰:23 060元。

(7) 长灯笼串:22 500元。

(8) 集团办公楼红色绸缎、黄色缎裙制作:500元。

(9) 大功率音响租赁费:5 900元。

(10) 花篮:7 500元。

(11) 条幅、横幅合计:21 600+18 900=40 500(元)

(12) 军乐队合计:1 800+2 400=4 200(元)

(13) 威风锣鼓队:28 000元。

(14) 醒狮:18 400元。

(15) 礼花炮(租费):3 000元。

(16) 红色地毯(租费):500元。

(17) 礼仪用品:绸带1 080元;胸签40元;

(18) 餐饮费用:800元。

(19) 奖品以及红包:2 000元。

3. 时间:(略)

4. 地点:××集团股份有限公司

5. 活动进度及注意事项

(1) 须在活动前三天(即×月×日)清展8:00前验收交付使用。在活动当天(即×月×日),各项准备就绪,相关设备进行安装。

(2) 工作人员及军乐队须在当天上午8:00到位,具体工作安排参照工作手册。

(3) 活动当天,广告人员(不少于5人)现场维护所布置的物品。

(4) 须确保空飘物、拱门、落地气球使用3天。

(5) 须派保安人员夜间维护现场,确保物品不能遗失。

【启示】

这是广东××集团公司30周年庆典现场的策划方案,此方案有两个特点:一是整个方案突出了该公司30周年庆典的喜庆主题,非常鲜明;二是整个方案突显了公关策划在公关活动中的灵魂作用。

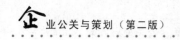

第一节　公关策划方案的内涵和构成要素

一、公关策划方案的基本内涵与特点

所谓策划方案,就是企业公关人员根据企业形象的现状和目标要求,分析现有条件,设计最佳行动方案的过程。策划方案可增加企业公关活动的目的性、计划性和有效性。没有具体的行动方案,企业公关活动就是盲目的、无目标的,这不仅会使企业公关活动不能取得成功,而且也使人们无法把握和调度。公关策划方案是公关策划过程的设计产物和结果,任何方案都不可能囊括一切,毕其功于一役,但任何方案都应当解决一定的问题,达到合理的目的。公关策划方案的本质特征表现在以下几个方面。

1. 目的性

公关策划方案的目的性来自于公关策划目标,是策划目标在策划方案中的转化。方案的目的本身应当是明确的、一致的、可测的,不能含糊、自相矛盾或泛泛而谈,而且要尽可能使用简洁的方式进行表达。方案的目的应该同公众变化研究和预测相联系,对一般公众和目标公众的未来和方案的幅度及其效果,应当有科学的认识,对临时性对策、纠正性对策、适当性对策、预防性对策、紧急性对策、进攻性对策要加以区别。方案的目的由于其有不同层次、优先次序和主次缓急取舍原则,在不同的对策中有不同的体现。

2. 奇特性

古人说:"出其不意,攻其不备,乃取胜之道。"在激烈的企业形象竞争中,最高明的公关策划是别人一时还认识不到的计谋;最高明的策划方案是别人还没有意料到的行动。大凡高明的公关人员都能见微知著,独出心裁,构思奇特,出奇制胜。反之,人见你见,人能你能,胜人就很难。这可谓:"见胜不过众人之所知,非善之善者也;战胜而天下曰善,非善之善者也。故举秋毫不为多力,见日月不为明目,闻雷霆不为聪耳。古人所谓善战者,胜于易胜者也。"这段话形象地指出,知不出众知,不算高明;用众所周知的办法取胜于敌,也不算有本事。如同秋天兔毛衰而质轻,你把兔毛举起来,不能说是有力气;太阳、月亮高悬于天,你能看见不算眼力好;雷声隆隆能听见,不能说耳朵比别人灵。所以,公关人员必须独具慧眼,使公关策划具备奇特的条件,才算绝招。绝招是企业形象竞争的法宝,"宝"就宝在他能为众人之所不能,别人不能做到的他能做到,可谓善出奇者。别人不能做到的他能做到,可谓善出奇的广告,具有出奇的效果;出色的产品质量、出奇的产品、出人意料的服务质量,将赢得大众的信誉;独具特色的商标和标牌,会给大众留下深刻的记忆和印象。别具一格、构思独特的公关策划方案及其实施,能取得出奇制胜的反响和效果。

3. 创造性

出奇制胜的力量源于创造性思维。它要求有创新的设想和理智的判断。这种思维方法在公关策划研究中是经常用到的。促成创造性思维的主要条件是,要在公关调研和评价基础上给定问题,并对其有广博的知识和兴趣,或者把要解决的问题具体化、形象化,对问题具有强烈的好奇心,要有坚强的信念和永不满足的求知欲。这种创造性思维非同一般的招法,能取得非同一般的效果。"应变出奇,无有穷竭。"新奇的东西来源于一般的物质。最平常、最基本的东西,只要进行创造性的思维,就能创造性地利用它,就会产生千奇百态而又无穷无尽的新角度、新设想和新方案。能者之出奇,在于他之所为比别人的招更绝、法更妙、谋更好。善出奇者当不复前谋,能随意制变,是需要创造性想象力的。创造性想象力是形象思维与抽象思维在公关策划研究中的具体应用和有机结合。创造性想象力是公关策划方案的创造性特征决定的。公关策划者要善于敏锐地察觉旧事物的缺陷,准确地捕捉新事物的萌芽,经过联想、幻想和预想提出大胆的、新颖的推测和设想,制作成别具奇招妙法的策划方案。

4. 迂回性

迂回性是指表面上走迂回曲折的道路,而实际上却为更直接、更迅速、更有效地获得创造条件。在企业形象竞争中,远和近既是一个空间概念,又和具体的时间概念相交织。从空间上看,最短的路线,可能是花费时间最多的路线;有时较长的路线,却有可能是花费时间较少的路线。例如,高质量的运动鞋,直接打入市场进行推销,空间路线短,但由于缺乏促销活动,可能销售的时间路线更长;而抓住时机开展具有人情味的促销活动,对参加奥运会的运动员进行赞助,空间路线看上去虽然长了,但金牌获得者脚下穿着被捐助的运动鞋,频频走上领奖台,就可能产生难以估量的魔力和影响,就可能使销售时间大为缩短。公关策划者不但要指导今天,更主要的是安排明天。"明者远见于未萌,而知者避危于未形。"迂回性的对策思想,实际上是一种把远期和近期结合起来的思想。在企业形象竞争中,急功近利,反而欲速则不达。公关策划者能曲中见直,直中见曲,为实施策划方案"权轻重"、"计迂直",就为企业形象竞争打下个好基础。

5. 时机性

公关策划也有一个时机性问题。把握"节奏",善于"权衡",力争不失"时机",不耗"无用之巧",是公关策划的时机性特征。

企业形象竞争中机不可失,时不再来。公关策划既要速度,又要讲时机,并且速度要服从时机。时不至不可强生,事不究不可强成。只有时机成熟,策划及其方案实施方能奏效,公关策划的时机,主要是指公众在这段时间内最关心的话题。中国健力宝饮料打入国际市场的公关策划,若不是抓住奥运会的有利时机,恐怕也是一种"无用之巧"。凡成功的公关策划都有一个时机问题,这就要求公关人员善于挖掘有效时间内公众的热门话题,把握好偶然性、随机性问题的最佳时机。这是公关人员在形象竞争中取胜的基本功。公关人员处理偶然性、随机性问题的能力越强,其把握时机、处理问题的艺术就越高。

6. 情感性

情感是人们对周围事物、对于自身及其活动的态度的体验。它是意识的外部表现。情感不同于感知,两者有着本质上的区别。感知是独立存在的客观事物在人脑中的整体映象。而情感则是主体对于外部刺激给予肯定或否定的心理反应。其体验于内的称为感情,如爱、憎、亲、疏等;表露于外的称为表情,如喜、怒、哀、乐等。情感是一种复杂的心理功能。它可以使主体体验对周围事物和自身活动的感受。主体也可以通过表情来表达态度和沟通感情。

由于企业公关策划方案涉及的公众对象处于不同地域,其风俗文化、民族传统、消费习惯等往往截然不同,这就要注意策划的情感等特点。人非草木,孰能无情。在群体活动中,人们经常彼此诉说自己的喜怒哀乐,增进情感的互动和思想的交流。如果互相认同,互相满足心理上的需要,就会产生亲密感和依赖感,加大相互之间的吸引力及群体对个体的吸引力。企业公关策划的情感性,体现在以公众为导向,为公众利益服务的人情味及其吸引力上。同时,也只有策划方案具备情感性,才能引起公众的兴趣和注意力,从而使其乐于接受。

案例分析

触龙说赵太后

赵太后新掌权,秦国猛烈进攻赵国。赵国向齐国求救。齐国说:"必须用长安君作为人质,才出兵。"赵太后不同意,大臣极力劝谏。太后明确告诉左右:"有再说让长安君做人质的,我老婆子一定朝他的脸吐唾沫。"

左师触龙说希望谒见太后。太后怒容满面地等待他。触龙进来后慢步走向太后,到了跟前请罪说:"老臣脚有病,已经丧失了快跑的能力,好久没能来谒见了,私下里原谅自己,可是怕太后玉体偶有欠安,所以很想来看看太后。"太后说:"我老婆子行动全靠手推车。"触龙说:"每天的饮食该不会减少吧?"太后说:"就靠喝点粥罢了。"触龙说:"老臣现在胃口很不好,就自己坚持着步行,每天走三四里,稍为增进一点食欲,对身体也能有所调剂。"太后说:"我老婆子可做不到。"太后的脸色稍为和缓些了。

触龙说:"老臣的劣子舒祺,年纪最小,不成才。臣子老了,偏偏爱怜他。希望能派他到侍卫队里凑个数,来保卫王宫。所以冒着死罪来禀告您。"太后说:"一定同意您的。他年纪多大了?"触龙回答说:"十五岁了。虽然还小,希望在老臣没死的时候先拜托给太后。"太后说:"做父亲的也爱怜他的小儿子吗?"触龙回答说:"比做母亲的更爱。"太后笑道:"妇道人家特别喜爱小儿子。"触龙回答说:"老臣个人的看法,老太后爱女儿燕后,要胜过长安君。"太后说:"您错了,比不上对长安君爱得深。"触龙说:"父母爱子女,就要为他们考虑得深远一点。老太后送燕后出嫁的时候,抱着她的脚为她哭泣,是可怜她要远去,也是够伤心的了。送走以后,并不是不想念她,每逢祭祀一定为她祈祷,祈祷说:'一定别让她回来啊!'难道不是从长远考虑,希望她有了子孙可以代代相继在燕国为王吗?"太后说:"是这样。"触龙说:"从现在往上数三世,到赵氏建立赵国的时候,赵国君主的子孙凡被封侯的,他们的后代还有能继承爵位的吗?"太后说:"没有。"触龙说:"不只是赵国,其他诸侯国的子孙有吗?"太后说:"我老婆子没听说过。"触龙说:"这是因为他们近的灾祸及于自身,远的及于他们的子孙。难道是君王的子孙就一定不好吗?地位高人一等却没什么功绩,俸禄特别优厚却未尝有所操劳,而金玉珠宝却拥有很多。现在老太后给长安君以高位,把富裕肥沃的地方封给他,又赐予他大量珍宝,却不曾想到现在让他对国家做出功绩。有朝一日太后百年了,长安君在赵国凭什么使自己安身立足呢?老臣认为老太后为长安君考虑得太短浅了,所以我认为你爱他不如爱燕后。"太后说:"行啊。任凭你派遣他到什么地方去。"于是为长安君套马备车一百乘,到齐国去做人质,齐国就出兵了。

子义听到这件事说:"君王的儿子,有着骨肉之亲,尚且不能依靠没功勋的高位,没有功绩的俸禄,而占有着金玉珍宝等贵重的东西,更何况做臣子的呢?"

总结:触龙从自己身体状况出发,步步引入,以理服人,以情感人,最终达到了目的。这个案例,胜在策略,也是我们的公共关系策划的核心所在。

二、公关策划方案的构成要素

公关策划最终要形成文字,作为实施方案和评估标准,无论什么样的策划方案,按其共性的规律,大致包括以下几个方面的内容。

1. 目标系统

公关目标作为企业总目标下的一个分目标也不是一个单项的指标,而应有一个目标体系。公关总目标下有很多分目标、项目目标和操作目标。长期目标要分成短期目标;总目标要分成项目目标、操作目标;宏观目标要分解成微观目标;整体形象目标要分解成产品形象目标、职工形象目标、环境形象目标。

2. 公众对象

任何一个企业都有其特定的公众对象,确定与企业有关的公关对象是公关策划的首要任务。只有确定了公众,才好选择需要的公关人才、公关媒介及公关模式,才能将有限的资源科学地分配使用,减少不必要的浪费,取得最大的效益。

3. 公关活动模式

公关活动模式有数十种之多,不同的问题有不同的公众对象,不同的企业都有相应的公关活动模式。没有哪种公关活动模式可以包医百病,究竟选择哪种模式,可根据公关的目标、任务,以及公众对象的分布、权利要求等具体确定。

4. 公关传播媒介

公关传媒的种类很多,有个体传媒、群体传媒和大众传媒之分,大众传媒又可分为电子类传媒和印刷类传媒,印刷类传媒还可分为报纸、杂志、书籍等。各种传媒各有所长,亦各有所短,只有选择恰当的传媒,才能取得良好的效果;选择传媒可考虑以下几个因素:

(1) 公关目标;
(2) 公关对象;
(3) 信息内容;
(4) 经济条件。

5. 确定时间

确定时间即制订一个科学的、详尽的公关计划时间表。公关计划时间表应和既定的目标系统相配合,按照目标管理的办法,从最终的总目标、项目目标到每一级目标所需的总时间、起止时间都应列表,形成一个系统的时间表。在制订时间表时要注意以下几点:

(1) 要注意避免时间的冲突;

(2) 要注意避开"时间陷阱";

(3) 要留有时间余地,一般要留出总时间的 10%～25% 时间作为机动时间。对活动的起始时间,公关人员要匠心独运,要抓住最有利的时机,以取得事半功倍的效果。

6. 确定地点

确定地点即安排好每一次活动的地点。每次公关活动要用多大的场地,用什么样的场地,都要根据公众对象的人数多少来确定;公关项目的具体内容以及企业的财力要预先确定好。

7. 制订公关预算

为了少花钱多办事,以有限的投入获取最大的社会效益和经济效益,就要进行科学的公关预算。编制公关预算,要预先清楚地知道企业的经济承受力,做到量体裁衣,还可以监督经费的开支情况,评价公关活动的成效。公关活动的开支构成大体如下。

(1) 行政开支,其中包括劳动力成本、管理费用以及设施材料费;

(2) 项目支出,即每个具体的项目所需的费用,如场地费、广告费、赞助费、邀请费以及咨询费、调研费等;

(3) 其他各种意想不到的可能开支,如应对突发性事件的开支。

第二节 制订公关策划方案的程序

通过收集公关有关信息,确定公关目标,研究公关对象,接下来便是要制订公关行动方案。公关策划方案是通过策划中的创造性思维和想象而设计出来的,它是公关行动的指南和依据。

一、公关调查研究

(一) 公关调查的内涵与作用

公关调查作为社会调查的一个种类,是一项认识企业公关状态的实践活动。公关调查是运用科学的方法,有计划、有步骤地考察企业的公关状态,准确地收集有关企业形象、企业社会环境等方面的必要资料,分析各种因素及其相互关系,寻找公关存在的问题,预测民意和社会环境的发展趋势,使企业能掌握实际情况,解决其面临的实际问题。公关调查的对象是与企业发生利害关系的社会公众以及与公关活动有联系的各种因素的集合,如个人和各种群体、文献资料、社会环境因素和新闻传播媒介等。公关调查的任务是及时获取公关信息,预测趋势,为企业的科学决策提供充分的依据。公关调查的目的是了解社会公众对本企业的认识、态度和意见,了解各类公众情况的变化以及对企业产生的影响,向企业提供实地调查的第一手材料,让企业掌握实际情况,研究、分析和解决面临的实际问题,确定公关目标,制订和实施公关活动计划,协调企业与社会公众的关系,促进企业更好地发展。

公关调查的策划作为企业的整体公关策划的前提和先导,可以使企业掌握有关公众意见、态度和反映的各种信息,寻找企业自我形象、自我评价与公众评价的差距,以便更好地调整企业形象及其信誉。公关调查能为策划公关计划提供信息来源,使公关计划建立在可靠的事实基础上,可以防止突发事件及纠纷的发生,使各类问题在产生之前予以发现,防患于未然。科学的调查研究能够保证公关活动获得社会的支持。企业的公关活动要想得到社会的赞同和支持,必须使计划建立在科学的调查研究基础之上,用有说服力的事实和准确的信息来论证计划的合理性、可行性。科学的调查研究也是加强公关活动效果的重要保证,是提高公关传播效果,使公关活动成功开展的必要前提。

由此可见,调查研究可使企业在公关方案制订前,掌握情况和信息,了解自身的处境,而不是自己想当然地主观决定,这为后续公关活动各阶段的工作顺利进行,提供了必需的支持和保证。

(二) 公关调查的类型选择

1. 企业形象调查

企业形象是公众对于企业的认识和评价,它对于企业的生存和发展有至关重要的作用。良好的企业形象是企业的无形资产,它不仅能提高企业的知名度、美誉度,而且能大大增强企业在市场中的竞争能力,使企业的各项活动都能在有利的条件下开展,在竞争中生存和发展。

(1) 企业形象调查的内容。

企业形象调查是公关调查的核心,包括企业成员形象、企业管理形象、企业实力形象、企业产品形象等方面内容。

第一,企业成员形象调查。企业成员形象调查就是对领导者、公关人员、企业内部典型人物和企业群体形象的调查与分析。企业的领导者形象是企业形象的一个主要方面,对企业的领导者形象调查可以通过对企业的现状、管理水平、企业成员的整体形象等多方面进行,调查内容包括企业领导者的资历、思想品德、领导才能、工作作风、政策水平及管理水平等。调查的结果应迅速反馈给领导者,使领导者了解自身工作中存在的问题,及时调整领导方针和管理方法,从而取得企业内、外部公众的理解和信任。公关人员是企业主体形象的主要代表,肩负着企业对内、对外各方关系的沟通、协调,保证企业信息畅通和发展企业公关的使命。对公关人员调查主要是调查他们是否具有较强的组织能力、观察能力、思维能力、创新能力、交际能力和良好的心理素质等。通过调查可以使企业知道公关人员的现状,可以使公关人员及时了解自身的优缺点,明确新的发展目标,增强开展公关活动的能力,为塑造良好的企业形象增光添彩。在任何一个企业内部,总存在着先进、中间和后进三部分成员,而且有着两头少、中间多的现象,只要正确引导,企业中的先进典型能起到带动中间、鞭策落后的作用,对典型人物形象的调查,要以先进为主,对企业内部后进的典型可选择少量,作为总结教训的参考。

第二,企业管理形象调查。企业管理是一种系统性的控制,其目的是要发挥企业的整体功能,发挥企业每一个成员的聪明才智,更好地实现企业的管理目标。企业管理形象比较全面、客观地反映出企业内部管理的水平。企业管理形象调查主要是对企业管理对象的精神面貌、企业内部系统的运行状况进行调查、分析。

① 调查企业内部成员岗位责任制的履行情况,工作态度是否端正,有无工作责任心和敬业精神,工作的积极性如何。

② 调查企业管理人员的职、责、权是否相统一,能否以身作则,能否明确自身承担的责任,能否正确使用手中的权力。

③ 对企业内部的计划工作,包括对时间、空间的合理分配,人、财、物的合理使用等方面进行调查。

④ 企业内部管理的规章制度、职业道德调查。

第三,企业实力形象调查。企业实力一般是指企业自身的物质基础和科研、技术,以及企业成员的文化层次、知识结构、年龄结构、工作环境、软硬件设备,企业向其成员发放福利待遇的能力。企业的实力是企业在激烈的市场竞争中生存和发展的基本因素,是企业在竞争中成败的关键。企业实力形象调查包括以下几个方面。

对企业物质基础的调查。物质条件是基础,调查可以直接从了解企业拥有的空间规模、软件和硬件设备、办公条件和资金等情况入手来进行。

对企业成员的工资待遇和劳动保障的调查。这一调查可以从了解企业成员的工资收入数以及现行劳动保障措施入手来进行,这样操作比较简单,容易得到满意的调查结果。

对企业拥有的科研、技术力量的调查。企业拥有一批科研能力强、懂技术、实践动手能力强、有开发创新能力的人才,这是企业的宝贵财富。对企业拥有的科研、技术力量的调查,不仅要对企业成员尤其是科技人员的研究能力和技术水平进行调查,而且还应对企业生产的尖端技术产品和技术咨询的内容进行分析。

第四,企业产品形象调查。从公关的角度分析,企业的物质产品包括名称、商标、设计、包装、形状、使用的材料及产品的质量等。企业的精神产品是指企业举办的各种宣传活动的效果和文化价值,如新闻发布会、新闻报道、广告文化等,其形式要求真实、健康、富有活力。企业的产品形象比较直观,易于被公众判别和评判,易于影响公众。良好的企业产品形象可以获得公众的信任和好感,在公众中树立企业最佳形象。对企业产品形象,首先可以从对物质产品的直观观察入手,了解企业物质产品的外观,然后收集公众对于企业生产的产品的意见,同时对物质产品的性能和使用价值加以评估;其次对精神产品进行调查,了解它在公众中产生的影响和社会效益,社会效益好、受公众欢迎的精神产品,能体现出企业良好的产品形象。

企业成员形象、管理形象、实力形象和产品形象是构成企业整体形象的主要因素。搞好这些具体形象的调查,并加以综合分析,能够使企业获得符合自身发展的整体形象的结论,进而使企业保持健康、向上的良好形象。

(2) 企业形象调查的范围。

企业形象调查的范围包括企业的知名度、美誉度和认可度。

第一,企业知名度调查。企业知名度是公众了解和知晓企业的程度。企业进行公关调查、策划公关活动的目的就是要尽力宣传自己的形象,让更多的公众了解和熟悉自己,提高企业的知名度,这一调查主要从企业的名称、规模、发展情况、经营风格、企业文化等方面进行。企业知名度的调查应通过各种方式、途径进行,尤其要从传播媒介的收视率、读报率、网上的点击率中获取数据,这样调查才能更科学、更全面。

第二,企业美誉度调查。美誉度是公众对于企业表示赞许和褒奖的程度。在公关调查中,通常可将公众的态度分为七个等级:鄙弃、不屑一顾、颇有微词、漫不经心、稍加称赞、略有好评、啧啧称羡。按此等级差来调查公众的态度,可以确定公众对企业的评价,使企业有针对性地分析研究出消除公众对企业消极态度的方法,不断提高公众对企业的认识层次。对企业美誉度的调查可以从调查服务形象、质量形象、情感形象和责任形象入手来进行。其调查结果,一般是用公众的肯定与否定的形式来表示。

第三,企业认可度调查。认可度也称支持度、支持率,即公众把企业的产品纳入自己消费对象的程度,又指公众对企业提出的建议接纳的程度,或对企业开展的活动参与的程度。企业开展的公关活动,公众若能积极响应、踊跃参与,说明该企业在公众中有较强的号召力,认可度也高。认可度直接与公众的消费方式有关,与公众购买行为相联系。因此,在调查企业认可度时,还要了解企业是否有创新意识、创新能力,是否能够不断开发新产品,服务是否完善,能否满足各类公众的需求。

扩大企业的知名度,提高企业的美誉度,增强企业的认可度,既是塑造企业形象的目标,也是企业形象调查中很重要的三个方面。只有把三者协调一致,才能形成企业的完整、良好形象。

2. 公众意见调查

公众是企业活动的直接参与者和接受者,对企业最了解,也最有资格对企业的行为发表意见、做出评价。公众对于企业决策的反应态度和行为,对于企业目标的实现、生存和发展有着重大的影响。公众的意见主要包括公众对于企业的认识、对企业的态度和对企业的印象。因此,对公众意见调查,有利于及时了解公众的愿望、需求,调整企业公关活动的内容,使公关活动目标更明确、更富有成效;同时也便于企业有针对性地选择公关媒介,向群体传播信息,增强公众对企业的了解,扩大企业的影响。

(1)公众意见调查的范围。公众意见调查的范围可以分为两大类:一是企业内部员工意见的调查;二是企业外部公众意见的调查。

第一,企业内部员工意见的调查。内部员工直接隶属于某个企业,如职工、股东等,其中职工的意见是企业内部最具有代表性的意见,是实现企业目标和利益的重要依据,也是树立企业形象的重要参考内容。

职工情况调查主要有:职工的危机感和紧迫感,即职工对企业的盈亏情况、生产、技术、质量、销售等方面了解的程度,以及职工对竞争对手的挑战,对外部公众的期望要求等;职工对企业文化、精神需求、价值取向的看法,以及对自身价值的体现和受人尊重等情况的看法;职工的经济收入、劳保福利、奖金、股金、消费水平等物质生活改善情况。

股东关系调查主要是从股东对企业信任、放心、称心、热心的情况,来分析企业与股东的关系好坏。因此,首先要调查企业在股东心目中的形象。其次,调查股东对企业的经营情况和企业发展提出的意见和建议。调查中要不断收集来自股东方面的反馈信息,了解股东本人的情况、股东对企业的意见和看法、对企业产品和服务的建议。再次,了解企业与股东关系的亲疏情况和信息沟通情况,包括年度报告、股东会议准备情况及会议效果、股东与企业信函往来情况、分红情况、寄送样品的情况等。

干群关系和领导行为调查主要有:领导的民主意识、民主决策、民主管理的情况,领导的工作作风、群众观念、公仆意识,领导的表率作用,领导集体的团结、优化组合、工作效率等方面的情况。

部门关系和协作意识调查主要有:对部门领导与成员的协作意识和协作行为的调查;了解部门利益与企业利益发生冲突时,部门是如何处理矛盾的;了解部门是否有集体荣誉感,部门间的信息沟通情况如何,以及部门成员间的群体心态和行为方式的调适等。这些调查有助于企业及早发现部门关系中存在的问题,采取适当措施,提高企业成员的整体协作意识。

企业机构组成合理程度的调查:主要了解有哪几个组成部分,各部分在企业内部所处的地位、承担的职能以及运行情况。了解企业机构内部情况的目的是减员增效,高质量地完成企业的各项工作任务。

第二,企业外部公众意见的调查。开展企业外部公众意见的调查,是为了了解企业外部公众关系存在的状况。良好的企业外部公众关系,能够增进企业与社会各界以及外部公众间的相互了解,协调彼此间的利益关系,为企业的生存和发展创造良好的外部环境。

消费者公众关系情况调查。消费者公众关系是企业外部关系中最重要的关系。企业必须通过调查,明确哪一部分消费者公众对企业希望最大,哪一层次消费者公众对企业希望次之?企业在进行消费者公众调查时,可选用座谈法、问卷法、电话采访法和网络调查等方法收集信息。

社区关系情况调查。社区是企业赖以生存和发展的自然环境和社会环境,是企业发展的基础。社区关系情况调查包括:社区公众对企业扶持社区公益事业的看法和评价,社区公众对企业保护生态环境的看法,企业为社区公众排忧解难的情况,企业与社区公众联络感情的途径、方法。

传播媒介关系情况调查。任何企业都应与新闻界建立良好的关系。与传播媒介关系情况的调查主要包括:调查公关人员与新闻界的公众关系、对新闻工作的重视程度、运用新闻传播工具的能力、与新闻界的沟通情况。

(2)公众意见调查的途径和方法。企业公众意见调查可采取不同的方法进行,常见的有访问调查、"公开企业"调查、社会意见征询调查等。

第一,访问调查。访问调查是由企业派调查人员直接面对公众,将事先准备好的有关企业各方面情况的问题,征求公众的意见,同时也回答公众有关企业各方面的问题。访问调查常用访谈、信访、民意测验和电话访问的方式进行,其中,访谈最为常用。

第二,"公开企业"调查。"公开企业"调查就是邀请公众直接到企业所在地参观、考察,将企业的全貌直观地展示给公众,让公众亲身体验企业的活动,然后再听取公众的意见。公众通过直接考察、了解企业,能更全面、客观地认识企业。从某种意义上说,它能进一步加深企业在公众心目中的印象,由公众再作宣传,向公众征求意见,以了解企业在公众心目中的地位和形象,体现出企业能够真正重视公众,接受公众的意见,特别是公众提出的批评意见。"公开企业"调查的方式不但能调动公众关心企业的积极性,帮助企业出谋划策,而且还可以向公众表明,企业闻过则喜,诚恳接受公众意见的态度。

第三,社会意见征询调查。社会意见征询调查侧重于公众对企业的经营管理、服务态度、产品质量、价格定位、社会舆论、企业形象、信誉度、知名度及认可度等方面的调查。调查人员应通过各种途径保持与公众的联系、沟通和交流。另外,企业还可以在社会各界聘请兼职的信息资料调研人员,让更多的公众参与了解企业、理解企业的各项活动,以便企业推进调整各方面的工作。社会意见征询调查需要综合运用多种调查手段和方法,其中公众来信、来访最为常用。

3. 社会环境调查

公关中所指的社会环境是与企业有关系的社会条件总和,社会环境能够直接影响企业的存在和发展。通过社会环境调查,能获得有关企业与环境之间的关系状态、环境对企业的影响度、企业对环境的适应度等方面的信息,寻找自身的最佳立足点。社会环境调查主要包括社会政治和法律环境调查、经济环境调查、文化环境调查、科技环境调查。

(1) 社会政治和法律环境调查。企业的各种公关活动,均受制于社会的政治和法律环境。因此,调查有利于企业依法办事,在公众中树立良好的声誉。社会政治和法律环境调查主要包括政府领导体制、民主法制建设,公民的政治素质、民主法律意识、权利与义务观念,政府的方针、政策等。

(2) 经济环境调查。公关策划活动有无活力,与社会经济形势有着密切的关系,正确判断社会经济形势,认识经济运作机制,掌握市场经济的热点,是策划公关活动的基本前提。经济环境调查主要包括国家的经济走势和发展趋势,自然资源、能源的储备与开发状况,国家的外贸、外汇管理与发展情况,国民平均收入水平,公众的储蓄和信贷情况、金融投资以及消费支出情况。

(3) 文化环境调查。文化环境调查包括民族历史传统文化、地域文化和时尚文化的基本特征、外来文化的相容性和未来文化的发展趋势等。

(4) 科技环境调查。随着现代科技的迅速发展,计算机网络的广泛运用,信息传播十分快捷。电子商务的崛起,为企业科学策划公关活动、及时把握机遇、占领市场提供了条件。科技环境调查主要了解新的科技成果转让成新产品的信息,科技成果提供公关调查手段的信息。

通过社会环境调查,企业可以利用掌握的信息,进行系统分析和预测,正确审视社会环境变化趋势,积极寻找对策,增强企业的生存能力,同时经过企业自身的优化来提高自己的适应能力,善于挖掘和利用社会环境中的积极因素,为企业的发展创造有利的条件,实现企业发展的预期目标。

(三) 公关调查的程序

1. 调查准备阶段

调查准备阶段是调查工作的开端。准备工作充分与否对于开展实际调查工作和调查质量有很大影响,应引起足够的重视。一个良好的开端,往往可以收到事半功倍的效果。

调查准备阶段的主要工作是确定调查的目的、要求,调查的范围和规模,调查力量的组织,并在此基础上,制订一个切实可行的调查方案和调查工作计划。

(1) 公关调查的选题。在开展调查之前,公关部门应根据企业的整体计划、目的和要求,或根据公关活动中发现的新情况和新问题,提出需要调查研究的课题,这是任何一项正式调查的第一步。选题决定公关调查研究的目标和方向,决定公关调查的对象和范围,决定公关调查研究的方法和步骤。选题应遵循以下原则:①需要性原则,即选题必须针对企业的客观需要,解决企业迫切需要解决的问题;②可行性原则,即要正确分析公关调查的主体和客体,使选题符合实际,调查便于操作;③科学性原则,即选题必须在科学指导下进行,选题本身要有科学性;④创新性原则,即选题必须标新立异,从而避免简单的重复和无意义的调查。

(2) 设计调查方案。公关调查课题确定后,就应该着手调查方案的设计。公关调查方案设计,一般分为调查指标设计和调查工作计划设计。公关调查指标包括调查的目的、指导思想和要求、调查类别、企业公关状态,调查的具体对象、内容提纲和调查表格,调查的地区范围、资料的收集等主要内容,它是指导调查实施的依据。公关调查指标的制订要注意突出科学性、正确性、整体性、简明性、可行性、现实性和具有一定的"弹性"。科学性是指调查指标要符合企业发展的实际情况,经得起调查实践的论证。正确性是指调查指标要有明确的意义和一致要求,根据公关调查的实际需要,不断做出相应的重新组合,保持指标的连续性和稳定性。整体性是指调查指标要全面准确地反映调查对象的整体,既具有完整性,又不至于重复或互相排斥。简明性是指调查指标要简明扼要,使公众看后就能知晓调查者的意图和要求。简明性要求用语规范、切题。可行性是指调查指标要考虑调查者的条件以及调查对象协作的态度、企业的内外环境所具备的条件。根据现实性原则,制订的指标应挑战性和可行性兼备。"弹性"是指公关调查指标的制订要留有余地,在指标确定上不要过高、过死,在人力、物力、财力上要留有一定的空间。科学设计调查指标,是提高公关调查的可信度、有效性的前提。

2. 调查实施阶段

调查方案和调查计划经有关主管部门审批后,就进入调查实施阶段,此阶段的首要任务是企业调查人员深入实际,按照调查方案或调查大纲的要求,系统地收集各类真实可靠的资料和数据,听取被调查者的意见。

(1) 建立调查组织。调查单位应该根据调查任务和调查规模的大小,配备好调查人员,组建调查组织。调查人员可以是本单位公关专职人员,也可以是从其他部门抽调的人员。对一些规模较大的公关调查,还可以临时吸收调查人员参加。对于这些被临时吸收参加调查的人员,一定要进行短期培训,让他们了解调查方案,掌握公关常识和调查基本技术,了解同公关调查有关的方针、政策、法令。对调查人员进行培训,是提高调查质量的一项十分重要的措施。

(2) 做好协调指导工作。公关调查的指导工作主要包括以下两个方面。

一是公关调查的外部协调工作。外部协调工作包括两个主要方面:一是调查所涉及的企业;二是被调查的全部对象,特别是较强的非控制性因素。首先,协调与企业的关系,能及时得到企业的支持和帮助。其次,协调与调查对象的关系,积极争取公众的理解和合作。在调查过程中要求调查人员必须放下架子,深入公众,广泛接触公众,与公众广交朋友,绝不能损害公众的利益。同时,尽力帮助公众,以求得公众的大力合作。实践证明,做好外部协调工作,是保证公关调查工作顺利进行的重要条件。

二是公关调查的内部指导工作。公关调查在企业内部有着特殊的地位,在企业调查阶段必须加强调查工作内部指导。在调查初期、中期和后期分别进行工作指导。首先,在公关调查初期应指导公关调查人员迅速打开工作的局面,对于公关调查人员在调查工作中的表现给予适当的监督和指导。其次,在公关调查中期应注意总结、交流调查工作经验,及时发现和解决调查工作中出现的新情况、新问题,不断修正调查计划,扬长避短,促进调查的平衡发展。最后,在公关调查后期应注意扫尾工作,做到有始有终,检查、整理收集的资料,对于不符合要求的要进行补充或重新调整,使获得的资料更充分、更完善。

(3)收集现成资料。现成资料是指机关、企事业等单位和个人持有的资料,可以花比较少的费用和时间获取这部分资料。本企业内部资料可以责成有关人员提供,外部资料要向有关单位和个人索取。要根据所需资料的性质,确定向哪些单位和个人收集。对于一般的公关信息资料,可以从图书馆、各种文献、报刊以及在网络上查寻,关于顾客对产品印象等方面的资料,可以通过各批发商、零售商调查收集。收集资料,必须保证资料的正确性和可靠性。对于统计资料,必须搞清指标的含义和计算的口径,必要时对计算口径进行调整,从大量资料中选取公关调查所需的信息,剔除与公关调查目的无关的信息。

(4)收集原始资料。在公关调查中仅拥有现成资料是不够的,还必须进行原始资料的收集。如调查企业的整体形象,为了取得客观、真实的评价,除了收集相关的现成资料以外,还必须选择一定数量的公众进行深入细致的实地调查,以获得客观的第一手资料。注意在资料收集中要经常作简要的整理,以便查漏补缺,发现错误及时修正,为对资料作全面分析打下良好的基础。

3. 分析与总结阶段

调查资料的分析与总结阶段,是得出资料结果的阶段。它是调查全过程的最后一环,也是公关调查能否充分发挥作用的关键一环。

(1)整理分析资料。公关调查所得的大量信息资料,常常是零星和分散的,有些资料可能带有片面性,甚至不真实,必须进行整理分析,经过去粗取精、去伪存真、由此及彼、由表及里地处理,被调查事物的内在联系就能客观地反映出来,问题的本质和各种公关现象间的因果关系就能揭示出来。

(2)资料的分类汇编。凡经核实校订的资料,应当按照调查提纲的要求,进行分类汇编,并以文字标题或数字符号编号归类,便于归档查找和使用。资料整理要力求系统化、合理化,力求反映企业的实际情况和公众的迫切要求,资料加工要突出主题,层次有序,条理清楚。

(3)资料的分析与综合。调查所得的各种资料,反映客观事物的外部关系,为了透过现象看本质,掌握事物的发展变化规律,必须对大量材料进行分析与综合,弄清调查对象的情况与问题,找出客观事物的矛盾及其内在联系,从中得出合乎实际的结论。对于调查所得数据,可以运用各种统计方法加以分析,并制成统计表或统计图。对于调查中发现的情况和问题,可以通过集体讨论,加以分析论证。

整理阶段是公关调查向总结阶段转化的一个过渡,是由感性认识上升到理性认识的一个必经的中间环节,对于科学地分析与总结公关调查有重要作用。

二、公关策划方案的撰写

公关策划方案的基本格式,大致包括下列五项。

(1) 封面。策划方案的封面不必如图书装帧那样去考虑其设计的精美,但文字书写及排列应大小协调、布局合理,纸张只要略比正文厚些即可。封面内容一般包括以下几方面。

题目。题目必须具体清楚,让人一目了然。

策划者单位或个人名称。方案如系群体或组织完成,可署名"××公关公司"、"××专家策划团"或"××公司公关部",对其中起主要作用的个人也可在单位名称之后署名,策划人:×××。

策划方案完成日期。写明年月日甚至时。

编号。比如根据策划方案顺序编号,根据方案的重要性或保密程度编号或根据方案管理分类编号等。

在需要的情况下,可考虑在封面上简要地加上说明文字或内容提要。

如果策划方案尚属草稿或初稿,还应在标题下括号注明"草案"、"送审稿"、"讨论稿"、"征求意见稿"等字样。如果前有"草稿",决策拍板后的策划方案就应注明"修订稿"、"实施稿"、"执行稿"等字样。

(2) 序文。并非所有策划方案都需加序,除非方案内容较多较复杂,才有必要以简要的文字作为一个引导或提举。

(3) 目录。这也如序文一样,除非方案头绪较多较复杂,才有写目录的必要。目录是标题的细化和明确化,要做到让读者通过看标题和目录后,便知整个方案的概貌。

(4) 正文。正文即是对前述八个要素的表述和演绎。

其主要内容有:

① 活动背景分析;

② 活动主题;

③ 活动宗旨与目标;

④ 基本活动程序;

⑤ 传播与沟通方案;

⑥ 经费概算;

⑦ 效果预测。

正文的写作需要周到,但应以纲目式为好,不必过分详尽地去加以描述渲染,也不要给人以头绪繁多杂乱或干涩枯燥的感觉。

(5) 附件。重要的附件通常有:

① 活动筹备工作日程推进表;

② 有关人员职责分配表;

③ 经费开支明细预算表；

④ 活动所需物品一览表；

⑤ 场地使用安排表；

⑥ 相关资料，这主要是提供决策者参考的辅助性材料，不一定每份方案都需要，例如完整的或专项的调查报告、新闻文稿范本、演讲词草稿、相关法规文件、平面广告设计草图、电视片脚本、纪念品设计图等；

⑦ 注意事项，即将策划方案实施过程中应当注意的事项做重点集中提示，比如完成活动需事前促成的其他条件、活动实施指挥者应当拥有的临时特殊权限、需决策者出面对各部门的协调、遇到特殊情况时的应变措施等。

三、公关策划方案的优化程序

制订好公关策划方案之后，并不可马上将方案付诸实践，还必须对方案进行分析与优化，以期更加完美。公关方案的优化一般有以下的一些程序。

（一）分析公关策划方案

分析公关策划方案须从以下两个方面着手。

1. 情报材料分析

策划方案制订后，首先要对情报材料进行认真分析，分析的内容包括以下几个方面。

(1) 这些情报是不是真实的；

(2) 这些情报是不是全面的，是否有遗漏；

(3) 这些情报的来源是否正当合理；

(4) 各情报之间是否相互矛盾，如果矛盾，须进行重新鉴别，排除误差。

情报信息分析在进行信息收集时就已进行过一次，为了保证策划方案的切实可行，做到万无一失，此时，有必要进行再一次分析。

2. 可行性分析

无论是简单的策划，还是重大的战略策划，可行性分析是策划不可缺少的环节。可行性分析的内容包括以下几个方面：

(1) 是否有实施的必要性；

(2) 主客观条件是否具备；

(3) 有哪些有利条件、必要条件及限制性条件；

(4) 能达到什么样的效果。

例如解放战争时期，我党决定与国民党反动派在东北进行战略决战，当时毛泽东及党中央就进行了下面的可行性分析。

(1) 举行大规模兵团作战，大量地歼灭敌人是人民解放战争发展到战略决战阶段的必然要求，以东北为突破口可大大推动全国解放战争的进程。

(2) 主客观条件已经具备。在客观条件方面敌我力量的对比已经发生了根本性的变化，我人民解放军由弱到强，由小到大，无论是人数还是武器装备已能适应大兵团的作战需要。在主观上，我军在党中央的正确领导之下，士气高昂，"打倒蒋介石，解放全中国"的口号已经深入人心,被全国人民所接受。

(3) 从军事力量对比上看,在东北我军与敌军兵力相当或略有超过,我军已经解放了除几个大城市以外的广大地区,在大规模的兵团作战与攻城作战方面已经积累了一定的经验。

(4) 从效果看,辽沈作战的胜利,可以大量地歼灭敌人的有生力量,东北全境若获解放,我军就有了一个完整的、靠近苏联的且工业基础较好的后方基地,对于加快全国解放战争的进程无疑将起重大的作用。

不利条件是敌军力量还很强大,而且武器装备较好,一旦受我军攻击,有可能从关内增援。我军的武器装备、经济条件相对敌军来说还较差,在大规模协同作战方面经验还显得很不够。

我党中央在进行上述可行性分析、论证后,果断地举行了震惊中外的辽沈战役,达到了预期的战争目的。

(二) 公关策划方案的优化

公关策划方案是公关人员创造性的劳动成果,他们根据不同的公众对象,选用不同的公关活动模式,选择不同的媒介,提出各种不同的方案,做出各种形式的公关设计,但这些方案未必都那么适宜、那么尽善尽美,也不可能同时采用几个不同的方案,因此有必要进行方案优化。方案的优化过程,就是提高方案合理性的过程。方案的优化可以从三个方面去考虑:提高方案的可行性,降低耗费,优中选优。优化方案的方法有以下几种。

(1) 重点法。当我们对一个方案进行优化时,可先从合理度、可行性、耗费三个方面分析,哪些方面的提高或降低对该方案的合理值影响最大,即把影响最大的方面确定为重点。如果方案中合理度与可行性都很高,就是费用太高,则可将耗费定为重点。如果合理度和耗费都很合适,只是可行性差,则应以提高可行性为重点。总之,就是重点地突破薄弱的环节,使方案整体优化。

(2) 轮变法。轮变法的具体运用如下:在影响整体的要素中,将其中一个作为变数,其他的作为定数,对作为变数的要素作数量的增减,以期在其他要素不变的情况下提高合理值,直到不能再增减。然后,换另一个要素作变数,而将原来的那个要素与其他要素一起作定数,依此类推,直到合理值不能再提高为止。在运用中,应这样提出问题:在目的性不降低、耗费不增加的情况下,可行性还可增加吗?在目的性和可行性不降低的情况下耗费还可降低吗?同样的道理,在这三个要素中每个要素的组成项目也可以使用轮变法。

(3) 反向增益法。反向增益法与轮变法的不同在于:轮变法是以其他要素不变为前提,去增减一个要素的值;反向增益法则是以一个要素的较小变动去求得其他要素的较大变动。人们通常只考虑如何降低成本,以增加利润,而反向增益法则是考虑如何增加少量成本,以求增加大量利润,取得"舍寸进尺"的效果。

(4) 优点综合法。设计出来的每个方案都有优点和缺点,未被选上的方案未必就没有一点优点,被选上的方案也未必就没有一点缺点。优点综合法就是将各方案中可以移植的优点部分综合到被选上的方案中,使被选上的方案好上加好,达到最优化。

(三) 书面报告与方案的审定

公关方案在论证后需要形成书面报告,其主要内容包括:综合分析的介绍、公关活动的计划书和方案的论证报告。公关计划在形成书面报告后,须经过本企业领导的审核和批准,以保证公关目标和该企业总目标的一致性,使公关活动和企业的其他活动相互配合。

(四)公关优化的基本原则

尽管公关策划方案的选择是公关领导者的主观判断,但在这个过程中,策划方案的决策者也应遵循一定的客观原则。

1. 突出主题原则

在选择公关策划方案时,不仅要使公关策划方案的主题得到体现,同时也要使公关活动的主题与企业的整体形象一致。在电视中经常看到这样一则广告:"鹤舞白沙,我心飞翔",许多观众看了之后并没有明白"白沙集团"的主要产品和企业所要传达的信息,其实白沙集团最开始时进行的是香烟销售,虽然香烟广告的播放是有限制的,但这种宣传的主体不明显,而且也没有突出公司的形象。相比较"万宝路"香烟的广告,全部以牛仔形象为主体,突出了其品牌倡导的男子汉形象,给人留下深刻印象。

2. 简单经济原则

简单并不代表不好,越是简单实用的公关策划方案,越能让公关活动有效地开展起来。有些公关策划者在公关策划时产生这样的误区,认为把活动搞得越大、活动项目越复杂,公关策划的方案才是好方案。其实不然,有时在细节上多下功夫、经济简单的方案也会得到好效果。市场上有许多洗发水品牌,"宝洁"公司旗下的"飘柔"、"海飞丝"和"沙宣"无论在宣传攻势还是在市场占有率上都无人能及。针对这种情况,"舒蕾"洗发水在刚开始上市的时候,并没有在电视、报纸上大肆宣传,而采取了"决战终端"的公关策略,在洗发水销售点进行平面广告的宣传,花费少,却取得了非常好的效果,使自己在市场中有了一席之地。

3. 随机应变原则

公关策划方案的时效性是策划者选择公关策划方案的另一原则。公关策划方案不仅要及时,还要适应以后局势的转变。美国七喜汽水起步比较晚,与实力雄厚的可口可乐和百事可乐的竞争力有差距,所以七喜汽水的公关策划方案另辟蹊径,把自己定位在非可乐型饮料,强调"七喜汽水从来不含咖啡因,也永远不含咖啡因",从而为自己在当时的市场竞争中取得有利地位。

技能训练

训练目标:
1. 了解企业公关策划方案撰写的基本程序;
2. 掌握企业公关策划方案撰写的基本方法;
3. 熟悉企业公关策划方案的基本要素。

训练内容:
假设你是一位房地产公司的公关负责人,针对目前社会普遍认为"房地产企业无社会责任感,赚取老百姓血汗钱"的说法,你将如何通过公关活动解除人们的误解,树立企业的良好形象?

训练步骤:

    1. 收集企业公关策划方案的相关范本;

    2. 拟定企业公关策划方案的基本思路和主要内容;

    3. 撰写企业公关策划方案的正式文本。

训练要求:

    1. 企业公关策划方案的基本要素和格式规范;

    2. 企业公关策划方案具有一定的新颖性和创新性。

本章小结

    本章主要阐明了公关策划方案的基本含义,公关策划方案一般包括哪些内容,同时提出了公关策划方案撰写的基本流程,包括调查研究、方案撰写和方案优化三个环节。公关方案策划的好坏直接决定了公关的成败,因此,公关方案的撰写既要遵循一定的方案策划写作规律,同时在方案的拟订和选择上又要有独特性,这样的方案才是真正优秀的方案。

本章练习

一、判断题(10小题)

1. 公关策划方案的目的性来自于公关策划的性质。( )

2. 在公关策划中,奇特性就是要一味地追求新奇的方案。( )

3. 公关策划中的迂回性其实是为了更好地实现目的。( )

4. 公关策划方案一定要考虑对象的情感性。( )

5. 实施公关调查是公关策划的基础,为之提供基础的参考数据。( )

6. 企业实力形象就是企业形象。( )

7. "公开企业"调查就是把企业的信息全部公开,然后收集意见的调查方法。( )

8. 网上调查是企业的一种十分方便且花费较少的调查途径。( )

9. 公关策划方案的序文可有可无,视情况而定。( )

10. 在对公关策划方案进行优化时,如果简单经济原则与突出主题原则相冲突,应该选择简单经济原则。( )

二、单项选择题(5小题)

1. 企业公关策划方案是为了实现企业( )而按科学程序制订并准备实施的标准格式。

    A. 公关策划目标   B. 赢利

    C. 盈利   D. 形象塑造

2. 要从现实生活中不断观察并从中吸收好的创意、达到与众不同是指公关特征中的( )。
   A. 目的性　　B. 迂回性　　C. 创造性　　D. 时机性
3. 汶川大地震后很多企业不但给予物资上的支援,而且还给孩子们带去礼物,开设心理诊所,让灾区人民感受到了来自全国各地的温暖,这说明企业公关策划具有( )特征。
   A. 目的性　　B. 迂回性　　C. 时机性　　D. 情感性
4. 某企业想在上海世博会期间举办一次企业公关活动,那么这个企业首先必须确定的内容是( )。
   A. 对象　　B. 活动模式　　C. 传播媒介　　D. 目标
5. 某全国性企业为绿色环保企业,为调查企业的产品在公众中的受欢迎程度,其可以选择的调查方式最好的是( )。
   A. 地方电视台　B. 地方报纸、杂志　C. 中央电视台　D. 互联网

三、多项选择题(5小题)

1. 企业公关策划方案具备的特征有( )。
   A. 目的性、奇特性　　　　　B. 创造性
   C. 迂回性　　　　　　　　　D. 时机性、情感性
2. 某企业公关人员撰写了一份策划方案,在这份方案中必须有的要素是( )。
   A. 目标系统　　　　　　　　B. 公众对象
   C. 确定时间和地点　　　　　D. 公共模式、预算
3. 一个大型国有企业想要对本企业的实力形象进行调查,那么它需要调查的内容有( )。
   A. 企业的注册资本　　　　　B. 企业的员工构成
   C. 企业的劳动待遇　　　　　D. 企业的科研实力
4. 企业形象调查的范围包括( )。
   A. 知名度　　B. 认可度　　C. 美誉度　　D. 诚信度
5. 企业社会环境调查的内容应该包括( )。
   A. 政治和法律环境　　　　　B. 文化环境
   C. 经济环境　　　　　　　　D. 科技环境

四、问答题

1. 请说明企业公关策划方案的优化原则。
2. 请说明企业公关策划方案的优化方法。
3. 企业公关调查的途径和方法有哪些?

五、案例分析题

浑然无迹的公关策划

舒味平接受"傻子瓜子"的公关策划委托后,经过构想思考,拿出了公关策划方案。
其主要内容即主题:瓜子寄深情;原则:淡化公关色彩,即不作任何公关渲染,让人感

觉不出有人为策划的痕迹;目标:从长远着眼,不求一时轰动,只求本身具有潜在新闻价值;具体实施:在1993年元旦与春节即将到来之际,给邓小平同志寄上几斤自产的瓜子,并附上一封短信,以表达对邓小平同志的感激之情和深深的敬意。其方案的主要依据:其一,"傻子瓜子"的问世和发展,确实是邓小平同志的思想路线带来的,"傻子"一家对邓小平同志怀着深厚的感情,以自产的、并不名贵的瓜子表达这种感情,合情合理,顺理成章;其二,在新年即将来临之际寄瓜子当然也是符合生活习俗的,同时也照应了邓小平同志年初的讲话。

效果评估:"傻子致信邓小平"的消息经各地100余家媒体报道,有效地传播了傻子瓜子经营的规模、计划等新信息,使"傻子瓜子"在近年第一次以正面新闻见诸报端,树立了良好形象。自此消息传播后,傻子瓜子厂先后收到500多封来自全国各地的信件,要求与傻子瓜子厂联营或作经销代理。来函单位中的40余家,目前已成为傻子瓜子厂新的业务伙伴,其中联营建分厂7家,总经销30余家。

1. 你认为傻子瓜子策划方案成功的关键是(　　)。
   A. 灵活性　　　B. 创新性　　　C. 整体性　　　D. 长远性
2. 舒味平在方案中策划给邓小平寄瓜子的事件很好地照应了邓小平同志年初的讲话,抓住了全国人民都会关注的时机,这体现了策划方案应有的(　　)特点。
   A. 目的性　　　B. 创新性　　　C. 时机性　　　D. 迂回性
3. 上述案例中应有的但是缺失的主题有(　　)。
   A. 主题　　　B. 实施方式　　　C. 时机　　　D. 预算
4. 上述案例中是否具备一般案例撰写应有的基本格式?(　　)
   A. 有　　　　　　　　　　　B. 有但是不完全
   C. 没有　　　　　　　　　　D. 无法判断
5. 如果以上方案你认为还有不足,可以进行优化,你可能选择的优化方法是(　　)。
   A. 重点法　　　B. 优点法　　　C. 缺点法　　　D. 简化法

第四章　企业公关处理

学习目标

了解企业内外部公关的特点,理解企业内外部公关的不同的处理方式和程序,掌握企业公关处理的基本知识,深刻认识企业内外部公关处理对企业的重要意义。

案例引导

苹果员工:在苹果公司工作简直是一份美差

在苹果公司工作可以说是一件非常具有挑战性的事情,员工必须疯狂地工作,而且来自周围的压力会让你时刻保持向上的竞争状态。但这些并不是全部。日前外媒从 Glassdoor.com 上收集了来自苹果公司前员工以及目前正在苹果公司工作的人对在苹果公司工作一事的评价。

员工会感觉自己的工作对世界产生了巨大影响

在苹果公司工作最大的好处之一就是你会感觉,自己的工作真的很重要,会对世界产生影响。有一名软件工程师是这样写的:"苹果公司的工程师会产生非常实质性的影响,让全球数百万人受益。简直棒呆了。"而一名零售店经理是这些写的:"我加入苹果公司是因为我想成为这个比我大的集体的一部分。"

也有人形容在苹果公司工作,做着非常有意义的工作,会让人产生自豪感。而苹果公司本身也善于利用一些鼓舞的话来让员工产生这种自豪感。

可以和一些真的非常聪明的人共事

乔布斯生前常说,他希望自己的员工都是 A-level 的人,目前在苹果公司工作的许多人都很高兴自己的身边有这么多聪明的人。

有一名在库比提诺的苹果公司员工这样形容:"苹果公司到处都是聪明、有天赋的人。"也有人认为这能够让整个环境变得更具竞争性,这能让自己在工作上做到最好。

苹果公司的氛围更让人觉得是一个初创公司,而不是一家大公司

苹果公司或许是世界上最有价值的公司,但是这并不意味着为它运作起来和其他大公司一样。很多员工描述,苹果公司的运作好像多个初创公司在一家大公司的保护下运作那样。这样自己的工作就有更多弹性。

某些职位的薪水待遇还不错

许多苹果公司员工,从工程师到经理人员都大赞苹果公司的薪资福利(苹果零售店员工除外,虽然有消息表示苹果公司计划提高这些员工的薪资福利)。Payscale.com 网站对各个公司的薪资待遇进行对比发现,苹果公司许多职位的薪资待遇都高于行业水平。

兼职的工作人员在苹果公司也有福利

虽然有一些零售店的员工会对领到的薪水不满,但是也有不少人对苹果公司提供的各种福利表示满意——甚至兼职的工作人员也一样。目前,苹果公司每周工作 20 个小时及以上的员工可获得健康和 401k 计划福利。

在苹果公司工作后想雇佣你的人就更多了

在苹果公司工作就像在纽约生活一样。如果你能在苹果公司工作,那么在其他地方肯定也是毫无压力。苹果公司的某软件工程师是这样解释的,在苹果公司如果你能够做出点成绩,那么你将会有更广阔的事业,职业生涯发展也有更多可能性。

苹果公司园区里好吃的东西不少(虽然你得自己付钱去买)

苹果公司可能不像谷歌和 Facebook 那样疯狂给员工津贴,但是它也有其他"笼络"员工的方式。有苹果公司员工表示,库比提诺总部 Caffe Mac 的东西非常好吃。相信随着苹果公司新园区的建立,那里好吃的东西会越来越多吧。

员工上下班通勤方便

有多名员工表示,苹果公司提供的通勤选择也是在那里工作的好处之一,苹果公司会提供往返大巴服务,方便员工在海湾区各个地方和库比提诺总部之间来往。另外苹果公司还会提供定期津贴,补贴员工上班的交通费。

在时间紧迫的情况下完成任务会让你有成就感

因为时间紧迫所以在苹果公司工作通常会让人感觉压力很大,但是也有员工认为这会让人感觉兴奋。一名工程师这样写道:"项目一个接一个,我连呼吸的时间都没有。不过我很享受这种在紧迫的时间下漂亮完成工作的感觉。巨大的成就感!"

第四章 企业公关处理

成为一家仍在成功的公司的一部分

当许多科技公司,比如微软等都在裁员的时候,苹果公司还在不断招聘,以扩张到新的市场。苹果公司某商务专员这样写:"苹果公司像疯了一样地发展,能够成为其中一部分真是太令人兴奋了。"

苹果公司领导团队很赞

有很多员工都称赞苹果公司的领导团队。苹果公司 CEO 蒂姆·库克在 Glassdoor.com 上有 94% 的支持率,证明他多么受员工尊敬。

微观管理少,员工喜欢这种自由

苹果公司可能是一家非常具有控制力的公司,但是员工觉得自己在工作时自由空间很大。一名在库比提诺总部工作的员工这样写,公司"给予大量的信任和独立自主空间",还有一名软件 QA 工程师表示苹果公司的"微观管理很少"。

——来源于 http://www.cnbeta.com/articles/tech/315411.htm

【启示】

现代企业的内外部关系,很容易通过网络进行传播,内外部关系相互影响。现代职业人的诉求也不仅仅是物质,在处理内部公共关系的时候更加要注重系统性和整体性。

第一节 企业内部公关处理

企业内部公关指企业与企业内部各类公众即与企业内部职工、股东、各部门之间的关系。企业内部公关工作的目标是内求团结,促进企业内部的合作。企业内部公关工作的开展,主要是通过有效的内部信息交流进行的。这种内部信息交流可以分为以下两种类型。

(1) 正式信息交流。这是通过企业的正式组织机构,有计划、有系统进行的信息交流,具体有领导对职工的上情下达、职工对领导的下情上传、部门之间横向交流、职工之间横向交流等形式。

(2) 非正式交流。即通过师徒、同事、朋友之间的友善往来、非正式团体活动等形式,传播和交流信息。通过信息交流,企业领导能将企业的内外情况、情报及时、准确地向职工和股东通报,职工和股东也能将意见和建议及时传递给企业领导,以此达到相互理解和信任,促进企业的发展。

一、内部员工关系处理

(一) 内部员工需求分析

1. 工资报酬与福利待遇

工资报酬与福利待遇是员工努力工作的根本动因,是员工对企业的基本要求,员工希望得到公平的待遇和合理的劳动报酬,这是人之常情。制定合理的分配制度,公平地解决劳动报酬问题,是企业管理中的一件头等大事。

奖金是工资之外用以表扬优秀员工的一种物质激励手段。奖金发放的原则是,既要刺激进步,又要有利于团结。福利是员工关心的又一重大问题,主要包括住房、医疗、育儿、养老、娱乐、教育等福利内容。

工资报酬、奖金、福利是企业发展的利益驱动力,是确保员工工作热情和劳动积极性的原始动力。

2. 工作环境

工作环境既包括物质环境和精神环境,也包括利益环境和发展环境。工作环境直接影响人的工作热情和积极性,因此,内部员工往往追求一个既喜欢又满意的工作环境。知识经济时代,新知识工人不再像传统企业工人那样,仅仅注重劳动收益,他们更注重知识作用的发挥,他们更希望寻找一个充分发挥自己知识潜能的环境。对发展空间的要求比利益空间的要求更迫切、更大。因此现代企业必须为他们提供一个完整的工作环境,创造一种温暖的情感氛围,让员工产生一种归属感。

3. 领导素质

领导素质是指领导者个人所具有的品德、能力、知识、修养和领导艺术等。领导素质的高低,直接决定着企业素质的高低,也直接决定着企业内聚力的高低,也决定了企业是否具有生存与发展的活力。一个企业的领导者是企业理想的构思者和实践者,他的自身魅力就能吸引众多追随者,能吸引更多的优秀人才,树立一个企业的精神信念。对员工来说,他们不仅挑选工作,而且挑选领导,有时候,领导比工作更重要,一个好领导可以让员工感到工作更有价值,生活更有意义。

(二)正确处理好员工关系

1. 充分了解和尊重员工的需要

激励理论告诉我们,个体行为的规律是,需要引起动机、动机支配行为、行为指向目标,在一种目标得到满足后又会产生新的需要、动机、行为,需要是人的行为的直接动力。因此,公关人员应认真了解员工的需要,尤其是员工在一定条件下最为迫切的需要,并尽可能地满足他。

(1)工资报酬。现代社会对相当多的人来说劳动仍然是其谋生的手段,即使是高收入阶层。在我国,相当多的人认为收入的多少是衡量其能力大小的标准,因此,对金钱的需要仍然是第一位的需要。员工希望得到公平的待遇和合理的劳动报酬,这是员工的普遍需求。

(2)奖金和福利。奖金是工资之外用于奖励劳动较突出、表现优秀员工的一种激励手段,如何发放奖金是一件非常棘手的事情,采用平均主义方式,不利于调动员工的积极性;拉大差距,奖金发放的标准不易确定,也容易造成员工心理上的不平衡。

另外,企业是否能够向员工提供住房、医疗、养老保险等福利条件是员工关心的又一重大问题,良好的福利待遇可减少员工的后顾之忧,全力投入到工作中。一个企业在立业之时,福利待遇较差,员工一般能够接受,但随着事业的发展,企业经济状况的改善,福利待遇必须不断改善，否则，难以留住员工。企业如果一时福利待遇不能改善，应向员工及时做出解释，消除员工的误解。

（3）工作环境。员工在工作中都希望有一个安全、可靠、优美、舒适的环境，这对于提高员工的工作热情和劳动积极性有促进作用。

（4）民主管理。参与管理是现代人的普遍需要，一个企业实行政治民主、决策民主、财务民主、生活民主的管理制度，就从制度上确认了员工的主人翁地位。企业的一切重大决策要经过员工代表大会讨论或广泛听取员工的意见，让员工参与管理，充分发挥员工的主人翁精神。

（5）员工的培训和发展。现代社会，知识更新速度快，一个人只有不断学习才能跟上时代的潮流，许多员工已开始关心自己在企业中是否有接受培训、不断学习新知识的机会，甚至把此作为选择工作的一个重要条件。因此，企业必须重视员工的培训，制订出相应的员工培训计划，吸引和留住人才。追求自我价值实现是人的最高层次需要，工作是否富有挑战性、是否能施展自己的才干、实现自己的理想，这是现代人非常重视的需要，因此，企业应给员工提供有挑战性的工作，为员工的成长发展创造条件和机会，帮助员工设计其职业生涯，实现其理想与追求。

案例分析4-1

关心职工的好处

美国的一家小企业——国民罐头公司，在激烈的竞争中以惊人的速度发展起来。其两条成功经验之一是管理者关心职工生活。公司的总经理康赛丁非常关心职工。他常常深入到工人中间，了解他们的生活情况，想方设法为他们解决问题。在1977年，该公司还两次将职工家属请来参加有茶点和丰富节目的联欢会。康赛丁的哲学是：劳动生产率源于职工的忠诚，而忠诚，源于管理者对职工福利的关心和重视。而对于管理者而言，关心，是耗费不了多少金钱的最有效的投资。

总结：在组织行为学中，学者们认为职工关注的不仅仅是工资，还有荣誉以及精神层面的需求。因此，企业开展内部公关应加大精神层面的关注，这不失为一个低成本高回报的好方法。

2. 激励员工动机

（1）民主管理激励。切实保证员工的主人翁地位，让员工有权参与企业重大决策，有权对企业领导进行监督和咨询。

（2）奖惩激励。充分肯定内部员工的合理动机和正确行为，使之发扬光大，同时彻底否定员工的不良行为，使之收敛和消退。奖励应将物质鼓励与精神鼓励相结合。奖励和惩罚要及时，当员工做出成绩或给企业造成损失时，要及时给予表扬、奖励或惩罚，其效果最佳。

(3) 榜样激励。以员工熟悉的先进典型为榜样,以榜样带动一般,以先进推动后进,使先进更加严格要求自己,对后进则会产生触动作用。

(4) 领导行为激励。领导行为对广大职工有很大感染、鼓舞和示范效应。领导者的模范行为是一种无声的号召。领导者廉洁奉公、处处严格要求自己,经常深入员工中,听取员工意见、建议,可以赢得员工信赖,树立自身的威信,产生良好的激励效果。

(5) 情感激励。注重对职工的感情投资,除关心员工工作外,还应对员工工作之外的学习、生活给予关心、照顾。这方面有许多可借鉴的方法:如为员工庆祝生日,给员工安排特殊的生日餐、赠送生日贺卡、点歌等;员工遇到困难时,及时送去温暖;安排员工子女的上学、就业等。

(6) 反馈激励。及时把员工的业务成绩和学习的效果反馈给本人,同时做出客观的评价和奖赏。可通过逐月公布员工的生产活动指标完成情况,及时公布年度考核结果,并与员工进行交流,帮助其改进工作业绩等。

3. 引导和控制员工的行为

员工关系的重要目标是引导和控制员工的行为。一个企业要有良好的秩序,就要对员工的言行举止进行合理引导,及时制止越轨行为的出现、蔓延,鼓励和倡导正当行为的发扬光大。引导和控制员工的方式包括以下几方面。

(1) 思想控制。人的思想决定了其行为,用正确的思想指导职工的日常行为,可以保证员工行为的目的性和方向性。引导员工的思想是一项长期而且艰巨的工作,需长期努力方能达到效果。松下幸之助认为工作占据了人们一半以上的清醒时间,精神的训练责无旁贷,松下公司每天早晨八点,全公司 8.7 万人一起背诵公司的价值规范,高唱公司的歌曲,以培养职工的忠诚心。思想教育的形式可以多种多样,政治学习的方式在我国沿用已久,但目前普遍效果不佳,形式主义较多,企业应挖掘灵活多样的思想教育方式。

(2) 纪律控制。纪律控制是一种强制手段,利用纪律手段对员工的言行进行合理疏导和矫正,是员工关系处理不可缺少的环节。但思想教育必须先行,在广泛宣传、耐心说服的基础上对违纪者给予处罚才能收到应有的效果。

(3) 道德控制。通过道德的力量约束员工的行为。一是广泛开展社会道德教育,让员工自觉遵守各种社会道德。另一方面加强职业道德教育,以职业道德规范员工的职业行为。

(4) 经济控制。企业利益与员工利益紧密相关,企业通过工资、奖金等的发放激励员工,鼓励员工的积极行为,也可以通过经济处罚,制止员工的不良行为,但经济制裁是一种消极手段,只有在非常必要时才采用。

(5) 舆论控制。依靠社会舆论的监督力量,对员工行为进行必要的规范和约束。

二、部门公关处理

企业部门公关处理的工作主要分为两个方面。

(一) 塑造良好的领导形象

领导者的形象塑造是靠自己实践得来的,而不是靠别人"抬"和"吹"起来的。公关所着意追求的是团体存在的价值,而这个价值则是靠领导的带领、引导来实现的。所以,它比权力有更广泛和更深层的影响力,能对下级的心理和行为产生巨大的影响。良好的领导形象是尊重员工的人格,深谙员工的情绪,熟悉员工的需求。

(1) 提高自身素质。心理学研究表明,领导者形象的好坏同领导者拥有的权力无关,而与其自身的品格、才能、学识、情感等因素有关。优良的品格会使人产生敬慕感,杰出的才能可以赢得众人的敬服,渊博的学识能获得人们的信赖,深厚的情感能产生强大的亲和力。因此,领导者应努力学习,加强修养,提高自身素质。

(2) 以突出的政绩赢得下级尊重。政绩是个人水平的体现,有了成绩,众人才心服口服,政绩平平,问题成堆,是不会有好的形象的。

(3) 经常与员工沟通。沟通是理解的桥梁,经常与员工沟通,可以消除许多不必要的误会和思想障碍,公关人员必须善于协助领导做好同下级的沟通工作。沟通的方法有:利用会议、演讲、座谈、个别谈话等形式,公关人员要让下属了解企业的现状和领导的意图,消除对领导的误解,同时从下属的言谈中可收集到各种意见和建议。只有上下级之间的沟通,才能为塑造领导形象打下基础。

(二) 强化团队精神

(1) 创造团队的认同感。给团队一个正式的名称,这样员工会比较看重自身的工作及团队的目标;也可以将要进行的计划和目标公开,以加强成员的凝聚力。

(2) 勾勒团队要达成的任务。团队的领导者是主要的领导力量。他必须在召开首次会议之前,就对团队的使命有非常清楚的构想,然后在会议一开始就陈述清楚,接下去一系列会议的方向就不会走偏。

(3) 勾勒工作规划。开始,领导应指出员工彼此之间的关系,使每个人明了自己及他人如何为团队奉献,也促进员工互动的和谐,使得个人更能融入团队中。

(4) 对工作不要过于保密。独占相关资料不肯与人分享,反而对自己不利。通常应让员工明了为什么要执行计划,并且要让每位相关人员充分了解工作计划的内容,而不只是重要干部。

(5) 强化团队意识。当团队表现好时应赞赏全体的努力,不要特别讲某个人的贡献。如果某人特别努力,应在私下嘉许。

三、投资者关系处理

股东公众是企业的投资者,是以集资和认股的形式向企业提供资金以求获取利润的个人或团体。主要包括四类:一是普通股东;二是集资的职工;三是董事会成员;四是金融舆论家,如证券分析家、股票经纪人等。

在公关活动中,股东也是企业内部公关工作的重要对象。股东与企业利益相关点有以下几个方面:

(1) 股东是企业的"财源"。股份制公司企业的资金是由股东大众集资和投资而来的,其股权为大众所有,其利润为大众所分享。因此,在国外这样的企业也被称为"大众公司",股东是企业的"财神"。

(2) 股东是企业的"权源"。在股份制企业的企业结构中,股东大会是最高权力机构,由股东大会推选大股东组成董事会,由董事会任命总经理等。

(3) 股东是企业的"信息源"。众多的股东分散在社会的各行各业、各个阶层,可为企业提供多方面的信息。

(4) 股东是企业的"宣传员"和"推销员"。股东和企业利益息息相关,可为企业宣传和推销产品或服务,提高企业的知名度。

建立良好的股东关系是保证企业继续发展的重要条件。企业应加强与股东的信息沟通,争取现有股东和投资者的了解、信任、支持,创造有利的投资环境,稳定现有的股东队伍,吸引更多的投资者,扩大企业财源。

1．维护股东的正当权益

股东是公司资金的来源,股东对持股企业拥有参与公司经营管理权、优先认股权、经营成果分享权、剩余财产分配权、股份转让权等。企业在处理股东关系时,不论其持有股份多少,都应注意尊重其"特权意识",努力维护股东正当合法权益。

2．加强与股东的信息交流

企业应保持与股东之间的联系,及时向股东通报企业经营管理方面的情况,如企业的经营目标、政策、计划、资金运用状况,以及股利分配和盈利预测等,为投资者进行投资决策提供充分可靠的资料。与股东建立联系的方式如下。

(1) 印制供股东阅读的公关刊物。有的企业在公关刊物上报道公司新产品时表示出对股东的特别尊重,如"首先,我要把这令人兴奋的消息奉告各位老板"等。

(2) 寄发企业首脑致股东的公开信函。国外有的企业从股东购买企业股票之日起,到出售股票为止,一直与股东保持函件联系。

(3) 定期召开股东大会或临时股东大会。

(4) 提供图文并茂的年度报告和中期报告。美国电话电报公司有300万股东,每年印刷360万份年度报告,年度报告中不仅向股东报告公司过去一年的生产经营情况、财务状况,还勾画公司对公众和国家福利所提供的服务情况,以树立公司良好形象。

(5) 举办信息发布会或向新闻界提供新闻宣传稿。

(6) 企业股东及专业投资家参观企业等。

3．视股东为企业顾客

股东与企业之间不只是单纯的财务关系,股东也是企业的所有者,其利益与企业利益息息相关,企业应激励和吸引他们参与企业的生产和销售活动,利用他们的社会关系去发展企业的销售网络。股东可以说是最有钱的顾客,企业应大力开发股东这个强大的顾客群。良好的股东关系不仅能保证企业的财源稳定,还可能为企业意外地开辟新市场。

我国因股东关系出现的历史不长,经验不多,可借鉴国外处理股东关系的成功经验。美国通用食品公司每年圣诞节便准备一套本公司的罐头样品,分送给每一位股东,股东以获得公司的赠送为荣。一些股东每年圣诞节前就准备一份详细名单寄给公司,由公司按名单把罐头作为圣诞礼物寄给他们的亲友。美国通用汽车公司股东超过140万,要给每一位股东提供样品困难,但每一股东均能收到董事会的欢迎信,信中列举公司的主要产品,并请多关照,在分配给股东的红利中也附上一封信,信中说"通用是您的公司,请您多多使用及宣传通用产品。"每年利用股东年会邀请股东们在公司的试车场试验新车。蓝岛公司是一家生产涂银灯泡的企业,其产品不能为股东个人所用,而公司仍然注意发挥股东的作用,每年印制调查问卷寄给股东,请股东协助征求产品意见,不少股东把收集的意见和建议寄回。

第二节 企业外部公关处理

外部公众是指企业之外的与企业有实际的或潜在的利益关系的公众和对企业有影响力的公众。企业最主要的外部公众包括社区、政府、新闻界、顾客等,它们构成了企业生存和发展的外部社会环境,是制约和促进企业生存和发展的重要因素。了解和研究外部公众,协调与各类外部公众的关系是公关工作十分重要的内容。

外部公众与企业形象之间的关系是:外部公众是企业的外部舆论环境,是企业实际形象的评价者。对企业来说,外部公众构成的舆论环境问题主要包括三个方面:一是产品知名度、企业知名度、企业家知名度;二是产品形象、企业形象、企业家形象;三是产品信誉、企业信誉、企业家信誉。这三个方面相互联系,公众首先要了解产品,了解企业,了解企业家,才能对其产生印象。好的印象日积月累,于是形成了信誉,即美誉度。由此可见,外部公众对企业的正确认识和良好评价是塑造企业形象的关键所在,外部公众对企业的认识程度决定了企业知名度的高低,评价程度决定了美誉度的高低。但是企业并不是被动地屈从于外部公众,简单地适应外部公众。企业往往能够积极主动地反作用于外部公众,引导外部公众,改造外部公众。公关正是促使企业与外部公众保持动态平衡的协调机制。从企业的外部对象来看,企业的外部公关对象主要有消费者、社区、政府。

一、消费者关系处理

顾客公众指购买或可能购买本企业提供的产品或服务的个人、团体或企业。按顾客与企业的关系程度划分,顾客公众包括现实顾客和潜在顾客。按顾客与企业的消费性质划分,顾客公众包括个人消费者和团体用户,比如商店的顾客、酒店的住客、电影院的观众、出版社的出版物读者以及工厂产品的用户等。按顾客与企业的交往方式划分,顾客公众可分为三种:一是内部顾客,即员工,企业界有一句口号,即"下一道工序就是上一道工序的用户";二是中级顾客,即经销商或代理商;三是终端顾客即通常所说的消费者、用户。这里所谈的顾客公众是指第三种。顾客公众是与企业具有直接利益关系的外部公众,是公关工作的核心对象。

(一)顾客公众的重要性

(1)顾客公众是企业外部最大的公众群。现代社会高度社会化、专业化的生产和服务使"躬耕自食"已成为一个古老的梦,整个社会已经成为一个相互依赖、相互作用、相互影响的有机整体,任何企业和个人都不是孤立于企业之外而获得所需的衣、食、住、行等生活条件。这就是说,在现实生活中,任何一个企业和个人都可能是某一企业的顾客,从广义的角度讲,全社会每个成员都属于顾客之列。但是从企业角度来看,企业所面对的每一个人并不都是企业的顾客,比如一个 3 岁的小女孩就不是某刮胡须刀片厂家的顾客。尽管如此,与企业的其他外部公众相比,顾客公众毫无疑问是企业人数最多的外部公众,在现代社会中没有顾客就没有市场,也就没有企业和商品。

(2) 顾客公众是企业的衣食父母。早在 19 世纪,马克思就提出"消费决定生产",他认为,消费的能力决定着生产能力,消费的需求决定着生产的需求,无穷无尽的消费欲望是刺激市场生产力的直接动力源泉,也是推动人类经济发展的主要驱动力量。因此,马克思的结论是:"没有消费,就没有生产。"由这一论断,可以推出:"没有消费者,就没有企业。"消费者决定着企业的生死存亡,消费者是企业的衣食父母,没有消费者的"养育",就没有企业的成长。

(二) 处理顾客关系的方法

要建立与顾客的良好关系,就要了解顾客的需求。一般来说,顾客希望有优质的产品和服务,希望有合理的价格,希望有情感的满足和荣誉的伴随。

建立良好的顾客关系,是公关人员的追求,也是千百年来被商家不断演绎的制胜法宝。

(1) 树立正确的顾客观。没有正确的观念,就没有正确的行动,一切活动都是如此。处理顾客关系更不例外,"顾客第一,消费者就是上帝"是处理顾客关系的基本理念,"顾客满意"是评价顾客关系的基本指标。在处理顾客关系时,必须把这种顾客导向观念转化为具体可遵守的准则,体现在企业工作的方方面面,比如:顾客永远是对的,顾客的抱怨正是商机,顾客要什么就给什么,努力让顾客感动,每一次都能让每一个顾客感到满意等。将这些准则内化于每个企业人员心中,成为处理顾客关系不可动摇的准则。

"顾客满意"是"顾客至上"观念的衡量指标,是指顾客对接受有形或无形产品感到需求满足的状态。顾客满意包括理念满意、行为满意、视听满意、产品满意和服务满意。在协调顾客关系时,只有全方位让顾客感到满意,才能有效地激发顾客对企业的忠诚和喜爱。

(2) 增强服务意识,实行全过程星级服务。20 世纪 90 年代是服务制胜的年代,越来越多的企业意识到:提供恰当的服务品质可变成商战利器,为公司创造并保持可观的竞争优势。美国的专家在研究中发现一个惊人的事实:顾客会拒绝某公司的产品,其原因有七成与产品无关。唯有先进完美的服务体系和服务态度,才能让顾客感动,令顾客满意,导致其采取购买行为。由此可见,服务是不可战胜的赢家法则,服务就是商机,服务就是打开顾客心门的钥匙。尽管"痴心的脚步赶不上变心的翅膀",但是只要付出持之以恒的热情,就一定能产生"皮格马利翁效应",既赢得老顾客的忠诚,又赢得一连串的未来顾客。

良好的服务意识主要体现在:要时刻为顾客着想,把为顾客着想作为企业的使命感和责任感;处处留心发现为顾客服务的机会;根据顾客的要求及时提供优质服务;严格选用服务人员,加强对服务人员的培训。

良好的服务不应该仅仅停留在售后,而应该贯穿售前、售中和售后,实行全过程、全方位的星级服务。只有这样才能一步步加深与顾客的感情,博得顾客的好感和认同。

案例分析 4-2

海尔的"国际星级服务"

海尔集团提出了"国际星级服务"的概念,对消费者实行全过程星级服务,内容包括如下。

售前服务:主要是解除用户购买时决策的烦恼,讲解演示、答疑解惑。

售中服务:对用户实行无搬运服务,送货上门,安装到位,现场调试,示范指导。

售后服务:海尔的售后服务概括为"一二三四法则","一个结果"即服务圆满;"二个理念"即带走用户的烦恼,留下海尔的真诚;"三个控制"即服务投诉率小于百万分之十,服务遗漏率小于百万分之十,服务不满意率小于百万分之十;"四个不漏"即一个不漏地记录用户的反映,一个不漏地处理用户的反映,一个不漏地复查用户结果,一个不漏地将处理结果反映到设计生产经营部门。

总结:在后工业时代,在产品同质化日益严重的国际化大潮下,服务成为企业竞争的另一块高地。谁的服务质量好,谁就可以占有客户资源,抓住战略优势。

(3) 建立顾客资料库,加强双向沟通。进入 21 世纪,传统的大众营销方式逐渐向一对一营销方式转换。传统的大众营销是把产品销售给尽可能多的顾客,其目标是提高市场占有率。而一对一营销则是销售尽可能多的产品给某一个顾客(在其整个一生中),再由这些核心顾客来带动其他的顾客,其目标是顾客占有率。具体做法是先选出一些核心顾客(最有价值、潜力最大),后派出职员作顾客经理进行单独一对一沟通,给最能赢利的顾客提供最大的消费价值,培养顾客的忠诚度。西方一项调查表明:一个企业总销售额的80%来自于占顾客总数20%的忠诚顾客。

一对一营销意味着要把时间和精力放在对顾客的管理上,意味着传统的"消费者请注意"的沟通方式必须转变为"请注意消费者"的沟通方式。因此,搜集顾客信息,研究顾客心理,了解顾客需求就成为处理顾客关系的前提条件,而其中确保成功的关键则是如何建立顾客资料库,为进行双向沟通奠定基础。所谓顾客资料库,是企业利用各种渠道传递信息给顾客并且积极寻求顾客的回应,将它们汇集在资料库中,再依据这些回应资料来调整和修正自己的经营计划。顾客资料库应包括顾客情况资料和售后服务资料。顾客资料库建立起来后,可采取多种方法,通过多种渠道与顾客进行全方位沟通。具体方法有:发放意见卡、客户访谈、信函调查、电话交谈、用户通信、视听沟通、企业参观、联谊活动等,通过与顾客持续不断的沟通,使之成为企业长期友好的合作伙伴。

(4) 与顾客进行联谊活动。选择一定的时机(如节假日)与顾客进行联谊活动,在联谊活动中双方的情感自然而然得到交流与升华,彼此间能建立亲密而融洽的关系。如桂林市金刚房地产公司与其顾客(即业主)的"桂香迎中秋,金刚业主情"业主联谊活动,在联谊活动中既有供业主欣赏的歌舞娱乐节目,又有业主互动节目,还有"业主之最"评选活动,并给业主发放了香甜的月饼。该联谊活动在欢乐与笑声中结束,顾客带着满意与愉快的心情回到自己温馨的家。

二、社区关系处理

社区是一个社会学的概念,是指以一定地域为基础的社会集体。具体地说,居住于一定社会里的、具有共同联系并彼此交往的人们,就构成了一个社区。例如村庄、集镇、街坊邻里、城市的一个市区或郊区,甚至整个城市,都是在规模上大小不一的社区。社区是一个相对独立的地域性社会,每个社区都有其特定的人口和特定的地理区域,其居民之间有着共同的制度、共同的价值观念以及重要的社会交往。

社区公众是公关学的概念。它是相对企业而言的,是指企业所在一定地域范围里的区域关系对象,主要包括当地的居民家庭、社区管理部门、各种社会性企业与社区公众形成的公关对象。社区关系亦称区域关系、睦邻关系、地方关系。"远亲不如近邻"这种传统观念也就是说要搞好社区关系,使企业和社区之间建立和保持一种亲情和相互理解的关系。

(一) 社区公众的重要性

(1) 社区公众是企业劳动力的主要来源。劳动力是企业正常运转的基本保证,而企业大部分的新员工主要来自社区的居民。这种就地取"才"的方法,不但可以节约企业的招聘费用,而且可以使社区居民安居乐业,减少社区以及企业的不安定因素。社区居民的教育文化水平往往决定着企业员工的素质,决定着企业的发展后劲。

(2) 社区是企业最可靠的后勤保障系统。企业的正常运转,除人才外,还需要各种社会支持系统和保障系统,比如,水电供应、道路交通、邮政通信、治安保卫、消防等,在这些后勤保障系统中,有相当一部分来自于所在的社区。企业所需要的相当大一部分的物资,也有赖于社区的提供。另外,企业员工和家属的日常生活也要依赖于周围的商店、医院、幼儿园、学校、电影院、菜场、停车场等,社区生活环境的配套完整,可以解除企业员工的后顾之忧,使其全心全意地投入工作。

(3) 社区公众是企业较稳定的顾客。企业提供的产品和服务在社区内推出,可以减少大量的运输费用与仓储费用,降低商品的价格。同时,企业可以较快地从社区公众中获得反馈信息,及时改进产品,增强在市场上的竞争力。从顾客的角度说,购买或享受本社区的产品或服务,不仅价格上有优惠,而且售后服务更为方便。良好的社区关系有助于促成这种购买倾向,形成稳定的顾客队伍。

(4) 社区文化会影响企业文化。社区文化是指社区公众在社会生活过程中创造孕育出来的人文环境、行为习惯和行为方式,它为社区成员所共享,又由社区成员所共创和发展。社区文化的物质层面、精神层面、制度层面都会影响渗透到企业中去,成为企业文化的一个组成部分。

总之,社区是企业生存发展的土壤,离开了这个土壤,企业就无法生根立足,更谈不上发展壮大了。

(二) 处理社区关系的方法

美国公关学家罗伯特·L.狄恩达在《公共关系手册》中指出:"公共关系学是从社区

关系开始的,而且应该认为社区关系是公共关系中的一个专门组成部分,值得特别考虑、计划与实施。良好的社区关系将使公司受益无穷。"

企业怎样才能建立良好的社区关系呢?关键就在于促使企业社区化。具体包括:信息社区化、活动社区化、利益社区化和性格社区化四个方面。

(1) 信息社区化。加强与社区公众的信息沟通,是搞好社区关系的基础。信息社区化包括两个方面:企业信息社区化和社区信息企业化。一方面,企业应将本企业的政策宗旨、工作业务、员工人数、工资与福利待遇、产品用途、治理"三废"的情况、对社会的种种支持等信息及时有效地传递出去,以增加透明度,提高知名度。另一方面,企业负有宣传社区的责任,通过对社区的历史、传统、区位、建筑、自然景观、人口结构、社区人物及社区事件等社区信息的宣传和介绍,增进社区全体成员对所在社区的了解和认同。

(2) 活动社区化。要证明企业是社区内的好公民、好邻居,最佳的方式就是同社区打成一片,使社区公众觉得企业的一举一动都是与社区相一致的,这样企业的运行机制就达到了社区化。

社区活动是社区成员相互认识、相互交流、相互影响的重要途径。正是在丰富多彩而又有自己特色的社区活动中,人们的社交、受尊重的需要才能得到一定程度的满足,社区活动既可促进社区成员价值观的趋同,也可使社区生活方式更加特色化和定型化。因此,企业本身要多参加一些社区公益活动,应鼓励企业中各级人员参加社区的各种活动,而且越多越好。比如参加社区大会、庆祝会、联谊会,参加植树活动、卫生防疫活动、社区文化活动和社区互助活动等。

(3) 利益社区化。企业是社区的一分子,社区的利益也是企业自己的利益,对社区的损害就是对企业的损害。企业与社区拥有共同的基本利益要求,如都希望有卫生安全的生活环境、畅通的交通、完善的文化娱乐设施等。因而一个企业若想分享社区福利,就必须先尽义务,分担社区内政治、经济和文化的服务活动。比如:开展绿化社区环境的活动;赞助社区居住条件的改善;赞助养老院、残疾人基金会等社会福利事业;赞助社区的体育运动和文化事业;关心和帮助社区某些贫困或危难的居民等。

案例分析 4-3

融洽的军民关系

桂林高新珠宝公司支持本社区部队建设,从1996年至今,公司每年"八一"建军节都到部队去慰问子弟兵,为他们带去慰问物资;公司连续几年被评为桂林市双拥工作先进单位、军警民共建先进单位,公司董事长2004年被广州军区授予首届"爱国拥军民营企业家"荣誉称号,极大地融洽了社区军民关系。

总结:建立良好的社区关系,要抓住企业所在社区的特色,抓住重点,才能事半功倍。为社区部队建设作出贡献,不仅仅与部队建立了良好的关系,而且树立了好的社会口碑。

(4) 性格社区化。社区性格是社区文化的综合反映,是社区文化的缩影。社区性格包括社区意识、社区精神、社区生活方式、社区形象四个方面。社区意识体现为社区成员的社区认同感、社区归属感、社区满意感和社区参与感。这种社区意识可以凝聚和上升为社区精神,社区精神指导和制约着社区生活方式,在社区生活方式中逐步形成更具典型的社区形象。社区形象是社区性格成熟的标志。企业在这四个方面与社区保持协调一致,就是实现了企业性格社区化。企业性格与社区性格的相互融合,有一个从被动适应到主动影响的过程,公关人员应努力缩短这个过程,主动把社区性格纳入企业性格之中,使企业性格成为社区性格的典型代表和具体体现。

三、政府关系处理

在公关学中,政府是作为企业必须面对的一类公众而存在的。政府公众指政府各行政机构及其官员和工作人员,具体可分为两大类:一是纵向政府公众,如上级主管部门;二是横向政府公众,它们是工商、人事、财政、税务、市政、治安、消防、法院、海关、卫检、环保等职能机构和管理部门。政府公众是所有公关对象中最具社会权威性的公众,处理好企业和政府的关系,是企业生存和发展的根本保障。

(一) 政府公众的特殊重要性

政府作为公众,具有不同于其他一般公众的特殊性,被公关学者称为"背靠大树好乘凉"的支柱公众。其特殊性表现在:其他公众与企业之间是一种互不隶属的横向关系,而政府与企业的关系则是管理者与被管理者的纵向关系,任何一级企业都必然要接受政府的管理与规范。一言以蔽之,政府公众是拥有权力的公众,这是它与其他公众的一个显著区别。具体地说,政府公众的特殊性表现在以下几方面。

(1) 政府是一种强制性的权力机构。政府是国家权力的执行机构,它通过立法、行政、司法,运用各种政治、行政、法律手段,管理和制约各种企业,以确保其政策的执行。这种权力是其他任何公众所没有的。

(2) 政府是最具社会影响力的社会机构。作为国家政权机构,政府对有关产业和区域的倾斜、财政货币政策、经济调控政策和福利政策等都能直接影响到整个经济的发展走向,从而间接影响企业的经营状况。这种社会影响力也是其他公众不可比拟的。

(3) 政府是企业的统一管理者。政府具有行使组织、领导和管理等职能,对各种企业的管理是政府实行全社会统一管理的重要组成部分。政府通过制定政策法律和行政干预,对各种企业进行必要管理、监督、指导和调节。

(4) 政府是企业重要的外部信息源。中央和地方各级政府中,都设有专门负责收集政治、经济、文化等方面社会信息、统计数据的机构,如统计局。这些信息资料和政府机关的各类文件、简报等,都是对企业具有重要参考价值的信息资源。

(5) 政府是企业重要的资金来源。政府与各企业存在财政税务关系。政府可以采取免税、减税、无偿财政拨款、优惠贷款等方式,支持和扶助各类企业的发展。如果企业能争取政府在资金和税收方面的支持,自然有利于自身的发展。

(6)政府是全体社会公共利益的代表。从利益角度来划分,全社会的利益可分为国家利益、集体利益和个人利益三种,三种利益存在着不可避免的矛盾和冲突。政府作为全民利益的代表,要同时维护三者的利益,在这种情况下,企业和政府公众之间又存在着如西方学者所说的"敌对关系"。企业对这种利益关系要有清醒的认识和明确的态度,协调好政府和企业的关系,是搞好政府关系的关键所在。

(二)处理政府关系的方法

(1)培养和提高政治素质。应及时、全面、准确地了解与企业有关的各项政府法令、法规与政策、措施,为企业的决策提供依据,以保证企业的活动在政府的许可范围内进行,服从政府的指导和管理,做政府的模范公民,以赢得政府的信赖和支持。

(2)加强与政府的双向沟通,比如呈送文件、向上级汇报,或者请上级领导来本企业检查和指导工作等,使政府能够了解企业的基本情况和发展动向。

(3)加强人际交往,建立与政府官员的私人感情。

(4)积极参加政府企业的各种公益活动。企业是社会的有机组成部分,必须为政府分担一定的社会责任,无偿地提供必要的社会公益服务。由政府企业发起的各种社会公益事业和活动,政府自然希望所属企业能够响应和参加,作为企业能够响应和参加,政府自然会感到满意的,这样企业就能得到政府的赞誉和信赖。

(5)邀请政府官员参加企业重大活动。当企业有重大活动的时候,比如企业周年庆典、新产品上市等,请政府官员一起参加,自然能加强与政府的感情联络,得到政府的指导与支持,也能在外界公众心中树立一定的威望。

(6)利用国事活动,扩大宣传效应。

案例分析 4-4

阿里巴巴的政企关系观

"只和政府谈恋爱,但不结婚",在过去的14年中,阿里巴巴始终与政府保持这样若即若离的关系。这一回,仅一纸协议就打破了马云所秉持的"不管阿里巴巴发展多快,也绝不与政府做生意"的信条。

但是,令马云没有想到的是,阿里巴巴在迅速崛起的过程中,他所要开拓的新行业荆棘丛生,壁垒扎堆。而直率的马云,在公开场合并不忌讳表露这种情绪。

马云对李强省长说:"阿里巴巴十多年创业发展,最正确的决定是建在杭州,坚守在浙江和杭州。阿里人永远怀有感恩和敬畏之心。阿里发展中也会处于风口浪尖,幸亏在浙江、在杭州。没有杭州、浙江,就没有阿里巴巴。阿里巴巴走出去是必然的,但必须立足浙江,放眼世界。"

"多数企业都希望能在享受政府红利的同时,又跟政府保持距离,但这通常是理想状态,不可求。阿里以前纯粹做电子商务,现在在各个省份推出阿里云数据,要接口大量城市基础数据,无法避免地要与政府打交道。"某不愿具名的互联网业内高管表示马云的"妥协"在意料之中。

"阿里此次与浙江省政府的战略合作,也是利大于弊。"潘毅刚表示阿里机会特殊之处在于,"阿里巴巴可以借帮助政府加快信息化进程的机会,进入政务云等市场,承担政府职能延伸的工作,赢得更多的市场竞争优势。"

"阿里巴巴在互联网金融方面的诸多创新,如果没有政府支持,早就做不下去了。"某不愿具名的业内分析人士说,"经历了近期央行对互联网金融的监管冲击,马云应该重新衡量企业创新突破的边界,以及监管部门对风险的容忍度,这其中与政府保持沟通是非常重要的。"

浙江工商大学 MBA 学院院长郑勇军则从产业联动的角度指出:"随着阿里巴巴把包括贸易、基金、彩票在内的各个产业搬到网上,阿里巴巴需要与地方产业进行的联动越来越多,也越来越需要与政府加强沟通。"

签署战略合作协议或许就标志阿里巴巴迈出与政府默契关系的第一步。

——摘选自新浪财经,全文阅读请参考 http://finance.sina.com.cn/chanjing/gsnews/20140515/113419117967.shtml

总结:如何处理政企关系,对很多企业来说,是一门高深的学问,或许案例中阿里巴巴对政府的态度能引起人们更加深入的思考。

技能训练

训练目标:

1. 熟悉企业公关处理的基本方法和原则;
2. 了解企业公关处理的实际操作流程。

训练内容如下。

2010 年,世界著名代工企业——富士康出现了职工连续跳楼自杀事件,引起社会的广泛关注。人们质疑:富士康到底怎么了,富士康的危机来临了,富士康是血汗工厂,种种质疑给富士康带来了巨大的压力,面临着巨大的信任危机。如果你是富士康公关负责人,针对这种情况,你应该如何应对?

训练步骤:

1. 收集富士康事件的相关资料;
2. 整理当时关于富士康事件的主要言论;
3. 根据富士康事件的主要社会论点拟定企业公关处理的基本原则和思路。

训练要求:

1. 企业公关处理的思路要具有可行性;
2. 企业公关处理的思路要具有企业特色;
3. 实训的形式可以是课堂讨论或者中心发言的形式。

第四章 企业公关处理

本章小结

本章主要论述了企业内外部公关处理,对各种公关对象可能出现的公关问题进行了分析,阐述解决问题的基本原则,提出了行之有效的解决办法。因为现代企业与社会各阶层群体的联系越来越紧密,忽视任何一个阶层群体都有可能对企业产生重要的消极影响,因此,具体分析各阶层群体的特点,区别对待,妥善解决,对企业公关处理极其必要。

本章练习

一、判断题(10小题)

1. 企业公关中对外公关主要是指对外公关。(　　)
2. 在企业内部的信息交流主要是通过正式的信息交流渠道进行,个人感情交流主要是通过非正式的信息交流渠道来完成。(　　)
3. 企业的工作环境既包括物质环境也包括精神环境。(　　)
4. 2010年,深圳富士康公司连续发生职工跳楼自杀事件,产生了很大的社会影响,有些人认为主要是工资水平太低所引起的,所以只要增加工资就不会有这种现象发生。(　　)
5. 在现代社会,自动化生产已经成了一种潮流,很多的企业采用机器人生产,工人所起的作用似乎越来越少了,因此,对于员工的培训可以忽略。(　　)
6. 2010年美国的通用汽车公司破产,其破产的一个重要原因就是员工的福利有点高,增加了企业的负担。因此,从企业发展的角度来说,我们不能给员工提供较高的福利。(　　)
7. 在公司的生产中,很多的员工有很多的点子,能够促进企业较大的发展。因此,企业的管理一定要坚持民主的原则。(　　)
8. 股东是公司的老板,因此,我们要一味地迎合股东的任何要求。(　　)
9. 顾客就是上帝,因此,企业在处理与公众关系时一定要坚持以公众为本。(　　)
10. 在现代社会,政府对企业的发展有着至关重要的影响,当公众利益与政府利益产生矛盾的时候,企业应该站在政府一边。(　　)

二、单项选择题(5小题)

1. 在管理学中,有一个现象,企业的员工平时会结成一定的群体,相互之间会有一些工作和生活上的交流,这种交流属于(　　)。
　　A. 正式交流　　B. 非正式交流　　C. 一般交流　　D. 群体交流
2. 企业驱动员工工作的根本是(　　)。
　　A. 工资福利　　B. 工作环境　　C. 民主制度　　D. 企业的名气
3. 企业培训员工的根本目的是(　　)。
　　A. 为个人取得更大发展作准备　　B. 为企业取得更多效益
　　C. 为管理企业的需要　　D. 让员工学习新知识

4. 在开篇的案例中,你认为苹果公司获得员工的高度认同,根本原因是(　　)。

　　A. 工资高　　　　　　　　　B. 福利多

　　C. 公司名气大　　　　　　　D. 充分了解和尊重员工的需要

5. 很多的公司形成了特定的企业文化,企业文化的根本作用是(　　)。

　　A. 让员工了解公司

　　B. 走个形式

　　C. 对员工进行思想引导,与公司同心同德

　　D. 标新立异

三、多项选择题(5 小题)

1. 股东与企业的关系有(　　)。

　　A. 股东是企业的财源　　　　B. 股东是企业的权源

　　C. 股东是企业的推销员　　　D. 股东是企业的信息源

2. 塑造良好企业领导形象的途径是(　　)。

　　A. 严格等级差别　　　　　　B. 与员工多沟通

　　C. 提高自身素质　　　　　　D. 做出成绩

3. 政府作为企业外部公众的一类,其特殊性表现在(　　)。

　　A. 社会管理者　　　　　　　B. 企业的资金来源

　　C. 社会的信息源　　　　　　D. 公众利益的代表

4. 很多企业与所在的社区的关系十分融洽,它们这样做的理由是(　　)。

　　A. 社区是企业的劳动力来源　B. 社区是企业的后勤保障系统

　　C. 社区是企业的顾客　　　　D. 社区文化影响企业文化

5. 企业公关的对象主要有(　　)。

　　A. 政府　　　B. 企业本身　　　C. 消费者　　　D. 社区

四、问答题

1. 在激励员工方面有哪些措施可以选择?
2. 如何处理好与顾客的关系?
3. 处理政府关系的方法有哪些?

五、案例分析题

爱心电器的新生

案例背景:爱心电器集团有限公司前身为某大型国营电子元件工厂,具有多年历史。它产品众多,包括电视机、显像管、显示器以及多种电子设备等,并有多个附属生产厂。产品除满足国内市场外,少量产品远销中国香港、马来西亚、新加坡等地区和国家。在20世纪90年代初期,曾经红火一时。

从1995年下半年起,该电子元件厂由于产品没有跟上市场竞争的步伐,结构调整没有适应时代的需要,管理层内部矛盾激化,经营管理不善,宣告破产,并被A民营集团公

司整体收购。但对如何振兴原电子元件厂,A集团公司也面临着各种困难——有专业上的问题,更有管理上的问题,特别是如何使涣散的人心重新聚拢起来。工厂被A集团收购后,企业的变化让职工们一时难以适应,对收购方产生了猜测和疑虑甚至不信任。由此产生的抵触也暗潮涌动,成为企业重组的首要问题。

A集团公司为了使企业迅速走上正轨,聘请专业咨询公司对企业进行了诊断,将电子元件厂重组为"爱心电器集团公司",并重塑形象;同时请专家协助实施"爱心文化工程",开展了一系列内部公关活动。

内部公关策划包括以下几点。

1. 目标公众:爱心电器集团公司的全体领导和职工。

2. 具体的公关目标与策略。

(1) 短期目标:通过内部公关稳定人心,顺利完成转制,尽快恢复正常生产。

(2) 中期目标:通过构建爱心电器的企业理念系统、企业文化系统,凝聚一盘散沙,统一思想,规范行为,并以此为突破口,提高企业整体素质。

(3) 长远目标:通过短期、中期目标的实现,并在以后工作中不断强化,使整体企业文化得到提升,使员工成为用现代思想与观念武装起来的、同时又保留传统美德的新型群体,进而使企业成为中国电器业的明星。

策划实施包括以下几点。

1. 关怀送暖活动。给困难员工和优秀员工一定的补助。

2. 建立爱心理念系统。确立系统的企业理念、文化、目标等。

3. 建立企业文化。主要通过文化传播(讲座、培训等)、文化激励(鼓励深造,加大对优秀员工的奖励)、开展丰富多彩的文化体育活动等几种形式来实施。

案例实施效果包括以下几点。

1. 增强企业凝聚力,使员工普遍具有强烈的归属感。通过成功的内部公关与整改工作,爱心电器集团公司重新开工,老员工回到工作岗位。销售回款超过了历史最高,实际利润比上年增加400万元以上,出现了近几年来的首次盈利。员工们又看到了希望,增强了信心。

2. 倡导健康而积极的企业文化。通过近两年来的企业文化传播工程的开展,极大地激发了员工的自我约束能力,增强了员工的自豪感、责任感和使命感。

3. 企业效益提高,员工待遇也有很大提高。员工工资收入普遍比两年前提高了一倍,公司按时交纳社会统筹金,各项福利均比过去有所提高。

1. 企业内部公关的主要目标是做好(　　)之间的关系。
　　A. 员工与员工　　　　　　　　B. 企业管理层人员
　　C. 企业与企业　　　　　　　　D. 企业与职员

2. 上述案例确立企业的中短期目标是运用了处理企业内部公关途径中的(　　)的方法。
　　A. 确定企业共同的目标　　　　B. 提升企业的凝聚力
　　C. 促进员工之间的关爱　　　　D. 协调领导与职工的关系

3. 在上述案例中,如果对企业的投资者即股东也实施公关行为,除了(　　),其余都是可以使用的方法。

  A. 披露公司运营状况   B. 提供报表

  C. 发放奖金   D. 提供企业发展的相关计划书

4. 针对上述案例中产品缺乏创新,企业实施的公关内容为(　　)。

  A. 建设性内容   B. 纠正性问题

  C. 解释性内容   D. 创造性问题

5. 从上述案例可以看出,(　　)对企业与员工的关系调整有着举足轻重的作用。

  A. 产品   B. 企业外部公关

  C. 企业内部公关   D. 增加企业利润

第五章　企业营销公关

学习目标

　　了解企业营销公关的基本含义、职能和基本原则，熟悉企业营销公关的程序，理解营销公关的策略，形成对营销公关的全面认识。

案例引导

品牌三部曲，大营销战略演绎"传祺"

　　自2010年9月3日下线以来，广汽传祺就一直受到各方关注。作为广汽乘用车旗下首款中高级轿车，虽然是广汽集团的"亲生儿子"，但毕竟传祺作为新生品牌，要杀入竞争最为激烈的中高级车市场分一杯羹，无疑是困难重重。

　　纵观中国车市，虽然每天都有数款新车下线、上市、发布、路演，但能够真正给人留下深刻印象的营销创新案例却寥寥无几，大多数创新事件犹如过烟云眼，转瞬即逝。在各类营销手法让消费者眼花缭乱的今天，只有以大舞台、大事件彰显产品实力和品牌高度，使消费者产生显著记忆，才能在激烈的品牌大战中脱颖而出。至此，广汽乘用车大营销战略逐步露出水面，以品牌"三步曲"，成就年度营销传奇。

　　第一步，是以亚运会为舞台，以亚运高级礼宾接待用车展现产品实力。广汽集团副总经理、广汽乘用车总经理吴松高度肯定了亚运营销战略："整体上看，广汽乘用车赞助亚运，并不仅仅是为了打响产品的知名度。更为重要的是，亚运会是广汽传祺的试金石、演兵场，是广汽传祺向世界腾飞的起点。世界车就应该有高起点，从这个意义上说，亚运会应该是传祺最合适的首秀舞台。因此，对于传祺而言，亚运营销就是世界车赢得的大舞台。"

　　第二步，广汽传祺海心沙恢宏上市无疑是最引人注目的。以广州亚运会开幕式、闭幕式主场馆——海心沙，以亚运会开幕式、闭幕式专业的导演团队，广汽乘用车打造了一场"史上最强"新车上市发布会。有媒体评论，广汽传祺上市发布会无论是地点的选择、嘉宾的人数还是现场气势的营造，都创下了业界的多个第一，以极大的声势，提升了品牌的知名度。

第三步,从广州塔到中信广场,双塔"祺"谋开启了传祺品牌"三步曲"最后一步,实现大营销战略的完美收官。传祺成功上市后进入市场销售环节,接受来自大众的检验。此时,广汽传祺再度亮相华南新地标,以强大的实力延续了上市时的声势,再次唤醒人们的记忆,以难以磨灭的品牌印记树立高度。

汽车市场日益繁荣,各种营销手段花样繁出,但总体来说,无非是两种:造势或者借势。当年蒙牛借"神五"发射一飞冲天,三星借奥运会起死回生,都是借势营销的经典案例。传祺借亚运之势,提升品牌知名度,随后又两次亮灯,以造势来树立品牌高度。从借势到造势,传祺走出一条品牌成长之路,以独特的"传祺模式"引领2010年车市传奇。

——摘选自汽车之家网站,有改动,详文参考 https://www.autohome.com.cn/info/201101/170838.html

【启示】

现代营销公关,其根本在于对于品牌的提升和产品的推广,提升的高度和推广的深度往往是检验效果的好标尺。

第一节 企业营销公关的含义与职能

一、企业营销公关的含义

营销公关是指企业为改善与社会公众的关系,促进公众对企业的认识、理解及支持,达到树立良好企业形象、促进商品销售目的而举行的一系列促销活动。它的本意是企业必须与其周围的各种机构、单位的内部和外部公众建立良好的关系。营销公关是一种状态,任何一个企业或个人都处于某种营销公关状态之中。营销公关又是一种活动,当一个工商企业或个人有意识地、自觉地采取措施去改善自己的营销公关状态时,就是在从事营销公关活动。

二、企业营销公关的职能

在现代社会,营销的概念已经深深地植入了人们的脑海里,营销已成为企业经营中永远的话题。从公关的角度来看,营销究竟具有哪些职能呢?

(一)创造顾客

创造顾客的基本方法就是听取并处理公众意见。公关部门作为协调企业与外部关系的一个机构,首先应积极寻找企业和公众的共同点,促使企业在活动中兼顾企业与公众的利益。如果仅从一时一事看,利益似乎是一个有限的苹果,企业得益多,公众则受益少,反之亦然。换言之,照顾一方利益必然会损害另一方利益。但是如果看得更远一点,就会发现艾维·李所指出的真理:对公众有益的,从长远看来,对企业也同样有益。即利益是棵苹果树,而不单单是个苹果。

另一方面,对任何企业来说,顾客关系都是最重要的公众关系之一。顾客是企业遇到的最大数量的公众,但是,顾客的重要性并不是因为人数众多,而是因为任何企业都是为其特定顾客对象服务的。从这种意义上说,顾客的需求是一切企业活动的中心。在现实生活中,顾客及其他公众的需求是企业生存与发展的前提,一旦哪个企业忽略了顾客的需求,盲目进行生产,迟早会陷入窘境。而无视公众的意见,固执己见,同样也会使企业失去一批客户,减少应有的效益。因而,可以这样说,失去了顾客,也就失去了市场,企业也不可能长期发展。因此,才有了顾客就是上帝的说法。由此可见,改善企业与公众的关系,虚心听取公众的意见,对企业的生存与发展是极其重要的,而它正是公关部门的职能之一。

善于听取公众意见,接纳公众对产品的反馈信息,使企业与公众在通过货币交换的基础上,又通过情感沟通、意见交流,使公众加深对企业的理解,树立产品和服务的信誉,赢得公众对企业的信任与支持。

倾听客户意见,处理客户抱怨,是争取新客户、维系老客户的重要手段。美国著名企业管理顾问彼得斯和沃特曼认为,许多企业将客户忽视了,甚至对客户敬而远之,而优秀的公司并不停留在口上,而是实实在在着手与客户建立密切的关系。他们还进一步指出,服务周到,保证质量,只是与客户建立密切关系的一半,另一半则是倾听客户意见。倾听客户意见一是可以根据客户需要改进服务方式和产品质量使客户满意;二是使客户感到企业是诚心诚意为客户服务,是客户的合作者;三是能使客户产生被尊重后的满足心理,从而使客户与企业建立真诚有效的密切合作关系。在倾听客户意见时,尤其需要重视的是全面地、迅速地处理客户的抱怨。为此应该及时采取措施,以消除抱怨、满足要求,确保客户满意。比如赔偿顾客的经济损失,向顾客赔礼道歉,或者将本企业服务的改进情况以适当的方式通知顾客,让顾客感到自己是受尊重的和受重视的。遇到客户投诉,不能采用早已印好的文字填上客户名字一寄了事,而应认认真真地回信,给人以诚恳接受批评的印象。总之,要尽量想法赢得顾客谅解,使其不再试图通过另外的渠道和方式发泄对本企业的不满。

美国通用公司、可口可乐公司和英国航空公司投资数百万美元,力求把顾客的抱怨处理得更好。他们的具体做法是:或设立免费电话系统,或进行严格的职员培训,或遵守慷慨退款原则,或建立可以让顾客发泄怒气的电话间。它们的这些做法,能有效地使企业的批评者转变成企业忠实的支持者。

公关人员如果能妥善地做好顾客工作,使顾客的消费质量提高,那么,他们在精力、财力、时间上的努力,必将因为自己企业产品和服务的社会价值的增长,得到信誉和利益上的补偿。

(二) 与媒介建立良好关系

当今的社会是信息的社会,有时候通过新闻媒介对产品的宣传比做广告要省钱,而且效果好,把有新闻价值的信息传递给新闻媒介,用以吸引公众对某人、某种产品或服务的注意力,这是由新闻媒介本身的特点决定的,它覆盖面大,信息传播迅速及时,可信度大,故而影响较大,是社会公众与各行各业十分重要的信息来源,如果能借助新闻媒介公开报道,就等于为企业做了免费宣传。为此,公关人员尤其应重视与新闻界保持密切的联系和友好的关系,并且注意各新闻机构的特点、不同时期的报道中心、编辑和记者所需要的内容,及时将单位的新情况、新动向通过传播媒介扩散出去。公关部门可编写有关企业和产品的新闻,或举行活动或创造机会以吸引新闻界和公众的注意,扩大影响,提高知名度。

例如,提供实证和间接证明。如我国某牌电扇在某大商场橱窗陈列中连续运转两年后,企业专门人员检查鉴定,质量正常,某牌电视机被窃贼投进河里一年多,取出后稍加整理即恢复了正常功能等实例,经报道后,这些名牌声名大噪。

又如,北京长城饭店开业之前,该店经理和公关人员获悉了里根总统访华的大致安排。他们决定争取里根总统在长城饭店举行告别宴会,以扩大饭店开张伊始的知名度,经过不懈努力和反复磋商,最后争取到了这个机会。1984年4月29日,来自世界各地的500名记者采访和报道了这一消息。于是,长城饭店的知名度一下子传遍了全世界。一时之间,长城饭店车水马龙,宾客盈门。

(三) 积极进行产品宣传推广

产品宣传推广就是具体地宣传报道某种产品。宣传报道的方式是多种多样的。具体如下。

(1) 撰写书面材料。包括公司的年度报告、业务通信和期刊,以及论文和小册子等。这些材料可影响目标市场。

(2) 编制音像材料。当前越来越多的企业编制了有关企业和产品的录音带、录像带、幻灯片或电影等宣传材料,这类材料由于声像俱全,效果倍增。

(3) 对产品性能、成分进行科学论证。如聘请专家或权威机构对产品鉴定或推荐等。

(4) 宣传产品特色或经营特色。介绍有关的厂史典故、民间传说、神话故事等,以加强产品给人的印象。

(5) 为树立企业形象,加深它在公众心目中的印象以提高产品知名度,增加产品销量还可采用以下几种方法:制作鲜明易记并具代表性的企业专用信笺;使用带有企业标志的班车及送货车;设计企业的标志、名片;建造或装修有特色的办公楼、厂房、宿舍,员工穿着有特色的制服,这些都可起到潜移默化的对产品宣传推广的作用。

(四) 塑造企业形象

塑造企业形象是企业公关部门的重要职能。塑造企业形象的途径有很多种。如前所述,听取并处理公众意见、通过新闻媒体的宣传、进行产品宣传推广等都是重要的途径。另外,公关广告也是一种重要的途径。广告是现代社会的一种重要传播方式,甚至已成为人们日常生活中必不可少的一部分。它作为商业和艺术结合的产物,以其独特的市场和作用,引导着社会公众的消费与生产,加速了企业形象的传播和商品的流转。所以,企业也要借助广告这种方式,制作公关广告,以扩大企业的知名度,提高其美誉度。

从公关工作角度看,广告可分为商业广告与公关广告两种。其中,公关广告的目的就是向公众介绍一个企业,改善企业形象,提高企业声誉。广告的信息主要偏重于取悦公众和争取公众的理解,故而这类广告又称之为"观念广告"或"形象塑造广告"。

此外,公关广告还可通过赞助、义卖展示会、公开赔礼道歉等途径来树立自己的形象,扩大其知名度与美誉度。

三、营销公关的原则

1. 以诚取信的原则

企业要在公众心目中树立良好的形象,关键在于诚实守信。只有诚实守信才能获得公众对本企业信任的回报。如果企业以欺骗的方法,吹嘘自己,骗得一时骗不了一世,最后必然失去公众的信任。

2. 公众利益与企业利益相协调的原则

企业的生存、发展不能离开社会的支持。劳动力、资金、生产资料的提供是通过各种市场关系来实现的,但最终是由社会来提供的。此外,企业还要受政府的宏观调控和政策法规的制约等。因此,企业开展公关活动时,必须将公众利益与企业利益结合起来。

3. 讲究道德的原则

企业应从社会、企业长远发展的全局出发,开展营销公关工作,评价经济效益,明确自身的责任,遵守公关职业道德,使企业利益同公众利益相一致。

第二节 企业营销公关程序

一、市场细分

(一)市场细分的目的

市场细分是为了更准确地满足消费者的需求。在整个市场上,消费者的需求是不同的。通过为每一个消费群体制订一个独特的营销组合,企业可以为满足消费者需求提供更好的解决方案。

市场细分的目的主要包括以下几个方面。

(1)增加利润。不同的消费群体会对价格产生截然不同的反应。某些消费人群会比另一些消费人群对价格的敏感性低得多。市场细分可以帮助企业在每个细分市场上获得最好的价格,从而有效地提高其平均价格水平,并增加公司的盈利。

(2)获得细分市场的领导地位。在任何特定的市场内,占市场主要份额的品牌将是非常赚钱的。市场的领导地位给它们带来了规模经济。同时,它们在销售和生产方面,也可以建立分销渠道。小公司或者市场的新入者不可能获得领导地位,但是可以在某个特定的细分市场中得到较大的市场份额。这一点,可以使它们制订专业化的营销组合,以满足消费人群的需求,同时它们也可以建立起比其他公司更具竞争力的成本定位。

(3)留住客户。企业瞄准不同的消费群体提供相应的产品或者服务,为的是随着客户需求变化保留其忠实度。在金融服务方面,一个人处于不同的人生阶段,其需求是有所不同的。例如,单身青年可能需要小额信贷、银行服务和车辆保险等;年轻人家庭则还需要人寿保险和抵押贷款;到了中年,这些需求将转为对养老金的需求。如果一个企业能提供所有的这些服务,就可以保留住这些客户,否则他们将转向另一个品牌的产品或者服务。

一个企业也可以借助市场细分这种方法,即经过一段时间后帮助消费者从初级产品或服务市场上升到高端市场,以此获得回报。

(4) 关注营销传递。市场细分可以使企业找到将产品的信息推广传达到目标群体的媒介渠道。例如,对流行时尚感兴趣的年轻妇女很可能会阅读某种时尚杂志。企业不要把钱花在那些可以达到更多消费人群的大众传媒上,而应该把钱和努力都直接集中地花在潜在的消费人群关注的媒体上。

市场细分过程与建立细分标准有关,根据标准可以区分出有相似需求的消费人群。这些标准必须根据具有以下特点的消费群组来建立:这个细分市场的消费者对某个特定的营销组合应该有同样反应。其上述反应必须与其他细分市场的消费者截然不同。这个消费人群必须能够为企业的投资提供足够多的回报。用来区分市场细分的标准必须是可操作的。

(二) 市场细分的条件

对不同行业、不同类型的企业来说,实行市场细分必须具备一定条件。否则,不一定能形成有效的细分市场,很可能徒劳无益,得不偿失。

(1) 差异性。指在某种产品的整体市场中确实存在着购买与消费上的明显差异性,足以成为细分依据。例如,肉食品、糕点等产品有必要按汉民和回民细分,而大米、食盐就不必按民族细分。

(2) 可衡量性。指细分市场的规模及购买力可衡量程度的高低。有些细分变数令人捉摸不定,难以衡量和测算,也不宜作为细分的依据。

(3) 可进入性。指企业对该细分市场能有效进入和为之服务的程度。市场细分部分必须是企业有可能进入并占有一定份额的,否则就没有现实意义。例如,细分的结果发现已有很多竞争者,自己无力与之抗衡,无机可乘;或者虽有未满足需要,有营销机会,但企业因缺乏相应材料和技术,货源无着落,难以生产经营;或者受到限制而无法进入。

(三) 市场细分的方法

市场细分的方法主要有以下几种。

(1) 单一因素法。即按影响消费需求的某一个因素来细分市场。例如,美国亨氏公司按年龄这一因素把婴儿食品市场划分为:0~3个月、3~8个月、9个月以上等不同的细分市场。

(2) 综合因素法。即按影响消费需求的两种或两种以上因素来进行综合划分。因为顾客的需求差别常常极为复杂,只有从多方面去分析、认识,才能更准确地把他们区别为不同特点的群体。

(3) 系列因素法。这种方法也运用两个或两个以上的因素,但依据一定的顺序逐次细分市场。细分的过程就是一个比较、选择子市场的过程。下一阶段的细分在上一阶段选定的子市场中进行。

(4) "产品—市场方格图"法。即按产品(顾客需要)和市场(顾客群)因素的不同组合来细分市场。例如,某彩电市场对彩电有14英寸、21英寸、29英寸、33英寸4种不同需要;同时有家庭、宾馆、单位和文娱团体4个不同的顾客群,这样就构成了16个细分市场。

二、目标市场的选择

市场细分是为了选择目标市场。在市场细分的基础上,企业首先要认真评估各细分市场,然后选择对本企业最有吸引力的一个或多个细分市场作为目标市场,有针对性地开展营销活动。

(一)评估细分市场

目标市场是在市场细分的基础上,被企业选定的准备为之提供相应产品和服务的那个或几个细分市场。企业为了选择目标市场,必须对各细分市场进行评估,判断细分市场是否具备目标市场的基本条件。目标市场应具备的基本条件如下。

1. 适当的市场规模和增长潜力

首先要评估细分市场是否有适当规模和增长的潜力,适当规模是否与企业规模和实力相适应。较小市场对于大企业来说,不利于充分发挥企业的生产能力;而较大市场对于小企业来说,则小企业缺乏能力来满足较大市场上的有效需求或难以抵御较大市场上的激烈竞争。增长的潜力是要有尚未满足的需求,有充分发展的空间。

2. 有足够的市场吸引力

吸引力主要是从获利的角度看市场长期获利率的大小。市场可能具有适当规模和增长的潜力,但从利润立场看不一定具有吸引力。决定市场是否具有长期吸引力的因素主要有现实的竞争者、潜在的竞争者、替代品、购买者和供应者。企业必须充分估计这 5 种因素对长期获利所造成的影响,预测各细分市场的预期利润有多少。

3. 符合企业的目标和资源优势

有些市场虽然规模适合,也具有吸引力,但必须考虑以下几个方面:
(1) 是否符合企业的长远目标,如果不符合,就只能放弃;
(2) 企业是否具备了在该市场获胜所需的技术和资源,如企业的人力、物力、财力等,如果不具备,也只能放弃。但是仅拥有必备的力量是不够的,还必须具备优于竞争者的技术和资源,具有竞争的优势,才适宜进入该细分市场。

(二)市场进入的模式

市场进入的模式有以下 5 种:

(1) **市场集中**。即只选择一个细分市场集中营销。通过集中营销,可以更加清楚地了解细分市场的需求,并树立良好的形象,以确保自己在该细分市场中的稳固地位。

(2) **差异化**。即选择性地进入几个不同的细分市场,其中每个细分市场都具有吸引力,并符合企业的目标和资源。通过差异化的方式进入市场,可以降低企业的风险。

(3) **市场专业化**。即在某一个细分市场上提供所有的产品,以集中满足该细分市场的各种需求。

(4) **产品专业化**。即企业只提供一种产品,并将该产品用于各类细分市场。

(5) **市场涵盖**。即为所有的细分市场提供所有的产品或服务。

三、市场营销组合

所谓市场营销组合是指企业开展营销活动所应用的各种可控因素的组合。在20世纪60年代初,根据需求中心论的营销观念,麦卡锡教授把企业开展营销活动的可控因素归纳为四类,提出了市场营销的4P组合,即产品、价格、销售渠道和促销。这是最经典的4P组合。到80年代,随着大市场营销观念的提出,人们又提出了应把政治力量和公关也作为企业开展营销活动的可控因素加以运用,为企业创造良好的国际市场营销环境,因此,就形成了市场营销的6P组合。到90年代,又有人认为,包括产品、价格、销售渠道、促销、政治力量和公关的6P组合是战术性组合,企业要有效地开展营销活动,既要有为人们服务的正确的指导思想,又要有正确的战略性4P营销组合(市场调研、市场细分、市场择优、市场定位)的指导。上述战略性的4P营销组合与战术性的6P组合就形成了市场营销的10P组合。这里重点讨论最经典的产品、价格、销售渠道和促销的4P组合。

(一) 市场营销组合的原则

一般来说,市场营销组合应考虑如下原则。

1. 市场营销组合要坚持整体性

在竞争激烈的市场中,影响企业市场营销的因素是多种多样的,在营销组合的各个大因素中,每一个又包含许多具体因素。因此,企业在制定市场营销组合时,必须遵循整体性原则。在时间上,市场营销组合各策略要同时制定,以便同时考虑相互有内在影响的各因素,使其有机地联系起来;在空间上,市场营销组合各策略必须同时共存,综合运用,以便形成市场营销组合的系统整体,实现企业资源的最优化利用。

2. 市场营销组合要突出重点

制订市场营销组合时应考虑到整体性的要求,这并不是说要分散使用力量,将各大因素放到同等重要的位置上,而是要突出重点,根据产品和市场特点,重点使用其中的一个或两个因素,设计成相应的策略。市场不同,产品不同,市场营销组合的重点就应当不同,缺乏重点的市场营销组合是没有竞争力的。

3. 市场营销组合要具有特点

在同一市场上,有许多企业生产同一类产品,其市场营销组合的重点可能大致相同。为了能在众多的企业和产品中突出自己的形象,企业就要在制订市场营销组合时,全面了解竞争企业所采取的市场营销组合方案和特点,根据自身条件,因地制宜地采取相应策略,形成独特的经营风格。

4. 市场营销组合要适时变化

市场形势是复杂多变的,企业营销的内外条件也在不断变化,因而企业的市场营销策略也不可能是一成不变的,所以应根据不断变化的情况采取新的行之有效的营销组合策略。在实践中,营销组合的变化常常是随着市场竞争中经营策略的变化而变化的,采用不同的经营策略则有不同的营销组合。

(二) 市场营销计划的编制

通过市场机会分析、选择目标市场、确定营销组合后,企业还应制定出具体的市场营销方案。市场营销方案确定后,须进一步编制出市场营销计划。市场营销计划是营销战略和方案的具体化,它是一项关于业务、产品或品牌所有营销活动的具体安排和规划。例如,如何将营销费用分配给不同的产品、广告媒体,如何研发新产品等。

市场营销计划通常包括以下几方面的内容和步骤。

1. 内容提要

市场营销计划是正式的书面文件,文件开头要有一个内容提要,即对计划的主要营销目标和措施作一简要概括。内容提要的目的在于让高层主管能够一目了然,快速掌握计划的核心内容,同时,也便于在企业全体员工心目中形成明确的企业营销目标。

2. 营销现状分析

营销现状分析是对战略业务单位(或产品)当前的营销现状作简要而明确的分析。它主要包括以下几种情况:

(1)市场情况。应说明市场的范围和规模,包括哪些细分市场、顾客需求和购买行为方面的趋势等。

(2)产品情况。应说明近年来产品组合中每个品种的销量、销售额、价格、利润额、利润率等。

(3)竞争形势。应说明主要的竞争对手是谁,每个竞争对手在定价、促销、分销等方面都采取了哪些策略,他们各自的市场占有率及变化趋势等。

(4)分销渠道情况。应说明各主要分销商近年来在销售额、经营能力方面的变化。

3. 机会与威胁分析

机会与威胁分析就是要分析企业营销环境中的有利因素和不利因素,并根据不同的情况采取不同的对策。除了对环境机会和威胁进行分析外,计划书中还应对企业内在因素的优势和劣势做出分析,找出企业在竞争中与对手相比的长处与短处,以便扬长避短。

4. 拟定营销目标

营销目标是计划期内企业营销活动要达到的目的和标准,它主要包括销售额、市场占有率、利润、投资收益率等。所有指标都应尽可能量化,如销售额达到500万元,比上年增长20%;市场占有率达到15%,比上年增长3个百分点等。

5. 营销策略

营销策略是达到上述营销目标的途径和手段,它包括目标市场的选择和市场定位策略、营销组合策略、新产品开发和营销费用等。这些策略应在营销计划书中进行阐述。

6. 活动程序

营销方案的实施应当按照一定的顺序,有条不紊地进行,因此,必须列出营销方案实施的具体活动程序。每项活动可以按时间顺序列出详细的日程表,以便执行和检查。

7. 预算开支

营销计划中还需编制收支预算和预计可获得的利润,如收入方列出预计销售量及单价等;支出方列出生产、实体分销及市场营销费用等。此预算一经批准,即成为购买原材料、安排生产和支出营销费用的依据。

(三) 4P 营销组合理论

4P 理论的提出,是现代市场营销理论最具划时代意义的变革,从此,营销管理成为公司管理的一部分,涉及远比销售更广的领域。1960 年,美国营销学家麦卡锡把营销手段分为四大类:即产品(product)、价格(price)、促销(promotion)、销售渠道(place)。因为这四个名词的英文字开头都是"P",所以简称为"4P"营销理论。在现代市场竞争中,4P 营销理论显得十分重要。

一般情况下,人们所理解的 4P 是产品、价格、促销、销售渠道这四个单一的因素,其实如果深入地去理解 4P 就会发现,它所包含的营销涉及的这四个基本要素具有深刻的意义。

(1) 产品。市场营销学中产品的整体概念包括一切能满足买主某种需要和利益的物质产品和非物质形态的服务。因此,产品的整体概念包含三个层次:①核心产品;②形式产品;③附加产品。它是一个产品的体系,包括产品线的宽度、广度,产品的定位,质量状况,甚至包括产品的售后服务。

(2) 价格。价格不单单是价格,而是一个价格体系,它不仅应该包括出厂价格、经销商出货价格和零售价格,还包括企业的价格政策里面的折扣、返利等指标这样的要素,这样才构成了整个价格体系。

(3) 促销。需要利用各种不同的沟通手段和基于各种行之有效的方法将相关信息传递给目标人群。

狭义上的促销也不单单是促销活动,而是广义上的对消费者、对员工、对终端、对经销商的一个促销组合,这样的促销才是完善的。

(4) 销售渠道。销售渠道也不单单是渠道,现代商业中素以"渠道为王"来形容渠道的重要性,渠道的本质是产品从厂家走向消费者的市场过程。它包括:公司的渠道战略是通过自己建设渠道还是通过总经销建设渠道,是总经销独家代理还是小区域独家代理,或是密集分销;产品要占领哪些终端,终端的策略怎样;渠道链条的规划,客户的选择;客户的管理和维护;渠道的把握,渠道客户的切换等方面的问题。

(四) 4P 营销组合理论的作用与缺陷

4P 营销有以下作用。

(1) 直观、可操作、易控制。4P 包括企业营销所涉及的每一个方面,它可以清楚、直观地解析企业的整个营销过程;它紧密联系产品,从产品的生产加工到交换消费,能完整地体现商品交易的整个环节;对于企业而言,容易掌握与监控哪个环节出现问题,容易及时诊断与纠正。

(2) 短期即可见效,具备可预见性。4P 从企业自身情况出发,以追求最大利润为原则,因此它的一招一式都是为了维护企业的利益,这也是诸多企业偏爱这种管理方法的原因。

4P 营销的缺陷如下。

(1) 4P 是以企业为中心、以追求利润最大化为原则的,这势必会产生厂商与合作伙伴,尤其与顾客之间的矛盾,4P 很可能会激化这种矛盾。

(2) 4P不从顾客的需求出发,认为只要是好产品,就不存在卖不出去的问题,甚至出现这样的论调:"只有卖不出去的价格,没有卖不出去的产品。"这种观念是不可取的,随着市场的成熟,产品的日益丰富,不按照顾客需求定位市场,厂商只会被市场淘汰。

(3) 4P的成本加利润法往往不被消费者所接受,因为消费者所承担的价格与之相差太远,而厂商并没有考虑消费者的利益。

(4) 4P的促销模式也主要是采用各种手段让消费者了解其产品,从而有机会购买其产品。这种"请消费者注意,而不是请注意消费者"的引导思想往往使厂商投入了相当大的金钱与精力,却不一定有好的效果。

总之,4P的本质是让营销理性化,以便更好地操控营销行为;营销的本质是销售产品和工具。其目的都是销售以获得企业生存发展所需的利润。

四、公关营销的传播

公关的基本程序通常分为公关调查、公关策划、公关实施与公关评估;市场营销的基本程序也分为市场调查、市场预测、营销策划、营销实施和营销评估。两者基本程序大体相同,只是具体环节的内容有所区别,如公关调查的目的是准确了解企业公关状态和企业在社会公众心目中的形象,了解社会舆论和民意,以便进一步扩大企业的知名度,提高美誉度。而市场调查的目的主要在于系统地收集有关营销活动的信息,掌握市场供求现状和发展趋势,以便对市场进行正确的预计和对营销进行科学决策,使企业在市场竞争中取得主动权。公关调查以社会环境、舆论环境和形象状态为主要内容,市场调查以市场环境、市场需求、市场供应、消费心理及消费水平为主要内容。其实,公关调查和市场营销调查的相同点是多方面的:两者的调查对象都是相对应的公众;两者采用的调查形式基本一样,如普通调查、典型调查、抽样调查及重点调查;两者采用的调查方法基本一致,如问卷法、访问法、观察法、实验法等。

营销公关的基本程序与公关活动程序和营销活动程序是一致的,也可以分为调查、策划、实施和评估。

1. 调查研究是营销公关程序的基础环节

营销公关不进行科学的、细致的、系统的调查研究,就如同"盲人骑瞎马"。

2. 营销公关策划是整个程序的核心环节

营销公关策划既包括了企业形象策划,又包括了市场营销战略策划和市场营销策略策划。企业形象策划主要有企业综合形象策划、企业人员形象策划、企业环境形象策划及企业服务形象策划。市场营销战略策划可分为市场细分战略策划、市场发展战略策划、市场竞争战略策划及营销组合战略策划。市场营销策略策划可分为产品策略策划、价格策略策划、销售渠道策略策划及促销策略策划。

3. 营销公关实施是整个营销公关程序的关键环节

企业的形象能否树立起来,企业的产品能否销售出去,通过调查研究所发现的问题能否顺利解决,策划设计好的方案能否成功地实现,关键在于实施这一环节。营销公关实施决定着企业的命运,因此企业务必高度重视,全员投入,紧密协作。在中国的现阶段,营销公关实施一定要处理好与政府公众和媒介公众的关系,企业才能立于不败之地。

4. 营销公关评估是整个营销公关程序的必要环节

营销公关评估是运用企业现有的内外各种资料,依据一定的标准,对营销公关的效益进行调查、分析和总结。

它不仅是对已发生的营销公关活动的检测,而且更重要的是对各种出现的问题进行认真分析,总结经验,为企业今后的营销公关活动的开展和成功找出方向,提出措施。

第三节 营销公关的策略

企业营销公关的内容很多,归纳起来主要有企业内部的公关和企业外部的公关两大类。因此,企业营销公关策略也就分为企业内部公关策略和企业外部公关策略。

一、企业内部公关策略

所谓的内部营销就是企业对内的营销关系,或者说就是关系营销在企业机构内部的延伸。以企业来说,内部营销,就是向内部人员提供良好的服务和加强与内部人员的互动关系,以便一致对外地开展外部的营销活动。佩恩斯说:"企业越来越认识到,要对外部消费者营销得好,就要对内部消费者营销得好。"他指出,企业的内部营销包含以下两个要点。

(1) 企业的员工是内部消费者,企业的部门是内部供应商。当员工在内部受到最好的服务和向外部提供最好的服务时,企业的运行可以达到最优。

(2) 所有员工一致认同企业的任务、战略和目标,并在对消费者的服务中成为企业的忠实代表人。

企业的内部营销,不仅是关系营销在内部的延伸,而且是服务营销组合中人员要素得以发挥作用的条件。内部营销是一种策略,它的核心是如何培养具有消费意识的员工以及特定的对外营销行动,在推向市场之前,必须先在员工中间开展营销。否则,企业或组织在外部市场的成功运作将受到制约。

格鲁斯诺研究了内部营销的具体运作模式:一是内部营销的目标应当是通过对员工的激励,使他们树立消费者导向的服务营销意识和使他们中素质良好者能被吸引与留住;二是内部营销应当与服务导向的"企业或机构文化"的形成、与新产品和新服务的推广结合起来;三是内部营销的内容应当包括对员工态度的管理和与员工沟通的管理,具体内容包括员工培训、管理支持、内部沟通、人事管理和外部沟通等。

二、企业外部公关策略

企业与外部公众关系的改善,对于企业营销活动的有效开展意义重大。因为任何企业都是在一定的社会环境中开展自己的营销活动的,企业与社会环境的相互作用不仅不能避免,而且不能中断。如果企业的领导者仅把公关看成是围墙以内的事情,那就大错特错了,这样的企业就会失去存在和发展的外部条件。事实上,企业的营销活动经常是处于企业内部环境与外部环境的矛盾之中,企业必须通过有力的公关协调它们,使之处于一种协调状态。

(一) 企业外部营销公关的目的

第一,创造有利的"天时",使企业的营销活动处于良好的空间之中。这里分析的"天时"不是指自然的天气条件,而是指在营销活动中企业与政府关系的协调。

第二,搞好社区关系,创造良好的"地利"条件。社区关系是指企业与所在地区的银行、公安、邮电、城镇、税务、环保、卫生等社会团体以及其他组织之间的关系。良好的社区关系,也就是一种优越的"地利"条件,是企业发展的重要外部条件。企业的社区关系融洽,会使企业的士气高昂,职工的心情舒畅,生产经营发展顺利。企业要建立良好的社区关系,关键在于与社区公众沟通信息,使彼此之间更多地了解。如果社区关系不协调,那么,当企业发生困难时,社区公众则会对它敬而远之,更谈不上为它排忧解愁了。要建立良好的社区关系,企业还须及时地、大量地收集社区公众的赞许意见,以激励企业广大职工的士气,让更多的职工看到自己企业的社会地位,增强广大职工的责任感和自豪感。当然,企业要实现这一目的,绝不能靠自吹自擂,而应以自己的实际行动为社会公众服务,树立起良好的企业形象。

第三,树立正确的伦理观念,创造良好的"人和"环境。这里说的"人和"环境主要是指人心所向,集中表现在企业应有正确的伦理观念。在市场营销活动中,讲求正义、道义、仁义和情谊,不能为追求高利润而尔虞我诈或欺骗消费者。凡事让三分,则会得益胜七分。尤其是企业与新闻界打交道时更应注意这一点。企业应该实事求是地展示自己,当企业处于上升时期,企业应当冷静分析自己的长处和短处,切忌被胜利冲昏头脑;当企业处于低谷时期,企业应当正视现实,努力通过公关工作,使企业得到更多社会公众的同情,帮助企业渡过难关,转危为安,使企业重新崛起,切忌悲观失望,应该懂得危机与机遇都不是永存的,危机时期并非暗淡无光,危机过后就是光明。

(二) 企业对外营销公关的途径

1. 抓住轰动事件

所谓轰动事件,是指事件的结果和程度超出了人们的一般想象,并且对现实的社会生活和人们的心理产生极大震荡的事件。轰动事件在一定的时间和空间范围内通常为大多数人甚至全社会所关注,因此,它是宣传企业组织形象、开展营销公关的良好时机。

例如,20 世纪 80 年代末,联邦德国青年鲁斯特驾驶轻型飞机穿越国界,在众目睽睽下突降莫斯科红场,引起全世界的震动。当这一轰动全球的事件发生后,曾经训练过鲁斯特的某商业性航空俱乐部立即抓住了这个时机,广泛宣传鲁斯特的高超技术是他们培养出来的。这个公关宣传使该俱乐部争取到了更多的生源,赢得了商业利益。

与此同时,生产鲁斯特驾驶的轻型飞机的飞机制造公司也立即抓住这一千载难逢的轰动事件,加强营销攻势,广为传播他们的飞机产品价廉物美,其性能卓越超群。结果,此型号的飞机声誉大振,来自世界各地的订单比过去增加了几倍,从而一下子扩大了该公司的销售市场,也争取了更多的商业利益。

2. 依靠名人效应

所谓名人效应,就是指那些有相当知名度的人士,由于有着众多的追随者、崇拜者和业已存在的声誉,从而能对社会生活和公众产生影响效力。

例如,为了倡导一种新观念、推出一种新产品,或者为了社会福利,许多有使命感、责任感和成就感的企业或个人,往往会联合起来组织类似义演、义卖等社会活动。这些活动虽然是非营利性的,但是为了扩大社会影响和宣传效果,主办者往往都千方百计地邀请名人前来参加,他们或参加演出,或发表讲话,或参与活动,凡此种种都会扩大本次活动的社会影响,都会更有效地吸引公众。在商业活动中,利用名人效应的事例不胜枚举。我们每天打开电视机,有些电视广告就是由名人为企业宣传商品;有些企业则是利用名人的声誉资产与之合作办公司、搞实业。如果说,公关活动借助于名人,是因为名人身后有公众,那么营销活动借助于名人,就是因为名人周围有市场。

3. 力助全民活动

所谓全民活动,就是指在一个城市、一个地区、一个国家,甚至全世界范围内开展的,在同一时期或同一时刻为了一个共同的目标去执行和完成同一个内容的、有全体社会成员参加的活动。

全民活动的最大特点:一是参与者的空前普及性,使其产生了广泛的影响;二是活动时间的集中统一性,使其给人的印象深刻而持久。

全民活动的这些特点,逻辑地决定着这是营销公关活动的最佳时机之一。美国某医药公司曾经组织了一次成功的营销公关活动,它不仅赢得了声誉,而且也赢得了市场。

案例分析 5-1

Z公司爱非洲

1991年,非洲发生了百年不遇的大饥荒,一批又一批的灾民因饥饿而死亡;死亡产生了瘟疫,瘟疫加速了死亡。非洲人民的生存受到了空前的威胁,就在他们处于生死存亡之际,全世界人民伸出了援助之手。各国政府和人民纷纷慷慨解囊,有钱出钱,有物捐物。为了拯救苦难中的非洲人民,使捐助活动遍及全世界,在联合国和许多国家领导人的倡导下,开展了全球范围的"手拉手"活动,以此来表达全世界人民对非洲的关注,弘扬爱的奉献精神。"手拉手"活动从美国旧金山的金门大桥上开始,连接五大洲四大洋。在这天涯共此时之际,美国某医药公司从道义出发,瞄准这个千载难逢的世界壮举,为在美国国内参与"手拉手"活动的人每人订制了一顶太阳帽。帽上写着"Z公司爱非洲",以表达该公司的爱心。结果,该公司声名鹊起,一个良好的公司形象便在焦点时刻树立在全世界的面前。

总结:公关活动的目的就是扩大影响,因此,越是影响大的活动就越是公关最好的平台,能够产生一石激起千层浪的效应。

4. 参与争议之辩

所谓争议之辩,就是指某些特定的人与事由于处在善恶的两难判断之中,使社会道德评价出现不一致,从而引起社会成员各执一词的舆论争议。他们辩论的焦点不在于对事实判断真实性的怀疑,而在于价值判断上的分歧。由于争议之题往往会成为社会舆论的焦点和热点,因此参与争议之辩不仅可以向社会公众有效地表达本企业的价值观,而且可以在争辩活动中扩大企业的知名度,反映出企业对社会的责任心。

参与争议之辩有两种基本方式:一是直接参与的方式,即企业主体直接介入辩论,阐明自己的立场、观点;二是间接参与的方式,即企业主体对辩论之题本身不表态,但出面组织一些辩论活动,他们或向辩论活动提供人力、物力和财力赞助,或对辩论双方的观点作客观公正的汇总和传播工作等。

案例分析 5-2

迂回的公关策略

20世纪60年代,美国许多州都爆发了一场关于在州法律中要不要放宽甚至取消对妇女堕胎的严格禁令的辩论。在这场影响全美的争议中,美国M婴儿保健用品公司看准了这是提高公司营销形象的最好公关时机,于是便组织营销人员作为公司的新闻发言人参与了这场争议之辩。

从M公司眼前的功利目的出发,是希望维持堕胎非法的法令继续有效。因为这样就可以保持和扩大自己的婴儿保健用品市场。但是,M公司没有这样做。他们从人类社会文明发展的需要出发,从对未来的责任出发,要求营销人员在营销活动中支持堕胎合法化的社会舆论和行动,尽管这样可能会影响到公司的市场利益。公司这一举动出乎一般人的意料之外,但却使更多的公众认识到该公司是一家摆脱了功利主义倾向、注重道义建设的企业,是一家对社会、对未来负责任的企业。因此,公司的知名度和信誉度在争议中得到了迅速提高,一个安全、可靠、可以信赖的企业形象不知不觉地在公众的心目中树立起来。结果堕胎合法的法律在各州先后通过,M公司的婴儿保健用品市场销售额非但没有减少,反而有所扩大。因为更多的妇女从该公司对社会尽责的良好形象中看到了其产品质量的可靠性,纷纷成为M公司的顾客。

总结:有时候正面无法进攻的时候,迂回策略能够收到更好的效果。欲先取之,必先予之。

5. 跃入流行之潮

为什么说流行的出现是选择营销公关的最好时机之一呢?这是因为流行的发生往往使整个社会在短时间内到处可见某一种行为方式和消费方式,从而可以利用其集中性和爆发性的特点来提高营销公关的宣传效果和宣传强度。

案例分析 5-3

从实际出发

某服装厂的营销人员和设计人员早在某年初就根据气象预测和妇女审美观的变化，设计出新款背带连衣裙，并且建议工厂领导及时决策大量生产背带连衣裙，以适应夏天的高温天气和妇女的审美情趣，从而抢先占领市场。

但是在何时推出背带连衣裙的营销公关活动上却发生了分歧。部分人主张立时就搞营销公关，以倡导流行；另一部分人则认为倡导流行成本太高，而背带连衣裙流行是夏天的必然趋势，因此主张推迟到流行之初搞营销公关，以借助流行之力，这样可减少营销成本。该厂决策层根据工厂的财力和对大势的判断，决定采取借流行之力的营销公关策略。结果，该厂在当年6月以"夏之韵"的名称成功地举办了推动背带连衣裙流行的联谊活动，使该厂的背带连衣裙在上海市场上独领风骚。尤其是在营销公关活动中，他们一律展示了采用全白和全黑色中、高档面料制作的背带连衣裙，使其显得格外高雅、大方、飘逸，给公众以强烈的美感，使消费者印象深刻。

总结：在公关活动策划中，切忌好高骛远，求大，求豪华，求大手笔。公关一条重要的原则就是从企业自身的条件出发，求新、求好，才是正道。

6. 借托热点人物

所谓热点人物，主要是指那些有重大新闻价值事件中的主角人物。由于他们为新闻舆论界所追踪，为社会公众所议论，因此是选择营销公关活动的又一个有利时机之一。

热点人物与名人是有区别的。前者主要是因为某事某物而使他（她）成为舆论关注的热点；后者则是因他（她）在某一方面的成就和贡献而成为同行业中的佼佼者。

一般来说，热点人物具有明显的时间效应，名人则具有历史效应；热点人物可以是正面性的，也可以是反面性的，而名人通常是指有正面作用的事业成功者。借助热点人物的公关活动有三种基本方式：一是邀请热点人物参加本企业的营销公关活动，从而可以使本次公关活动也成为社会的热点；二是访问热点人物，通过与热点人物的访谈提高本企业的社会参与度；三是评价热点人物，从而加强本企业在社会生活中的形象。

7. 追踪体育比赛

现代体育比赛是营销公关活动最理想的舞台。尤其是世界性的体育比赛，由于它的内涵早已超越了单纯的竞技比赛的范围而升华为一种人类文化的表达和共享。因此，它所包容的观众，是世界上任何活动项目都不能比拟的。如果按体育比赛的规模来划分，可分为城市性比赛、全国性比赛、国际性比赛和世界性比赛，如果按运动类别和项目来划分，又可分为足球比赛、篮球比赛、游泳比赛、田径比赛等,就规模而言,奥运会、亚运会以及世界杯足球赛、NBA总决赛和拳王争霸赛,都是世界上极少数能够调动数十亿观众的赛事。这些体育盛会对公众的号召力,对社会生活的影响力,要胜过电影界的奥斯卡金像奖颁奖大会,要胜过科学界的诺贝尔奖的颁奖仪式,更胜过音乐界的各种大奖赛。奥运会所表达的奥运文化、世界杯足球赛所表达的足球文化、NBA所表达的篮球文化,是地球上凝聚各种社会关系的最大磁场。

因此,对营销公关活动而言,这是难得的瞬间、难得的机会。正是由于机会难得,所以凡是有远见的国际性和全球性的大公司都会在此进行第二场比赛——营销竞争。特别是国际奥委会和国际足联限制在竞赛期间搞商业广告活动以后,为了经济目的的营销公关竞争便成为场外竞技的最大"竞赛项目"。

技能训练

训练目标:
1. 了解营销公关的基本程序;
2. 了解营销公关实际操作的主流方法;
3. 学会拟定营销公关的基本策略。

训练内容:
2009年奶粉中添加有毒物质三聚氰胺的事件经曝光后让无数人震惊,让无数家长担惊受怕,社会公众对国产奶粉信任度降到冰点,很多人只购买进口奶粉。如果你是一家奶制品企业的公关人员,你所在企业的奶制品经过检测并没有发现有三聚氰胺,产品还是出现了大量的滞销。那么,针对社会上的普遍质疑,你将采取哪些措施来消除公众的疑虑,促进产品的销售?请拟定一个基本的方案或者计划。

训练步骤:
1. 通过图书馆或者互联网找寻"毒奶粉事件"相关的资料;
2. 对当时社会的主要舆论进行梳理和分析;
3. 根据实际的环境条件就当时的情况,拟定初步的营销策略。

训练要求:
1. 对毒奶粉事件中社会的各方反应特别是消费者的反应进行详细的分析;
2. 营销的策略具有一定的可行性和创造性;
3. 实训的形式可以是分组讨论或者中心发言的形式。

本章小结

在市场为王的现代社会,营销已经成为企业的生命。本章首先阐述了企业营销公关的含义及其职能,说明了企业营销公关的一般程序,并从企业内外部两个方面提出了企业营销公关的策略。本章的内容与企业运营的根本目的——销售紧密相关,实际的操作性较强,特别是关于企业营销公关的程序部分,结合案例给出了具体的实施途径,对企业营销有较强的实际指导作用。

本章练习

一、判断题(10 小题)

1. 营销公关既是一种状态,也是一种活动。(   )
2. 创造顾客就是指通过推出新的产品让客户接受,从而成为公司的新顾客。(   )
3. 企业营销公关的职能就是实现产品的销售。(   )
4. 实行市场细分是为了针对不同的群体推出合适的产品。(   )
5. 服装企业进入房地产市场可以很好地利用公司的现有资源。(   )
6. 在营销组合中既要突出重点又要注意整体的协调。(   )
7. 调查研究是营销公关的核心环节。(   )
8. 企业的内部营销公关就是向企业内部的员工推销产品。(   )
9. 企业营销公关的评估是按照标准,对营销公关的效益进行调查、分析和总结。(   )
10. 借托热点人物和借托名人是一样的。(   )

二、单项选择题(5 小题)

1. 创造顾客的基本方法是(   )。
   A. 与顾客建立良好的关系 B. 降低商品价格
   C. 听取顾客的意见 D. 给顾客赠送礼品
2. 市场上有中老年奶粉、青少年奶粉和婴儿奶粉,这种市场细分的标准是(   )。
   A. 性别 B. 年龄 C. 奶粉的质量 D. 奶粉的配方
3. 按照某种因素来划分细分市场的方法称为(   )。
   A. 单一因素法 B. 综合因素法
   C. 系列因素法 D. "产品—市场"方格因素法
4. 为某个细分市场提供所有的产品或服务的模式称为(   )。
   A. 市场集中 B. 市场专业化
   C. 市场差异化 D. 市场涵盖
5. 4P 营销组合中的第一个"P"表示(   )。
   A. 市场 B. 渠道 C. 价格 D. 促销

三、多项选择题(5 小题)

1. 市场营销组合的 4P 包括(   )。
   A. 市场 B. 渠道 C. 价格 D. 促销
2. 对目标市场评估时要考虑的因素有(   )。
   A. 市场规模和增长潜力 B. 市场吸引力
   C. 是否符合企业的目标和资源优势 D. 产品的质量
3. 市场细分的条件包括(   )。
   A. 特殊性 B. 差异性 C. 可衡量性 D. 可进入性

4. 营销公关的原则包括( )。
    A. 以诚取信原则　　　　　　　　B. 盈利原则
    C. 公众利益与企业利益相协调原则　　D. 讲究道德原则
5. 企业对外营销公关的途径有( )。
    A. 抓住轰动事件　　　　　　　　B. 依靠名人效应
    C. 力助全民活动　　　　　　　　D. 参与争议之辩

四、问答题

1. 请说明企业营销公关的原则。
2. 企业营销进行市场细分的目的有哪些？
3. 解释市场进入的五种模式。

五、案例分析题

蒙牛酸酸乳超级女声

2004年,湖南卫视"超级女声"开始火爆,2005年达到巅峰。作为蒙牛液态奶前市场总监,现掌上灵通市场副总裁,孙纪更愿意把红遍全国的"超级女声"节目看作是一次营销的成功,"两股强大的力量充分发挥,然后再辅之以无线通信手段,最终保证了这次营销公关的成功"。

2004年10月,蒙牛面临产品结构性调整和利润率下滑问题,希望转型,由主攻液态奶转到进军利润率更高的酸奶市场。在内地乳品市场全面降价的情况下,经过详细考虑,蒙牛最终确定推出蒙牛酸酸乳系列产品。在推广手法上,"蒙牛希望通过一个电视节目创造一种流行元素,实现酸酸乳与电视节目的整合营销,用以牢牢抓住从10岁到18岁的蒙牛酸酸乳目标消费群"。在这种情况下,孙纪以蒙牛液态奶市场总监的身份第一次来到长沙。2005年2月24日,国内最具活力的电视娱乐频道——湖南卫视与国内乳业巨头——蒙牛乳业集团在长沙联合宣布,双方将共同打造"2005快乐中国蒙牛酸酸乳超级女声"年度赛事活动。

在各大电视媒体上,蒙牛投放由2004"超级女声"张含韵代言的"蒙牛酸酸乳"TVC广告片;蒙牛还专门开办了"蒙牛酸酸乳超级女声"网站,进行互动宣传;在赛区超市场外,"蒙牛酸酸乳"进行的路演宣传活动比任何一场商业路演都更为火爆;在超市场内,"蒙牛酸酸乳"正在进行买六赠一的促销活动,活动的宣传单页、"蒙牛酸酸乳"包装上也印有"超级女声"活动的介绍。

这是一次典型的全面营销公关事件。蒙牛乳业集团为了突破在纯牛奶市场的价格竞争,在推出"蒙牛酸酸乳"系列新品时,不遗余力地打造"蒙牛酸酸乳"品牌,这一品牌定位于青少年消费群,塑造年轻而又充满活力的品牌形象。在营销策略上,蒙牛坚信:价格对家庭消费是绝对重要的因素之一,而对青少年消费并非是第一位的,这一庞大的潜在市场是蒙牛花巨资打造"蒙牛酸酸乳"品牌、进行本次整合营销传播活动的原因。

蒙牛无疑成为超级女声狂欢中当之无愧的大赢家。2005年蒙牛酸酸乳的销售是8亿元,通过与"超级女声"的整合营销,蒙牛酸酸乳的销量翻了三番,到2006年已将近25亿元,产品的毛利率起码在30%。

除了营业额爆炸式的增长,蒙牛集团同时获得了蒙牛酸酸乳在品牌形象上的提升。"蒙牛酸酸乳"把销售系统和媒体系统进行了一次完美的整合。从产品的包装、售点的宣传单页、终端的路演推广,均和媒体宣传步调一致,把消费者的关注度集中到一点,消费者去超市购买"蒙牛酸酸乳"产品,一定会想到湖南卫视"蒙牛酸酸乳超级女声"活动,想到张含韵"酸酸甜甜就是我!"的"蒙牛酸酸乳"的广告语。

1. 在上述案例中,蒙牛的营销公关策略应该是(　　)营销策略。
   A. 开发性　　　B. 刺激性　　　C. 扭转性　　　D. 协调性
2. 蒙牛的营销公关是针对消费者处于(　　)阶段采取的策略。
   A. 了解产品　　B. 比较产品　　C. 购买产品　　D. 使用产品
3. 从案例中可以分析得出,蒙牛决定进军酸奶市场是营销公关程序中的(　　)。
   A. 市场细分　　　　　　　　B. 市场营销组合
   C. 目标市场的选择　　　　　D. 公关营销的传播
4. "价格对家庭消费是绝对重要的因素之一,而对青少年消费并非是第一位的",蒙牛选择的价格策略可能是(　　)。
   A. 低价策略　　　　　　　　B. 很高的价格
   C. 向奢侈品奶价格看齐　　　D. 比同类产品较高的价格
5. 在本案例中蒙牛没有选择使用的传播媒介方式是(　　)。
   A. 电视　　　　B. 杂志广告　　C. 网络　　　　D. 户外广告

第六章　企业庆典活动公关策划

了解企业庆典活动的基本含义及类型,熟悉企业庆典活动的相关程序,掌握企业庆典活动策划的主要内容,以及对企业庆典活动的总体认识和企业庆典活动对企业公关的重要性。

阿里的年会

2017年9月8日,阿里员工进行了一场大型朋友圈刷屏活动,主题是阿里18周年年会。阿里5万多名员工中,有近4万人参加此次18周年庆,同时这也是杭州史上规模最大的企业年会。

没有太多大明星,但是舞台美,效果赞,科技炫,阿里的这场年会不输任何大型演出。

没有几个公司把年会的入场仪式搞成奥运会代表队入场,因为他们没有那么多业务线。在年会开始前,阿里巴巴的微信公众号发起点名活动,饿了么、花呗、淘宝、盒马等阿里旗下40多个产品相继在留言区喊"到"。

阿里年会设置了19个巡游方阵,900多位暖场演员,晚会开始前,阿里先来了一轮花车巡游,最后亮相的阿里吉祥物方队最有趣。天猫、菜鸟、蚂蚁、闲鱼、飞猪、虾米、神马、千牛、UC(松鼠)、盒马集体亮相,阿里动物园终于有了实物版。

如此大规模的阿里年会,邀请的外部明星只有许巍和周华健,其他表演者来自阿里巴巴在全球23个国家的业务办公室。淘宝小二们扮成"侠客"伴着《射雕英雄传》的音乐从高空飞落到舞台上,展现了阿里极具特色的企业文化——武侠精神。大屏幕上出现金庸先生的题字——"宝可不淘,信不能弃",《铁血丹心》《世间始终你好》等耳熟能详的武侠片歌曲穿插在节目中,引全场怀旧。

天猫年会节目《Tmall时代》的六位主唱是天猫和天猫国际的"90后"小二们,辛苦排练了两个月,他们用当下最热门的嘻哈方式唱出了天猫想带给所有消费者的理想生活。他们的口号是:今天你吸猫了吗?

菜鸟《未来之路》节目通过百老汇风格的魔幻歌舞剧，展现智慧物流中从消费者下单开始，到仓储、快递、驿站、消费者等各个场景，91名表演者既有工程师，也有大数据科学家。

蚂蚁金服的《叽歪天团》的"自黑"本事和他们的微信公众号相当：新老员工的不容易、在杭单身同学的两地奔波、单身汉的寂寞孤单冷、产品经理和开发者的相爱相杀，一一在节目中展现。

在"coming home"的背景音乐中，一百余名国际员工献上精彩歌舞秀：在美式橄榄球场，运动员开展"激烈的拼抢"；在伦敦泰晤士河畔，绅士淑女伴着圆舞曲优雅起舞；俄罗斯莫斯科，舞者在"冰天雪地"中展现曼妙身姿；在印度和东南亚，热烈的歌舞展现着当地独有的奔放和烂漫……

其中还有高晓松、何炅这样的明星员工。嗯，突然有想和他们做同事的冲动。

这么酷炫的场合，怎么能少得了阿里巴巴大家长马云的表演。以往年会上马云夸张的表演已成为众多网友的表情包，这一次他戴着面具，骑着哈雷摩托登场，表演了《大变活人》和《瞬间转移》魔术，让全场沸腾。

——节选自知乎网，有删减，具体请参考 https://www.zhihu.com/question/65089541/answer/227555578

【启示】

阿里的年会，我们不应该只看到大、好、炫，作为公关人，更要注意它的影响力。它作为一个企业年会，为什么会有如此大的影响力？如何做到的？

第一节　企业庆典活动的含义与类型

一、企业庆典活动的含义

企业庆典活动是企业围绕自身的重大事件、活动所开展的典礼、庆祝和仪式等公关专题活动的总称。社会组织不同，涉及的相关公众范围不一样，其庆典活动的规模和方式也就不一样。各企业的庆典活动尽管类型各异、规模不同，但都有一个共性，即隆重、热烈、喜庆和丰富多彩。庆典活动不是一般的庆祝活动，它凝聚着对企业新生的喜悦和欢乐，是对通向美好发展历程的热烈而隆重的形象展示。现代企业庆典活动，是指企业围绕各种有意义的节日而举行的各类庆祝活动。它的目的和意义，或者说现代企业庆典的功能主要包括以下几方面：

(1) 有助于增强企业内部的凝聚力；

(2) 有助于与参加者沟通情感；

(3) 有助于加强企业与外部的交往；

(4) 有助于传递和保存企业的价值与传达企业情操体系中的某些理念；

(5) 有助于维持社会和团体结构的示敬礼仪，从形式上维护企业共同具有的价值观；

(6) 有助于扩大企业的影响，提高企业的知名度和美誉度。

二、企业庆典活动的类型

根据内容来分,企业所举行的庆典活动大致可以分为四类:第一类,本单位成立周年庆典,通常,它都是逢五、连十进行的,即在本单位成立五周年、十周年以及它们的倍数时进行。第二类,本单位荣获某项荣誉的庆典。当单位本身荣获了某项荣誉称号、单位的"拳头产品"在国内外重大展评中获奖时,这类庆典基本上会举行。第三类,本单位取得重大成绩的庆典。例如千日无生产事故、生产某种产品的数量突破10万台、经销某种商品的销售额达到一亿元等,这些来之不易的成绩,往往都是要庆祝的。第四类,本单位取得显著发展的庆典。当本单位兼并了某个单位、成立了子集团、找到了业务合作伙伴、建立了分公司或连锁店等时,都是值得纪念和庆祝的。

根据形式而论,商界的每个单位所举行的不同类型的庆典活动,都有一个最大的特色,那就是要务实而不务虚。若能由此而增强本单位全体员工的凝聚力与荣誉感,并且又使社会各界对本单位重新认识、刮目相看,即使大张旗鼓地举行庆典活动,企业也会在所不惜。所以,若是只宣传本单位的新形象、增强本单位全体员工的自豪感,那么即便是举办一次花不了几个钱的庆典活动,也没有必要好大喜功、非要去搞它不可。

根据涉及的目标公众的不同,现代企业庆典活动可分为内部庆典、外部庆典、内外结合的庆典;根据庆典内容的不同,可分为奠基典礼、开业典礼、周年纪念和节日庆祝等;按创意及表现形式的不同,可分为隆重热烈型、深入浅出型、别具一格型、"别有用心"型、艰苦朴素型、社会公益型等。在这里将内容和形式结合起来对庆典活动进行分类。

(一) 奠基典礼

一般的奠基仪式,无非是请几位知名人士或者领导人来现场捧捧场、走个过场,场面可能很壮观,但不会给人们留下什么印象。如果在奠基典礼上突出公关色彩,就会给人耳目一新的感觉。

(二) 开业典礼

现代企业不论什么性质,也不管多大规模,开业时都要搞个典礼,即使是小小的门市部也要披红挂彩,热闹一番,图的是个吉利。但开业典礼各有门道,可谓仁者见仁、智者见智,会搞的不见得花多少钱,却能"一石几鸟";不会搞的,虽然场面壮观,却纯为热闹而"闹"。下面介绍几种具有典型性的开业典礼。

(1) 隆重热烈型。主管领导讲话,请名人来剪彩,其目的是宣传企业的实力雄厚,前途远大。

(2) 艰苦朴素型。并非所有的开业典礼都要大操大办、大张旗鼓才行,其实艰苦朴素的开业典礼更适合我国的国情。

(3) 别具一格型。这种开业典礼的特点是突出特色,与众不同,花小钱办大事,花同样的钱办更大的事,不花钱同样能办事,以此来吸引公众,给公众留下深刻的印象。

(4) 社会公益型。这种形式的开业典礼不追求典礼的形式,却十分重视典礼的社会公益性,通过为社会公益事业竭诚奉献来塑造企业的良好形象。

(5) "别有用心"型。这种形式的开业庆典有两种情况,一种是"以正掩邪"型;一种是"以正压邪"型。前者如沈太福的"长城诈骗公司"在全国各地建立分公司时,都要大张旗鼓,大肆铺张,极尽豪华,请名人,请领导,制造新闻效应,为的是欺骗公众。这是我们要严加批判、认真识别的。第二种"以正压邪"型才是我们所提倡的。所谓以正压邪就是利用开业典礼,请权威人士光临,以排除小人之辈的干扰,为以后工作的顺利开展做好铺垫。

(三) 周年纪念

现代企业开业后,发展过程中的一个个里程碑,一个个有纪念意义的日子,为企业提供了周年庆祝的极好理由。而周年纪念庆典活动既能增强企业内部的向心力和凝聚力,提高员工的工作热情和积极性,又能把重要信息传递给公众,引起公众对企业的关注,促使公众采取有利于企业发展的行为。当企业认为有必要时,庆祝会可以年年搞下去。当然,周年纪念庆典活动也可按照一般模式来搞,吃吃喝喝,发个纪念品,也能引起参加人员注意和激发参加人员的兴趣。但却难以产生社会轰动效应,所以,我们提倡有特色的周年纪念活动。只有有特色,才能吸引人;只有吸引人,才能使公众产生了解、理解和合作的愿望,才会对企业树立形象有所帮助。

(四) 节日庆祝

随着中西文化的交融,整个社会文化水平的提高,人们在要重本民族传统文化的同时,开始模仿学习西方文化中的有益成分。中外文化中的一些节日,已被更多的企业家重视和利用。如利用母亲节向伟大的母亲们致谢;利用护士节向护士问好;利用"六·一"举办少儿书画大赛;利用端午节免费赠饮啤酒等,给不同的节日不同的意义和色彩,从而扩大企业的影响。

现代企业的庆典活动已被有些企业作为一种制度和礼仪,其原因就在于庆典本身具有的特殊功能。随着社会的发展,中西文化的相互交融,能够作为庆典、"制造新闻"的节日越来越多,现代企业借机举办的庆典活动也会越来越多。由于庆祝性的典礼活动不论怎样去搞,都会从不同方面引起社会的关注,会有意无意扩大企业的社会影响面。与其有意无意,不如主动出击,用公关意识和思维去设计、操作企业的庆典活动,以达到树立企业形象、扩大企业宣传的目的。因此,现代企业经营者都想尽办法利用庆典活动,抓住有利的时机,利用合情合理的惯例,举办合情合理的活动,让人们在不知不觉中顺理成章地接受宣传内容。

第二节 庆典活动的准备工作及仪式程序

一、庆典活动的准备工作

(一) 确定来宾

一般而言,应该根据本企业的实际情况,把企业日常经营管理活动中需要接触的单位和个人,通过筛选尽量地邀请到,以扩大企业的影响。庆典应邀请的对象包括以下几方面:

(1) 社会名流。根据公共关系学中的"名人效应"原理,社会上的各界名人对公众最有吸引力,能够请到他们,将有助于更好地提高本企业的知名度。

(2) 大众传媒。在现代社会中,报纸、杂志、电视、广播等大众媒介,被称为立法、行政、司法三权之外的"第四权力"。邀请各类大众媒体参与庆典活动,并主动与他们合作,将有助于媒体客观地介绍企业的成就,进而有助于加深社会对企业的了解。

(3) 合作伙伴。在商务活动中,合作伙伴经常是同呼吸、共命运的利益共同体。请他们来与自己一起分享成功的喜悦,有助于维系良好的合作关系。

(4) 社区团体。指那些与企业共居于同一区域,对企业具有种种制约作用的社会实体,例如,企业周围的社区委员会、物业部门、医院、学校、幼儿园、商店以及其他企业等。请它们参加企业的庆典,会使对方进一步了解、尊重本企业。

(5) 企业员工。企业的员工是企业的主人,企业每一项成就的取得,都离不开他们的努力与奋斗。所以企业在组织庆典活动时,是不能将员工"置之度外"的。

(二) 布置场所

企业庆典活动场所布置是十分重要的问题,一定要选择地势开阔、安全通畅、交通便利的地点。如果地方过小,就要控制参加的人数。千万不可造成人为事故,使庆典活动变成公关危机。

举行庆祝仪式的现场是庆典活动的中心地点,对它的安排、布置是否恰如其分,往往会直接关系到庆典留给全体出席者印象的好坏。依据公共仪式的有关规范,企业公关人员在布置庆典现场时,要通盘考虑的问题主要有以下几方面:

(1) 地点的选择。在选择具体地点时,应结合庆典的规模、影响力以及企业的实际情况来决定。企业礼堂、会议厅、本企业内部或门前的广场以及外借的大厅等,均可予以选择。企业在室外举行庆典活动时,切勿因地点选择不慎,因而制造噪音,妨碍交通或治安。

(2) 环境的美化。在反对铺张浪费的同时,应当量力而行,着力美化庆典举行现场的环境。为了烘托出热烈、隆重和喜庆的气氛,可在现场张灯结彩,悬挂彩灯、彩带,张贴一些宣传标语,并且张挂标明庆典具体内容的大型横幅。同时,还可以邀请乐队届时演奏音乐、敲锣打鼓,营造热闹的气氛。

(3) 现场的规模。当选择举行庆祝仪式的现场时,应当牢记的是并非愈大愈好。从理论上说,现场的规模应与出席者人数的多少相适应。人多地方小,拥挤不堪,会使人心烦意乱;人少地方大,则会让来宾对本企业产生"门前冷落车马稀"的错觉。

(4) 音响的准备。在庆典举行之前,务必把要使用的音响准备好,尤其是麦克风和传声设备,应进行先期检查。在庆典举行前后,可播放一些喜庆、欢快的乐曲,以活跃气氛。

(三) 合理安排活动程序

一次庆典活动举行的成功与否,与其具体的程序关系紧密。企业在拟定庆典的程序时,有两条原则必须坚持:第一,时间宜短不宜长。大体上讲它应以一个小时为限。这既是为了确保其效果良好,也是为了尊重全体出席者,尤其是来宾。第二,程序宜少不宜多。程序过多,不仅会加长时间,而且还会分散出席者的注意力,使其产生庆典内容过于凌乱之感。

(四) 做好接待

庆典一经决定举行之后,即应成立对此全权负责的筹备组,筹备组成员通常应由各方面的人士组成,他们应当是办实事、能办事、会办事的人。在庆典的筹备组之内,应根据具体的需要,下设若干专项小组,在公关、礼宾、财务、会计等方面各尽其职、分工合作。

庆典的接待小组,原则上应由年轻、精干、表达和应变能力较强的男、女青年组成。接待小组成员的具体工作应包括以下几项:

(1) 来宾的迎送。即在举行庆祝仪式的现场迎接或送别来宾;

(2) 来宾的引导。即由专人负责为来宾带路,将其送到既定的地点;

(3) 来宾的陪同。即对某些年事已高或非常重要的来宾,应安排专人陪伴始终;

(4) 来宾的招待。即指派专人为来宾提供饮料、点心以及其他方面的服务。

(五) 后勤保障

庆典活动一般规模较大,因此后勤人员和物资必须得到切实的保障。在庆典开始前,就要制订预应急方案,一旦某个环节出现问题,必须要有相应的处理机制和物资准备,不能临时筹措。如果因为物资或人员准备不足,现场的设备无法使用,就会出现冷场的局面,给企业带来负面效应,要谨防庆典变成危机。庆典活动的现场,需要有音响设备、音像设备、文具、电源等。需要剪彩的,要有彩绸带;鞭炮、锣鼓等在特殊场合也要有所准备。宣传品、条幅和赠予来宾的礼品,也应事前准备好。赠送的礼品要与活动有关或带有企业标志,这既可让来宾满意,又起到了宣传作用。另外,为活动助兴,可以安排一些短小精彩的文艺节目,这些节目可以组织内部人员表演,也可以邀请有关文艺团队或人员表演,节目力争要有特色。

总之,要做到认真细致,热情有礼,热烈有序,就会使庆典活动取得成功。

二、庆典活动的仪式程序

正常情况下,庆典活动应包括下面几项流程。

(1) 宣布开始。主持人宣布庆典活动正式开始,全体起立,奏《国歌》。如果单位有自己的歌曲,在奏《国歌》之后还可以唱企业或者本次活动的歌曲,当然有时候也可以省略。

(2) 主要领导致辞。企业或主管单位主要领导致辞的内容包括:介绍嘉宾,对来宾表示感谢,介绍此次庆典活动的缘由等。致辞的重点是报捷和说明庆典的可"庆"之处。

(3) 嘉宾讲话。一般来说,出席庆典的上级主要领导、特邀嘉宾、协作单位等,都应有代表讲话或致贺词。如果想请上级领导、特邀嘉宾、协作单位等相关人员发言,应提前邀请、沟通,并明确对方发言人的姓名、职务及大致发言时间等,避免现场邀请时出现"谦虚"、推来推去的尴尬场面。对外来的贺电、贺信等,没有必要一一宣读,可以挑重要的几封宣读,并公布对没有宣读贺电、贺信的署名名称。公布名称的时候,可以依照"先来后到"的顺序,或者按照其具体名称的汉字笔画进行宣读。

(4) 安排演出。并不是任何一次庆典都要安排文艺演出。主办方可以根据自身实力、庆典的影响力大小等情况，来最终权衡是否有必要安排文艺演出。如果准备安排演出，应当慎选内容，注意不要因图热闹而有悖于庆典的主旨。

(5) 安排参观。如果有可能，可安排来宾参观单位的有关展览或设施和环境等。当然，这项程序有时也可以省略。如果邀请来宾参观，应尽可能由主要领导出面陪同，如果主要领导确实有事不能陪同，在向来宾解释之后由职务稍低的领导陪同。

第三节　庆典活动公关的注意事项

一、正确选择时机

现代企业在庆典活动的时间选择上，除了传统文化影响外，主要受两种文化的影响，一种是西方文化，一种是我国港台文化。这表现企业在周年纪念上按照传统选择时间以外，在节日庆典方面尽可能靠拢西方文化节日，如在情人节进行促销，在圣诞节举办通宵晚会等；在开业典礼时间选择上尽可能选每月的"8"、"18"、"28"以求"发"的吉利。实际上这是人们一种趋利避害的心理在作怪，本无可厚非，但如果大家都一窝蜂地赶着"发（8）"，那就有点俗不可耐了。其实，现代企业可利用的节日很多，下面重点介绍几个。

(1) 元旦。它是世界各国通行的公历纪元的阶段性节日，即公历每年的1月1日。这一天，世界各国都有一些特殊的规定来庆祝新的一年的开始。例如：政府的元旦祝词在这一天发表；多数国家规定这一天全国放假；还有一些地区以游行或文娱活动加以庆祝。企业可以利用这一节日开展一些活动，加强与企业内部和外部公众的联系。如企业领导人发表新年祝词；向合作伙伴发出感谢电报；举办员工及家属的联谊活动，以增强企业的凝聚力；向孤儿院捐款、捐物，奉献爱心；向离退休人员表示慰问等。这些活动的开展，会给企业带来意想不到的效果。

(2) 春节。春节是以中国为代表的一些东方国家的传统民俗节日，它是农历纪年的第一天，每年农历正月初一为春节。春节虽说是一天，但中国人过春节是从腊月二十三"祭灶"开始到正月十五"元宵节"才算结束。在此期间，各地群众按照当地的传统举办丰富多彩的娱乐活动。现代企业重视民族的传统节日，对内可以搞新春团拜会、新春联欢会、新春猜谜活动等来增强内部的情感交流，加强内部的协调团结；对外可以利用大多数企业放假过春节之际推出自己的公关庆典活动来吸引公众的注意。如华夏电器厂在1992年新春佳节之际策划了"九二华夏电器太平鼓队万里行"活动，具有600多年历史和浓厚地方文化特色的太平鼓震动了京城，回荡在千里草原，征服了东北大地，为企业产品在这些地区的销售起了极大的促销作用。

(3) 国庆节。国庆节是各国建国或独立的国家纪念日。各国的国庆大典日是不尽相同的，我国从1949年起，每年的10月1日为建国纪念日，这一天，普天同庆。围绕国庆庆典，企业可以开展各种各样的公关活动，一是可以增强员工的爱国意识；二是可以加强员工的爱厂意识；三是可以刺激外部公众参与的热情。

（4）国际妇女节。国际妇女节源于美国1909年3月8日芝加哥女工为争取自由平等和妇女解放而进行的大规模罢工和示威游行活动，1910年8月被国际妇女代表大会定为国际性纪念日，得到各国妇女的拥护，三八国际妇女节已为世界大多数国家的政府所接受。企业可以利用这一节日，开展与妇女相关的纪念性活动，必定会收到良好的公关效果。

（5）圣诞节。西方一些国家为纪念基督降生，由教会规定的纪念性节日。圣诞节在每年的12月25日，是耶稣基督诞生的纪念日。现在圣诞节不仅是宗教节日，而且是普天同庆的世俗节日。世界上有140多个国家和地区庆祝圣诞节，节期从12月24日到来年的1月6日，是全世界持续时间最长、流传最为广泛、庆祝最为隆重的节日。我国有许多企业已开始利用这一节日，设计庆典活动，来树立自身形象。

中外各国民族的节日数不胜数，如果有兴趣可参考相关的资料。企业在安排庆典活动时要根据自身的特点、社会公众的接受能力及心理特点来选择合适的日子，千万不可盲目仿效。

二、做好策划、方案

（一）策划

企业庆典活动的创意与策划要考虑以下几方面：

（1）企业自身的能力及特点；

（2）企业预期达到的目标；

（3）企业最合适的庆典时间；

（4）公众，特别是目标公众关注的热点是什么；

（5）新闻媒介关注的热点是什么，可以通过什么方式使它们有机地结合起来，成为公众关注的热点。

某商业企业在3月8日要为妇女们搞一个庆祝三八国际妇女节活动，它的举办形式可以有女性风采展示活动、女性手工制作大奖赛、"女性与社会"演讲比赛、向"三八红旗手"赠送礼品等。如果要结合利用1995年9月第四次世界妇女大会在北京召开的这个"势"，则最好举行"女性与社会"演讲比赛。

庆典活动的策划一定要把握好时机，要善于捕捉各种信息，并对信息进行加工整理，利用有价值的信息来做好自己庆典的文章。公关庆典活动的策划要借势——环境中有利的形势；造势——制造出自己的有特色的态势；融势——所造之势要与所借之势巧妙结合，相映成趣。这样，才能使公关庆典活动搞得有声有色，才能达到预期的目的。

（二）实施方案

每一个庆典活动，通常都应制订一个详细的活动方案，包括典礼的名称、规格、规模、邀请范围、时间、地点、典礼形式、基本程序、主持人、筹备工作、经费安排等。下面是具体的案例。

案例分析

难忘的"中萃之夜"
——杭州中萃食品有限公司三周年庆典活动方案

1. 感谢客户

时间:10月8日至9日下午

参加部门:市内销售部、行政部、财务部、生产部和品控部组成2人一组、80个拜访队伍

拜访对象:市内3 600家客户

任务:感谢客户、收集意见,每组拜访45家客户

随身携带:绶带、感谢信、拜访登记表,A、B类客户分别送可口可乐和古典画

拜访要求:统一服装、主动热情、衷心感谢、倾听意见、不做承诺、反馈意见

2. 客户赠饮

时间:10月9日13时半至15时半

赠送地点:市内繁华地带20个现调地点,每点4人,限赠800杯,赠完为止,赠饮总量16 000杯(40桶)

3. 交警赠饮

时间:10月8日9时至15时半

地点:市内全部60个岗亭值班交警

总量:每人赠2瓶,合计70箱

4. 中萃之夜晚会

时间:10月8日18时至22时

地点:阮公墩公园

内容:祝词、表扬模范家属、自助餐、卡拉OK比赛、烟火

程序:16时至18时,准备

18时,晚会开始,主持人:郑副总

18时至18时10分,陈总讲话

18时11分至18时20分,陈董事长讲话

18时21分至18时40分,宣布模范家属并授奖

18时41分,自助餐开始

19时至20时30分,卡拉OK比赛

20时10分至21时,放烟火

21时至21时30分,宣布卡拉OK获奖者并授奖

21时30分至22时,员工离场

总结：这是一份庆典策划方案的大纲，一份好的庆典策划方案远远不止这些内容，还应该有庆典活动各项程序的具体安排。庆典活动有其正常的程序和基本的方法，因此，在策划中要注意面面俱到，重点突出。当然，更高一点的要求就是要有所创新。

三、制造新闻

公关活动应能够为公众的代表——新闻媒介所接受，新闻媒介的反应是衡量活动成功与否的标尺，也是企业形象能否树立的重要环节。所以，庆典活动应邀请新闻记者参加，并努力使活动本身具有新闻价值。同时也要求在创新上下功夫，制造出一些轰动性的新闻。比如邀请现在当红的娱乐明星、体育明星、举办大型的读书赠书活动、义卖等。在寻找创新点的时候可以从当下人们最关心的问题入手。当然，我们也不能不顾社会的道义和道德，甚至违背法律、法规，必须把握好原则与尺度，与企业本身相切合。

四、注意总结

随着公关知识的普及和深入，我国许多企业在公关理论的引导下开展了许多成功的庆典活动。但是，就全国范围来看，它们在开展诸如厂庆、特殊纪念日、开幕式等庆典活动的过程中，还存在下述问题或不足。

（1）缺乏现代科学的公关理论做指导。许多企业的庆典活动与传统的庆典活动差别不大，尤其是有意识地借助新闻传播媒介来宣传庆典活动的不多，更谈不上按照公关的科学程序来开展庆典活动。

（2）中小型企业，特别是乡镇企业所开展的庆典活动，创造性不强，活动的个性化特征不明显。许多企业的庆典活动仿佛是同一模具锻造出来的。

（3）有的企业虽意识到应该通过庆典活动提高自己的知名度和美誉度，但在具体实施操作时，往往又出现偏差，讲排场，摆阔气。比如，甲企业开业请来88位礼仪小姐，乙企业周年纪念的庆典请188位礼仪小姐。

（4）过分重视上级领导和知名人士在庆典活动中的作用。有的企业为了请到某位领导出席，可以把庆典活动推迟数日或数十日，而不顾因此给企业带来的经济损失。我们认为，邀请知名人士或上级领导确实可以为庆典增光添彩，但中心不是他们，而是搞庆典活动的企业。

（5）较注重庆典的形式和过程，忽视庆典活动应该得到的效果。相当部分企业普遍缺乏事后对庆典活动的分析、评价和总结，好像庆典活动一结束，什么都完结了似的。

（6）部分企业对举行的庆典活动只考虑到成功的可能，而对可能出现的失误估计不足，缺乏公关危机意识及其相应的预防措施。

公关活动应讲求整体性和连续性，庆典活动作为整体公关的一部分，应与其他公关活动协调一致，以保持企业形象的一体化，保证今后活动开展的连续性，对每次庆典活动的总结，就显得十分必要。

技能训练

训练目标：

  1. 熟悉企业庆典活动的主要流程；

  2. 熟悉企业庆典活动的主要注意事项。

训练内容：

  2010年丰田公司汽车产品质量出现问题，丰田公司进行了大规模的召回活动，但是由于中国内地比北美地区晚些时候发布召回公告，所以引起了很多丰田车主的不满。恰好丰田(中国)公司即将迎来公司成立周年庆典，如果你是公司的公关负责人，请问你将如何策划此次庆典活动，以增加公司的信誉度？

训练步骤：

  1. 熟悉书中关于企业庆典活动的主要流程；

  2. 收集丰田公司汽车产品质量问题出现时社会各方的反应；

  3. 根据实际情况拟定庆典活动的基本方案。

训练要求：

  1. 庆典方案要切实可行；

  2. 庆典方案要具有一定的创新性；

  3. 实训的形式可以是提交书面的庆典活动方案。

本章小结

  本章阐释了庆典活动的含义，概括了庆典活动的典型类型，梳理了庆典活动的准备工作程序，明确了在庆典活动中的各项注意事项，在时间、地点等因素选择处理上给出了明确有效的指导原则，同时给出了庆典活动的策划方案样本。通过本章的学习，可以对庆典活动的整体流程以及各项实际操作有整体的认识，对策划现代企业庆典有着极其重要的现实意义和指导意义。

本章练习

一、判断题(10小题)

1. 庆典就是企业为了自身的重大事件、活动所开展的典礼、庆祝和仪式等公关专题活动的总称。（　）

2. 庆典活动的功能主要是对外做给公众看的。（　）

3. 奠基典礼主要是要突出隆重的特点。（　）

4. 当确定庆典的来宾时，首先要确定本公司的领导。（　）

5. 庆典活动的地点应该选择在开阔的地方。（　　）

6. 企业在建立周年纪念的时候一定要办庆典活动。（　　）

7. 企业的庆典活动为体现隆重、热烈，应该多安排一些程序。（　　）

8. 如果在三八国际妇女节举办活动，应该主体贴近妇女的需要。（　　）

9. 中国人选择含"8"的日期是为了求个吉利。（　　）

10. 典礼的一个重要特点就是隆重、热烈。（　　）

二、单项选择题（5小题）

1. 某公司的主要产品是春节礼品，如果公司打算举办一次庆典活动，选择的时机最好是（　　）。
　　A. 中秋　　　　B. 端午　　　　C. 元旦　　　　D. 清明

2. 一婴儿食品公司举办庆典活动，公司打算在庆典活动的当天给灾区的儿童捐赠一批婴儿食品，那么这个公司的庆典活动的类型可以认为是（　　）。
　　A. 别具一格型　B. 别有用心型　C. 艰苦朴素型　D. 社会公益型

3. 庆典活动举办的时间（　　）。
　　A. 宜短　　　　B. 宜长　　　　C. 5个小时　　　D. 15分钟

4. 企业庆典活动邀请媒体记者到场，主要是为了（　　）。
　　A. 增加与会人数　　　　　　　　B. 宣传企业
　　C. 为记者提供素材　　　　　　　D. 巩固与记者的私人关系

5. 企业庆典的策划方案不一定有的是（　　）。
　　A. 庆典的名称　　　　　　　　　B. 庆典的程序
　　C. 庆典的经费安排　　　　　　　D. 领导的讲话稿

三、多项选择题（5小题）

1. 企业庆典场所布置要考虑的因素有（　　）。
　　A. 地点　　　　B. 规模　　　　C. 环境　　　　D. 设备

2. 企业庆典应该邀请的来宾包括（　　）。
　　A. 企业合作伙伴　B. 政府官员　C. 社区团体　　D. 一般社会人员

3. 企业庆典的类型包括（　　）。
　　A. 奠基典礼　　B. 周年庆典　　C. 开业庆典　　D. 节日庆典

4. 庆典活动在时间的选择上，可以利用的时间有（　　）。
　　A. 企业成立纪念日　　　　　　　B. 国庆
　　C. 元旦　　　　　　　　　　　　D. 公司领导的生日

5. 一般来说，企业庆典的后勤保障需要仔细安排的有（　　）。
　　A. 设备　　　　B. 人员　　　　C. 赠品　　　　D. 场地布置

四、问答题

1. 请说明企业庆典的功能。

2. 请列举几种典型的开业典礼类型。

3. 布置庆典场所应注意哪些方面？

五、案例分析题

IBM公司的"金环庆典"活动

美国IBM公司每年都要举行一次规模隆重的庆功会,表彰那些在一年中作出过突出贡献的销售人员。这种活动常常是在风光旖旎的地方,如百慕大或马霍卡岛等地进行。对3%作出了突出贡献的人所进行的表彰,被称为"金环庆典"。在庆典活动中,IBM公司的最高层管理人员始终在场,并主持盛大、庄重的颁奖酒宴,然后放映由公司制作的表现那些作出了突出贡献的销售人员的工作情况、家庭生活,乃至业余爱好的影片。在被邀请参加庆典的人中,不仅有股东代表、工人代表、社会名流,还有那些作出了突出贡献的销售人员的家属和亲友。整个庆典活动的始终都被录制成电视(或电影),然后拿到IBM公司的每个单位去放映。

在这种庆典活动中,公司的主管同那些常年忙碌、难得一见的销售人员聚集在一起,彼此毫无拘束地谈天说地,在交流中,无形地加深了心灵的沟通,尤其是公司主管那些表示关心的语言,常常能使那些在第一线工作的销售人员"受宠若惊"。正是在这个过程中,销售人员更增强了对企业的"亲密感"和责任感。

1. 根据涉及的目标公众的不同,IBM公司的庆典活动属于(　　)。
   A. 内部庆典　　　　　　　　B. 外部庆典
   C. 内外部结合的庆典　　　　D. 周年庆典
2. IBM公司邀请社会名流参与庆典活动,是为了(　　)。
   A. 扩大社会影响　　　　　　B. 增加公司收益
   C. 促进技术发展　　　　　　D. 让庆典气氛更加热烈
3. IBM公司的庆典活动可以起到很多方面的作用,除了(　　)。
   A. 增强企业内部的凝聚力　　B. 有助于沟通参加者的情感
   C. 加强企业与外部的交往　　D. 增强企业技术创新
4. IBM公司庆典活动的始终都被录制成电视(或电影),然后拿到IBM公司的每个单位去放映,是为了(　　)。
   A. 增强企业员工的荣誉感和责任感　　B. 宣传获奖人员
   C. 仅仅作为企业的内部资料　　　　　D. 内部员工喜欢看
5. IBM公司的"金环庆典"活动突出的主题是(　　)。
   A. 扩大社会影响　　　　　　B. 促进企业发展
   C. 奖励有功人员　　　　　　D. 提高企业的知名度

第七章 企业赞助活动公关策划

了解企业赞助活动的含义、目的与类型，熟悉企业赞助活动公关策划的基本程序，深入理解整个流程，深刻认识企业赞助活动的意义和对企业的重要影响。

英菲尼迪赞助《爸爸去哪儿》

"老爸，老爸，我们去哪里啊？"伴随着2013年《爸爸去哪儿》这档节目的火热播出，这首歌曲也响彻大江南北，而与节目全程相伴的明星家庭唯一官方座驾——英菲尼迪也逐渐成为家喻户晓的豪车品牌。

而与《爸爸去哪儿》节目深度合作的英菲尼迪也获得了各界的广泛好评，一系列市场推广活动也被誉为年度情感营销的标杆案例，实现了知名度的迅速提升并直接在终端市场上有所体现。数据显示，2013年8—11月，节目中明星家庭座驾商务舱级豪华七座SUV英菲尼迪JX累计销量是之前前七个月销量总和的两倍，成为市场上最热销的豪华七座SUV之一，这个诞生于北美地区的豪车品牌终于在中国市场上迎来了大爆发。

【启示】

这次赞助是一次非常成功的公关活动。从实际的驾乘体验出发，融合情感、品牌、产品的企业赞助形式，助力英菲尼迪走上了快车道。

第一节 企业赞助活动的含义、目的与类型

一、企业赞助活动的含义

现代企业不但要盈利，还要承担一定的社会责任和社会义务，比如致力于赞助体育事业、文教事业和慈善事业，这不但有利于社会，还能使企业赢得政府的支持和公众的好感，

为企业树立起完美的形象。

赞助,即赞成和帮助,也就是俗话说的"有钱出钱,有力出力"。赞助,从广义上理解,包括企业的赞助和社会公众的赞助,企业的赞助又分为企业赞助与媒介赞助两种。

从一般意义上讲,社会赞助就是指企业的赞助,它是企业对社会事业或社会活动捐助资金或物资的公关活动。而媒介赞助主要是广告公司或新闻媒介机构利用大众传播媒介无偿地为赞助对象进行"广告"宣传,使公众获得有关的信息,从而采取对赞助对象有利的互动行为。

社会公众的赞助分为公众个人的赞助与公众群体的赞助。公众个人的赞助主要通过公众个人的捐资(捐物)行为体现出来。公众群体的赞助,在国内外最具有代表性的是"青年志愿者服务活动",此外还有通过"校友会"形式的赞助。

作为一种经常性的公关专题活动,此处只讨论企业的赞助。企业向社会表示其承担社会责任和义务、与政府和社区搞好关系、树立企业形象的最有效方式之一就是举办赞助活动。因此,企业应该重视社会赞助。

二、企业赞助活动的目的

现在各种社会活动,从重要的体育赛事、文艺演出、歌唱大赛,到举办各种社会公益活动等,无一不是某些企业赞助举行的。这些企业愿意为各种社会活动慷慨解囊,是有其公关方面的考虑的,主要的目的有以下几个方面。

(1) 有利于树立企业关心社会公益事业的良好形象。企业通过对某些社会福利事业、社会慈善事业、社会公益活动进行赞助,可以在社会公众心目中留下关心社会、致力于公益事业的良好印象,受到社会舆论的好评,从而为企业赢得良好声誉。例如1991年华东数省遭受百年不遇的大水灾,许多文艺团体、知名歌星、影星等为支援灾区进行义演活动;近年来在海内外开展的"希望工程百万爱心活动",以帮助贫困地区失学儿童。许多企业和个人也踊跃捐款,尽心尽力。通过这些赞助活动,使企业或个人能够在公众心目中留下关心社会公益事业的良好形象。

(2) 有利于提高企业的社会效益。开展赞助活动之后,企业赢得了广大社会公众的普遍好感,提高了企业知名度和美誉度,企业的整体形象也好了,虽然这些不能直接取得经济效益,但却为企业的生存、发展创造了一个良好的外部环境,提高了企业的社会效益。20世纪70年代,日本轿车在印度尼西亚不受欢迎,常在雅加达街头遭到焚烧。后来,日本人在印度尼西亚策划实施了许多赞助活动,赞助该国的各类慈善事业,这样一来,日本在印度尼西亚的贸易环境很快得到改变。到80年代初,印度尼西亚使用的轿车大多数都是日本的了。

(3) 有利于扩大企业及其产品的社会影响,增强公关促销活动。企业在对公益事业,尤其是对体育比赛、文娱活动的赞助过程中,企业名称和产品商标等都会频繁出现在新闻媒介的广泛报道之中,进而形成一种广告攻势,使本企业的知名度大大提高,社会影响也进一步扩大。如电视台转播的"卡西欧家庭演唱赛"、"健脾杯桌球赛"等,都使企业名称和产品商标深入人心。还有为参加奥运会、亚运会或全运会的运动员提供运动服的公司,由于体育盛会的收视覆盖率高,如果运动员们都穿着公司赞助的运动服装出现在运动会上,则等于为该公司做了一个大型广告,其影响之大是一般广告所无法比拟的。在企业知名度和美誉度提高的同时,自然也为产品打开了通畅的销售渠道。

三、企业赞助活动的类型

为了达到以上目的,现代企业的赞助活动有多种类型,其中以下几种是常见的赞助形式。

(1) 赞助体育运动。这是企业赞助最常见的一种形式。随着人们对精神生活的追求,人们对体育运动越来越感兴趣。企业可以通过对体育运动的赞助,加强公众对企业深度和广度的认识,达到增强广告效果的目的。比如,广东健力宝有限公司生产的系列饮品一出世就与中国体育结下缘分,它作为第二十三届奥运会中国体育代表团的首选饮料,为中国女排夺取世界冠军、为中国运动员夺取金牌总数量第四的好成绩立下了汗马功劳,名声一时大振;随后,健力宝公司又先后赞助第十一届亚运会、第六届全运会、北京国际马拉松赛等,还先后出资送青年队到巴西去学习,以便日后他们回归为国家争光。就这样,健力宝公司支持了中国的体育事业,中国体育也为健力宝公司的发展创造了良好条件。又如,日本电器公司(NEC)从1982年起,每年耗费10亿日元赞助戴维斯国际网球赛、女子网球联合会赛等一系列国际体育大赛,使该公司自1982年起的三年内,营业额净增了5 000亿日元,收入净增240亿日元,出口份额从15%跃至32%。

(2) 赞助教育事业。企业赞助教育事业,既有助于教育事业的发展,又能使公众对企业产生良好的印象,是一举两得的好事。据《中国教育报》报道:中国知名发明家、中国咸阳保健品厂厂长来辉武,1993年6月捐款50万元,设立了"延安大学505奖励基金",旨在奖励延安大学的模范教师和优秀学生等,他又先后捐款1 300余万元用于支持教育事业。我国香港企业家霍英东、李嘉诚、邵逸夫等人也先后捐资设立各种奖励基金,支持国内教育事业的发展,其中邵逸夫一人至2007年止,捐款达34亿元以上,资助国内数十所学校建设图书馆和教学楼。这些赞助活动极大提高了这些企业家在人们心中的知名度。

(3) 赞助文化活动。企业赞助文化活动,不仅可以与公众培养良好感情,还可以大大提高企业的社会效益。近年来,许多企业都赞助举办各种高水平的文化演出活动,既丰富了人民的文化精神生活,也受到了各界的好评,从而也塑造了企业关心文化艺术的形象。

(4) 赞助各种社会福利事业。赞助社会福利和慈善事业,是企业谋求政府和社区两大公众关系的最佳手段。这种赞助虽然没有前述几项赞助的影响大,但却更能体现出企业高尚的道德品质,使企业更富有人情味,又是企业积极承担社会责任和义务的重要途径,因而最容易获得公众的好评,提高企业的美誉度。这类活动主要指为残疾人、孤寡老人、荣烈军属、失学儿童、灾区人民等提供帮助的各类活动。例如"希望工程"活动,支援灾区的义演、义卖以及募捐活动等,都在全社会产生了巨大的反响。这对形成良好的社会风气,体现社会主义制度优越性起了良好的促进作用。因此,企业应该确立"凡有益于社会之事皆应考虑赞助"的原则,为社会进步和文明程度的提高尽心尽力,树立起企业关心社会公益事业、"广行善举"的好形象。

(5) 赞助学术理论活动。学术理论研究从表面上看似乎只是专家、学者们的事,实际上在改革开放迅速发展的形势下,一些新经验、新事物、新变革如何认识、总结和发展,不光是学术理论界的事,更需要全社会,特别是在实践第一线的企业界的积极参与,因此,企业界关心、支持学术理论活动,应该是责无旁贷的事情。企业赞助学术科研活动,可以推动与本企业性质、产品和服务有关的科学研究的深入,为企业的进一步发展奠定基础,使企业保持旺盛的生命力,在同行业中处于领先地位。这种活动的主要方式有:与科研机构挂钩、提供经费、资助科研项目、赞助学术研讨会、资助出版学术著作等。例如前些年广州白云山制药厂等企业赞助《经济日报》和《天津津报》联合举办的"为深化企业改革献计献策"的征文活动,既推动了企业改革的学术研究活动,也树立了企业关心经济理论发展的良好形象。

(6) 绿色营销。所谓绿色营销,是指企业在市场营销中要保护地球的生态环境以造福后代。它要求现代企业增强社会责任感、维护生态平衡、制造绿色食品、营造绿色环境。在我国,虽然改革开放给人们的生活带来了极大的丰富,但同时中国的自然环境、生态平衡也遭到了前所未有的严重破坏,这种经济发展的代价是对环境的极大破坏。保护环境,体现了企业勇于承担社会责任,能在营销中给消费者以较强的信心,促进产品的销售。

案例分析 7-1

麦当劳改包装

麦当劳以其可口的食品、优质的服务风行世界,但是到了 1988 年,麦当劳因其每天制造垃圾——废弃的包装物,而成为环保人士攻击的对象。

麦当劳一直采用的是"保丽龙"贝壳式包装,其特点是保温性好,易携带,但这种包装处理难,对环境造成威胁,具有环保意识的公众对麦当劳表示强烈抗议。决策者明白,包装是速食业的灵魂,采用什么样的包装才能既不给消费者带来不便,又能保护环境呢? 在此之前,麦当劳虽然试图通过主动回收废弃的贝壳包装来减少环保的压力,但发现外带量是店内量的 6 至 7 倍,这么大量的带出店的废弃包装物已不是他们所能控制的。因此,麦当劳决定向"环境防卫基金会(EDF)"求助,与 EDF 合作解决自己面临的问题。EDF 告诉麦当劳减少包装才是治本之道。麦当劳决定进行包装革命——取消贝壳包装,代之以夹层纸包装,储运起来比较方便。

总结:在社会不断发展、人们观念不断更新的情况下,要及时收集顾客和社会上的反馈信息,降低危机发生的概率,防微杜渐。

第二节 企业赞助活动的程序

企业开展赞助活动,也应该按照一定的步骤来进行。具体步骤是:第一步,确定赞助活动对象;第二步,制订赞助活动方案;第三步,实施赞助活动方案;最后,评估赞助活动实施效果。

一、确定赞助活动对象

(一)调查研究,确定对象

企业的赞助活动可以自选对象,也可以按被赞助者的请求来确定。但无论赞助谁、赞助形式如何,都应做好深入细致的调查研究。调查研究的主要内容应包括:企业自身的公关状况、赞助活动的影响力、被赞助者的公关状况、社会公众的意愿和企业的经济状况等。需要特别指出的是,企业的赞助活动,必须是社会公众最乐于和需要支持的事业,否则,对象的确定将被视为有误。另外,调查研究应以经济效益和社会效益的同步增长为依据,重点分析投资成本与效益的比例,量力而行,保证企业与社会共同受益。在无力赞助的情况下,应注意处理好与请求赞助者的关系,否则会造成矛盾。国外企业在提供赞助时,多遵循如下原则:赞助的对象是非营利性企业;被赞助的活动或团体,要有利于本企业的生存和发展;要视企业的经营情况,根据财政预算决定支付赞助费用的额度和范围。

(二)坚持公益事业方向,与企业目标相一致

选择的基本原则是引导公益事业方向,符合企业公关目标。前者是指对社会的宏观需要和长远需要有利有益,后者是指对企业的现状和发展有利有益。为此,必须对赞助的对象和项目进行详细的调查论证。

赞助有两种形式,一是企业主动对某些对象予以支持。例如,1998年长江、松花江流域特大洪灾发生后,不少企业都纷纷赞助药品、防汛器材、群众生活物资及现金等。二是根据某些对象的请求,企业提出申请予以赞助。例如,第二十三届奥运会在筹备阶段发出赞助请求,两个月内就收到1.2万余家企业的申请。大多数企业都依据后者进行赞助。但是,如果企业想获得更好的信誉投资效果,就应该采取第一种赞助形式,即主动赞助。无论采取哪种形式的赞助,选择赞助对象都应该从企业的公关目标和经营政策入手,从被赞助的公益事业的具体情况出发,从而确定企业的赞助对象、赞助政策及具体办法。

企业开展赞助活动最根本的要求是使企业和社会同时受益,必须防止出现赞助与企业的公关目标和企业的整体目标相脱离的现象。

二、制订赞助活动方案

在选择赞助对象的基础上,由负责赞助工作的机构,根据企业的赞助方向、赞助政策、赞助重点和赞助能力,拟定年度赞助计划。该计划一般应包括如下内容:赞助对象的范围、赞助费用的预算、赞助形式、赞助时机、赞助宗旨以及赞助的企业管理等。赞助计划是赞助活动的具体化,是整个赞助活动的基本依据。赞助计划一定要尽量具体和留有余地,并可以根据具体情况的变化灵活掌握运用,既能宏观控制,又能微观变通,使每项赞助都能有的放矢,恰到好处,达到既有利于社会,又能塑造完美企业形象之目的。

以下是健力宝公司赞助洛杉矶奥运会的方案要点。

第一,赞助活动目标:第二十三届奥运会。

第二,赞助对象:中国体育代表团。

第三,赞助形式:提供运动饮料——健力宝。

第四,重点传播对象:中国消费者和经销商。

第五,选择传播方式:四大新闻媒体。

第六,具体实施方案:首先征得国家体委和中国奥委会同意;其次争取新闻媒介的支持;再次做好物质上的准备,生产出高质量的饮料;最后将其运抵比赛现场。

三、实施赞助活动方案

每一项赞助活动的实施,都应该安排专门的公关人员负责落实。在赞助活动的实施过程中,公关人员应充分利用公关技巧,创造出企业内外的"人和"气氛,尽可能地扩大赞助活动的社会影响,与此同时,企业还应采取各种传播手段,扩大赞助活动的影响,使赞助活动的效果达到最大峰值。在实施过程中,还应将公关人员的形象和企业的形象一体化,谋求被赞助者和社会公众的好感,使赞助获得圆满的成功。

案例引导 7-2

无处不在的广告

在中国第六届全运会(1987年)上,日本富士公司的赞助就颇有新意。公司除了提供赞助款、为采访全运会的每位摄影记者免费赠送 15 卷富士胶卷并设立服务台免费为采访记者冲洗外,还给采访全运会的每位记者提供一件色彩鲜艳的太空背心,上面赫然印着"富士胶卷——第六届全运会指定胶卷"字样。全运会开幕没几天,广州市的气温突然下降到十几度,无衣御寒的记者们不得不纷纷穿上"富士背心"。他们为抓新闻四处奔波,自然成了富士公司的活广告。

总结:日本富士公司的这次广告策划匠心独运,但要注意的一个前提是富士公司提前知道了气温会变化的信息。因此,在公关策划中,收集尽可能多的信息是策划成功的基本前提。

四、评估赞助活动实施效果

企业的公关活动应立足于企业的长足发展。因而,对每一次公关活动的效果都应该做出客观的评价,这样才能使今后的活动搞得更好。赞助活动完成后,应该对照计划评估其实际效果。在评估过程中,大量的工作是调查,要广泛收集各个方面如公众、新闻媒介、赞助对象等对此次赞助活动的看法与评论。对活动完成后的经验应加以总结,对活动的欠缺应指出原因。赞助活动的效果应由自我评价与专家评价共同完成。对评价的效果应有信息反馈报告,在报告中,应将实际效果与计划的效果相比有哪些不足、问题出现的原因和补救措施、今后的方向等一并纳入。报告将成为以后开展公关活动的依据和参考,故应认真对待。

针对具体赞助项目,要对每一项具体的赞助项目都进行分析研究。首先要对赞助项目进行总体评价和估计,检查是否符合赞助方向。其次对赞助效果进行质和量的评估。质的评估主要是:这次赞助向社会表明企业承担了哪些社会义务和责任;社会公众对此有何评论;能否起到树立企业良好形象的作用;这种作用有多大。量的评估是从作用的大小、影响的覆盖范围、营销的经济效益等方面进行。审核是结合年度的赞助计划、对制订每个赞助项目的子计划和具体实施方案进行审定,在可行性分析的基础上,再评估赞助实施方案的总体效果。

第三节 企业赞助活动实施的注意事项

企业的赞助活动,必须要能够体现出企业的特色,更能够实现企业公关的目标,因此在实施的过程中必须注意以下几个基本的原则。

一、实现社会公益性和企业功利性的统一

为社会分忧解难,是企业的义务;同时企业适当地引导,可以创建良好的企业社会环境,实现企业功利性和社会公益性的有机统一。赞助福利和慈善事业,是企业谋求与政府和社区两大公众建立最佳关系的手段之一。许多有价值的公益性事业,都得益于工商企业的财力、物力和人力的支持。企业的信誉投资、物质投资都有一个选好对象的问题,像社会保险、公共设施建设、社会教育、社会福利事业等,都有赖于企业的支持,是企业开展公益活动的选择方向。企业可以据此来出资、出力开展活动。如肯德基快餐企业有很好的公共形象,是与它的社会公益行为分不开的,即他们的职工倡导每人每年自愿出资40元人民币负担一名贫困地区的就学儿童的学杂费;1992年3月肯德基举办为期一周的义卖活动,将全部利润10万元赠予"希望工程"。这些活动,不仅让肯德基成为大家效仿的榜样,还使它得到了社会公众的赞誉和支持。又如我国香港爱国人士陈经纶出资重建北京市朝阳中学;西安杨森为北京市民建起的公共汽车候车亭等。或增建公共设施,或支持教育事业,形式不一,但都是社会公众普遍关心的,也最需要的公益性事业。这些例子中,企业和企业代表虽然付出了一定的经济资源,但获得了很大的社会效益,对企业的长远发展有着举足轻重的作用,是一时无法用金钱来衡量的。

二、保证赞助活动的社会透明度

企业应将公关政策公之于众,应保持与被赞助者和需要赞助的企业者之间的联系,应将所捐款项及时地拨付被赞助者。另外,企业应将赞助计划列入企业为其生存和发展而创造环境的长期计划中,分清所需赞助事业的轻重缓急,并逐步实施。在赞助活动实施期间,要建立起规范的物资和金钱使用制度、定期的社会公报制度,取得社会最大限度的理解与支持。其实某种程度上,公布企业的赞助活动是公关政策实施的延伸。中国汶川地震发生后,世界各地和全国人民纷纷捐款、捐物,但是由于国家相关机构没有做到透明,以致相关的捐款、捐物工作陷于停滞。随后,政府紧急出台了物品捐赠和使用公报制度,化解了危机,也为相关部门重新树立了社会信誉。因此,一定不要嘴上一套,私下里另外一套,一旦曝光,就会有"偷鸡不成蚀把米"之虞。

三、主动赞助,信守承诺

选准赞助对象,主动赞助。现代企业在开展社会公益性公关活动时,有两种赞助形式,一是企业主动对某些企业予以支持;二是根据某些企业的请求,企业提出申请予以赞助。如果企业想获得更好的信誉投资效果,就应该采取第一种赞助形式,要善于捕捉公关的时机,要选准公关的突破口,要选对赞助的项目和资助的对象,主动赞助。有的企业在做公益性活动时,没有计划、没有目标、胡乱赞助,换来的却是公众的指责,实在是得不偿失。因此,企业不管要资助什么都要选准。

信守承诺。企业应根据计划的目标、时间,积极采取行动,以求整体效应的产生,保证公关活动顺利进行,做到善始善终,既要按目标去做,不要半途而废,更不要对社会许诺,最后去欺骗公众。巴塞罗那奥运会期间,许多单位许下"金牌重奖"的诺言,后来结果被空头支票所取代,遭到了运动员和社会公众的鄙视,他们的企业形象可想而知。

四、科学管理

企业对赞助活动要进行科学管理,使其善举得到认同,由此创造出的良好的社会效益必然会得到社会的广泛支持。企业经济效益的提高,则证明了社会对企业的回报。良好的社会环境靠企业去创造,也必将推动企业的发展,因此在实施过程中还要注意以下几个方面。

(1) 明确赞助宗旨。企业任何赞助活动都应有明确的宗旨,即有明确的目的和意图。在准备赞助每个项目之前,首先应考虑是否值得赞助,是否与确定的赞助政策方向一致,例如,如果社会需求与企业需求两者之间出现矛盾,如何将两者统一起来,使得社会和企业双方都能受益。在直接受益和间接受益、短期受益和长期受益之间如何平衡,是企业决策者必须加以考虑的问题。因此,在明确赞助宗旨的时候,应预测赞助活动的社会反响,受益者的态度和企业所得。

(2) 体现企业特色。赞助活动应体现企业的特色与个性,那种一味跟着其他企业跑,对社会需要的热点和公众关注的"兴奋点"进行赞助而置企业自身特点于不顾的赞助实不可取,这样会将企业"淹没"于大众之中,企业形象无法突出。因此,企业确定赞助项目和方向时,一要形成与全企业经营特色、产品和服务相联系的赞助特色,二要善于挖掘和寻找"冷门",率先倡导某种社会活动,唯有这样,才能一鸣惊人,产生轰动效应。

(3) 保持连续性、配套性。企业形象的树立绝非几次赞助活动就能实现,而是一项长期持久又复杂艰巨的工作。因此,企业赞助活动一方面要保持连续性,另一方面还要和其他公关活动相配合,通过多种形式展示企业的风采,不断加深公众对企业的认识,逐步形成对企业的好感,从而提高企业的知名度和美誉度。

(4) 进行合理预算。预算的赞助费用与预测的赞助效果应相称,否则,要对赞助计划进行及时调整。赞助的规模、赞助的方式、赞助的次数和赞助的资金,应以企业经济实力和所能达到的目的为依据,进行综合考虑。在公关部门的赞助计划中,应留有机动的公关费用,这样,在举办计划外的重大社会活动时,才能应变自如,面对突发事件,才不至于手忙脚乱。

(5) 借用新闻媒介。企业赞助活动,要注意加强与新闻媒介的联系,借助新闻宣传的作用。一般来讲,开展社会公益活动是新闻媒介所热衷报道的题目。因此,利用这个契机,企业邀请新闻记者采访赞助活动,或提供有关新闻线索,或直接向新闻机构提供稿件,都可以有效地扩大宣传范围和提高传播效果。倘若忽略与新闻媒介的合作,忽视大众传播媒介的报道宣传,无疑会减弱赞助活动的效果。

技能训练

训练目标:
1. 掌握赞助活动的基本原则;
2. 熟悉如何选择赞助对象和运营赞助。

训练内容:
2010年中国西部的青海玉树发生大规模地震,造成很大的人员和物资损失。党中央国务院号召全国人民伸出援助之手,支援玉树,保障灾区人民生活,帮助重建。如果你是一个IT公司的公关经理,而公司决定资助灾区重建一所学校,你将如何展开这次公关活动?

训练步骤:
1. 熟悉书中关于企业赞助活动的基本原则和注意事项;
2. 根据实际的情况拟定赞助活动的基本方案。

训练要求:
1. 赞助活动要遵循赞助活动的基本原则;
2. 赞助活动要具有实际的可操作性;
3. 赞助活动方案要具有一定的新颖性;
4. 实训的形式可以是讨论。

本章小结

本章介绍了赞助活动的含义、内在目的,概括了企业赞助活动目前主要采用的类型;详细说明了现代企业赞助活动的具体程序,并对每个程序做出了进一步的阐释;最后指出了企业赞助活动能够实施的注意事项,特别强调了赞助活动需要注意的几项基本原则。在全球化商品时代的今天,企业与社会的各种联系愈加紧密,企业通过赞助来参与社会活动已经成为一种常态,通过赞助活动让更多的人了解企业和企业的产品,向更大范围扩张。本章在各种赞助活动实践的基础上进行了系统化和理论化的吸收总结,可以为企业公关人员进行赞助活动提供基本的知识指导。

本章练习

一、判断题(10 小题)

1. 赞助活动就是无私奉献。( )
2. 企业不仅仅要对内部员工承担一定的义务,还应该担负一定的社会责任。( )
3. 现在很多的企业都选择赞助体育活动,所以赞助体育活动是最好的选择。( )
4. 现在绿色环保比较受重视,因此,即使公司的产品不环保,但是企业还是可以赞助环保活动,宣传企业产品是环保的,以获得公众的支持。( )
5. 很多企业在媒体面前对赞助十分积极,承诺巨额捐助款项,事后却无声无息,但是这种做法对企业来说还是好的。( )
6. 赞助活动一定要坚持公益性。( )
7. 企业的赞助活动应该根据企业的需要来定,产品销售好的事后就停止赞助,产品销售不好的就赞助。( )
8. 对于企业赞助活动的对象,只要能够对企业的形象有所提高就可以。( )
9. 企业的赞助活动一定要与企业的公关目标一致。( )
10. 赞助活动在企业的公关中地位不是很重要。( )

二、单项选择题(5 小题)

1. 2008 年中国很多企业给奥运冠军发奖金,这属于( )。
    A. 企业公益活动　　　　　　　　B. 企业赞助活动
    C. 企业推销行为　　　　　　　　D. 政府行为
2. 新浪网经常举办一些行业的研究活动,这属于企业赞助活动的( )。
    A. 赞助体育活动　　　　　　　　B. 赞助文化活动
    C. 赞助学术活动　　　　　　　　D. 赞助社会福利事业
3. 企业赞助活动的第一步程序是要( )。
    A. 确定赞助活动的时间　　　　　B. 确定赞助活动的对象
    C. 确定赞助活动的方案　　　　　D. 确定赞助活动的费用
4. 汶川地震中很多明星捐款,但同时又受到了社会的质疑,主要是因为( )。
    A. 捐钱太少　　B. 捐钱不及时　　C. 捐款没有兑现　　D. 捐款不透明
5. 赞助活动的根本目的是( )。
    A. 为社会带来利益　　　　　　　B. 为群众带来利益
    C. 为企业带来利益　　　　　　　D. 为政府带来利益

三、多项选择题(5 小题)

1. 社会公众的赞助可以分为( )。
    A. 个人　　　　B. 单位　　　　C. 机关　　　　D. 群体
2. 企业赞助活动的目的主要是( )。
    A. 树立良好的企业形象　　　　　B. 提高企业的社会效益
    C. 增强社会福利　　　　　　　　D. 扩大企业的产品影响

3. 企业赞助活动的类型有（　　）。
   A. 赞助体育运动　　　　　　　　B. 赞助文化活动
   C. 赞助学术活动　　　　　　　　D. 赞助社会福利事业
4. 企业赞助活动中的几个基本步骤是（　　）。
   A. 确定赞助活动的对象　　　　　B. 确定赞助活动的方案
   C. 实施赞助活动的方案　　　　　D. 评估赞助活动的效果
5. 在上海世博会期间，企业可以从事的赞助活动可能有（　　）。
   A. 体育活动　　B. 政府活动　　C. 文化活动　　D. 学术活动

四、问答题

1. 请解释企业赞助的含义。
2. 请说明企业赞助活动的科学管理原则如何实施。
3. 请说明企业赞助活动必须注意的几个基本原则。

五、案例分析题

冠军的宣誓

香港回归前夕，在人民大会堂内蒙古厅举行了一个特殊的加入中国共产党的宣誓仪式。现场有许多人们熟悉的面孔：蔡振华、刘国梁、孔令辉、董炯、伏明霞……他们是来自国家体委训练局的20名新党员，每个人的名字，都与中国在世界体育项目中的骄人成绩联系在一起。现场又有许多人们陌生的面孔，他们来自内蒙古自治区冷冻食品行业的冠军企业——伊利集团。原来这是国家体委训练局与内蒙古自治区伊利实业（集团）股份公司党委共同举办的新党员入党宣誓仪式。全国十多家报纸在报道这则消息时配发了照片，很多读者觉得比较新颖，产生了较大的影响。

1. 从资料所叙述的内容来看，上述公关活动应该属于（　　）。
   A. 庆典活动　　B. 赞助活动　　C. 会展活动　　D. 政治活动
2. 伊利集团举办的这次公关活动的主要目的是（　　）。
   A. 扩大伊利品牌影响力
   B. 为运动员增加知名度
   C. 满足运动员们加入中国共产党的愿望
   D. 没有什么目的
3. 伊利集团公关的对象是（　　）。
   A. 教育事业　　B. 党政事业　　C. 体育事业　　D. 社会慈善事业
4. 伊利集团在举办此类公关活动时不需要遵守的原则是（　　）。
   A. 自愿　　　　B. 社会效应　　C. 量力而行　　D. 按部就班
5. 伊利集团举办的这个公关活动吸引了很多的读者，其突出的特点是（　　）。
   A. 公益性　　　B. 政治性　　　C. 社会性　　　D. 创新性

第八章　企业会展公关策划

学习目标

了解会展成为现代企业展示商品和企业品牌的重要场所，了解会展的基本概念、类型以及发展的趋势，明确会展工作的主要工作内容和基本程序，熟悉企业会展公关策划的基本业务流程。

案例引导

茅台酒世博会一摔成名

1915年，茅台酒参加万国博览会，因为是一种土瓦罐包装的白酒，所以外国人根本就不屑一顾，反而是一些包装比较精美的白酒得到了众人的青睐。

当时的官员看着这种情形十分着急：自己国家赫赫有名的茅台酒在巴拿马万国博览会参展，最终不能空手而归啊。但是无奈因为包装实在太差，导致外人对茅台酒不屑一顾。如何才能引起众人的注意呢？

众人抓耳挠腮想不到一个好的方法，这个时候，一个官员情急之中将土瓦罐包装的白酒茅台向地上摔去，瞬间瓦罐破碎！洒在地上的白酒马上散发出浓郁的酒香，渐渐扩散至整个会场。

在万国博览会参观的人们闻到了这种别致的酒香，寻到源头发现竟然是中国人带到这里的茅台酒，而酒香扑鼻让众人陶醉，茅台酒顿时惊倒四座。就这样，茅台酒进入到万国博览会众人的眼中。

——摘选自文化中国-中国网 culture.china.com.cn

【启示】

会展公关，是展示产品的最好机会。创意的表现方式在提高产品的可信度、知名度方面会起到意想不到的作用。

第一节 企业会展公关的目标

一、企业会展的含义

会展最早起源于欧洲,17世纪至19世纪,生产力的发展带来了工业革命,从而在欧洲出现了工业展览会。这一展览会形式的不断发展,规模不断扩张,并最终蔓延到世界,这便是展览的近代阶段。随着时间的推移,历经一个多世纪的洗礼,会展行业从产生到发展再到成熟,它已经成为各个国家经济生活中不可分割的部分,已经成为国家经济发展强弱的标志牌。人们把以经营各种会议和商品展销为目的的展览而形成的行业称为会展业。会展业主要活动包括政府、国际企业、国际和国内协会、国内外企业及国内社团企业举办的各种会议、展览会,各种形式的奖励旅游和节事活动,以及为完成这些活动,各政府有关部门和会展业行业及各相关企业所进行的相关活动。"会展"中的"会"是指会议,"展"为展览,因此,简单地说,会展包括会议和展览两个方面,"会"侧重于信息的交流,可以是经济行为,也可以是政治行为或科技行为;"展"侧重于产品展示和技术交流,主要是一种经济行为。

综合来讲,企业会展活动是企业举办的以宣传、促销为目的,面向企业外部公众的会议、会展与活动,如新闻发布会、产品展销会、现场促销活动等。与一般会展活动相比,企业会展活动具有如下几个自己的特色。

(1)目的性。一般来说,一般的会展当然也有其目的,但是企业的会展活动其目的性更强,强调会展活动的针对性,是要通过活动把信息传播给参加活动的公众。例如,一个生产运动饮料的企业要赞助一项运动会的火炬接力跑活动,其目的就是借助这次接力跑活动,宣传本企业的产品是运动型饮料。

(2)传播性。其实,会展活动本身就是传播媒介,活动策划者把活动作为一个信息传播的载体,通过活动内容将信息传达给活动参与者,并且进一步通过参与者的人际传播和大众传播媒介把信息传播到更大的范围。这正说明了会展活动的传播特性是十分明显的。例如,一些环保企业为了宣传环保工作,策划了"我们只有一个地球"的活动,在各大城市举办了宣传环保的街头咨询宣传活动,旨在传播"提倡环保,保护地球"的信息,很快使市民认识到环保的重要性和迫切性。

(3)沟通性。会展活动的目的是更好地与公众沟通,树立自己的形象。沟通性又要求企业的会展活动具有协调性,具体表现在会展活动过程的各个方面与各个环节。首先,活动要与内容相协调。一个既定的目的,要通过内容来体现,两者之间只有协调好了,策划构思才能实现。例如,一个以宣传敬老为目的的活动,如果设定的活动内容都是请一些新潮歌星来表演狂歌劲舞,显然是文不对题。其次,内容与形式要协调一致。同是一个宣传环保的活动,可以采用街头咨询形式,也可以采用展览活动形式,还可以采用以环保为主题的文艺晚会等。哪一种形式更协调要考虑到很多制约的因素,以避免出现内容与形式不协调的现象。比如,宣传环保的活动,大放烟花、爆竹或者浪费纸张、印制大量宣传品进行派发,这显然有违环保的宗旨和内容。最后,是实施操作管理的协调,对会展活动的过程要实施有效的管理。

二、企业会展的目标

企业举办会展活动总是附带有一定的目的，或者说会展活动的展开就是为了实施企业的某种目标。因此，确立目标成为企业的首要工作。一般来说，企业会展的目标主要有以下几种。

(1) 传播会展活动的主题。每一项会展活动都有一个鲜明的主题，并且要突出主题，而活动的内容和形式，都是为了说明这个主题。所以，在会展活动的实施过程中，要集中传播活动的主题。

(2) 推进企业目标管理。企业的运营要有一定的目标，目标有近期目标和长远目标之分。企业所举行的会展活动，要与企业的大目标相一致，而且，企业在制订了会展活动的计划后，要严格贯彻执行。

(3) 吸引公众的参与。会展活动具有强烈的社会传播效果，尤其是大型活动的参加人数多、场面壮观、气氛热烈、感染力强，因而产生的社会影响力大，能有效促进企业文化的宣传和发展。通过在各种会展活动中的不断实践、总结，还能有效地促进企业产品技术水平的进步。总而言之，企业会展活动在企业的发展中具有十分重要的作用。所以，能否掌握会展活动的策划和实施技能，是检验公关策划人员综合能力的主要考核依据。

(4) 展示最新成果，交流市场信息。在科技飞速发展的现代化社会中，信息传播手段日新月异。企业可以通过各种媒介、载体等渠道去推介自身及其产品，这些渠道包括电视、广播、报纸、刊物及互联网等。但是时至今日，新的传播手段一直没有取代展览会——这个古已有之的流通方式和传播载体。有人把展览会比喻为"立体广告"。展览会的交流和宣传是综合性的，尤其是在展示新成果、新产品时，又有一种人性化沟通的亲和力，可以让受众近距离直观其物。首先，参展单位应在展览会中拥有一席之地，建有展台，摆放、陈列自己的产品，可大张旗鼓地展示、宣传。其次应派工作人员面对面向观众讲解，演示新技术的优越性能。或者再通过看录像、幻灯、投影，以及散发资料等方式向观众更全面地介绍公司情况和产品特色。此时的展台完全像一个独立的工作机构，还可以约见客人、洽谈生意，自成一体、灵活机动、从容不迫地组织活动，合理合法地安排宣传。除此以外，参展厂商也可走出自己的展台，参观、体会整个展览会的气氛。同一时间、同一地点全面了解世界各地的新技术、新产品，从中触摸预见市场的脉搏和技术发展的走势，是了解地区和国际信息的难得机遇和经历。总之，展览会像一个大课堂、一本百科全书，不同的人都可以获得知识的乐趣。其承载的展示、宣传、广告和传播等功能，确实令其他媒介望尘莫及。

(5) 树立企业形象，占领销售市场。初期的或初级水平的展览会，参展者一般是采用租赁摊位的方式参加。随着时代的发展，展览观念的转变，以及现代建筑、装饰材料和电子、灯光、音响技术的不断出现，原先那种千篇一律的标准展位已明显落后，如展览会上的特殊装修趁机而入，大出风头。采用新型钢架结构、铝型板材，并结合光学、美学、环境学、色彩学等多种技术的个性化设计的展台建筑相继出现在大型国际展览会上，让人耳目一新，而且相互之间的竞争愈演愈烈。特别是一些大公司、大企业和跨国集团出现在同一个展览会上时，展览现场就像运动会赛场一样，个个争先恐后，不甘逊色，欲与对手一比高低。它们不仅要在展品上刻意挑选，力争高人一筹，同时也要在展台设计和装修方面标新立异。真可谓八仙过海，各显其能。其用意就是引人注目，借机展示企业的实力，树立公司的形象。只要企业形象在展览会上大放异彩，取得了用户的信赖，赢得了销售市场，获得了丰厚的订单，签订了合同或有合作意向，那么，接踵而来的就是滚滚财源。在展览会的活动中，还有许多展示实力、树立形象的方式和方法，如散发资料、赠送礼品、请客吃饭、游览观光、观看节目演出等，都是不可忽视、不可错过的环节。

第二节 企业会展活动类型

一、贸易展览会与宣传展览会

贸易展览会的展出者和参观者主体都是商人。参加或参观贸易展览会的目的是以做贸易为主，兼顾进行市场调研、开拓销售渠道、树立公司和产品形象、提高销售额等。贸易展览会通常禁止直接销售。

贸易展览会的优势是观众对口，推销成本低，宣传影响大，接近市场等。贸易展览会一般限制展出者的行业，不对口的公司或企业一般不允许参加展出。展出者是行业内的制造商、贸易商、批发商、经销商、代理商以及咨询等有关服务公司。参观者主要是对口的贸易公司的决策人员、贸易人员和科技人员等，这些人员大都是经过挑选并通过直接发函等特殊途径邀请而来的"目标观众"，他们通过登记入场。因此，贸易展览会重视观众质量，公众一般被排除在外。

但是，不同的国家和地区，也有不同的规定。比如：在美国，贸易展览会通常不对公众开放；在欧洲，贸易展览会往往周四、周五面向专业人士，周六、周日面向普通观众，如2002年2月底至3月初由欧盟家用电器制造商委员会（CECED）与德国柏林展览公司（Messe Berlin）联合主办的柏林国际家电展，会展期从2月27日至3月3日历时5天，其中2月27日至3月1日只对专业贸易观众开放，3月2日至3日（周六、周日）同时对普通观众开放；而中东国家的贸易展览会则一般上午接待买家，下午向一般观众开放。

贸易展览会展期一般为3～5天，举办日期、地点相对稳定，有规律。

宣传展览会本来是指规模较大、展品种类较多的展览会，而今天的宣传展览会不仅规模大、品种多，而且活动样式丰富，已经发展成为以促进商品贸易为主要目的，以商品和技术展示、交易为主要活动内容，集发布、洽谈、研讨、艺术鉴赏等功能为一体的展览活动。也就是说，在功能和形式上，宣传展览会以展览活动为主，同时可以包容交易活动和洽谈活动；在内容上，宣传展览会主要是商品和技术展示及进行贸易，因此有商品宣传展览会、技术宣传展览会；在活动规模和参展范围方面，其特点是规模大、范围广、品种全，这一方面的要求比洽谈会和交易会更突出。这类展览会都具有地方性质。一般综合性质的，也有一些是专业展,如汽车展、服装展。展览会通过大众媒介如电视、广播、电子邮件、报刊等吸引观众。观众主要是消费者,需要购买门票参观展览会。这类展览会重视观众的数量。

宣传展览会适合于已建立完善销售渠道、产品已投入市场或将很快投入市场,或者能从展台直接销售中获利的公司参展。有些厂家为了直接了解市场反应,直接听取消费者的意见,以便改进产品,设计、生产适销对路的产品参加消费展览会。

宣传展览会的展期比贸易展览会长,一般为10～15天。与贸易展览会相比,宣传展览会发展相对缓慢。据 Export 2001 Readers Repon 显示,2001年贸易展览的综合年增长率约为16％,远远高于宣传展览的3.7％。然而,相对地区经济的影响而言,由于宣传展览会具有规模大和观众数量多、展期长等特点,不仅能够使展览场馆获得更多的场地租金和门票收入,而且能够刺激展览会举办地区的消费,因此它相比贸易展览会更能促进地区经济的发展。

二、室内展览会与露天展览会

从举办的空间来看,有三种类型:一是室内展览会,主要展出精致、贵重的小型展品,但布置复杂,花费大;二是露天展览会,如大型机械、设备、运输工具等通常都采用露天展览会的方式,其特点是布置工作简单,花费少,接待人数多;三是室内露天综合展览会,例如综合性展览会、工业展览会和军事武器展览会等类型。

露天展览会气氛热闹,容纳公众多,会场布置简单,所花费用较少,但受天气因素影响,一般为大型展览活动所选用。室内展览会气氛较为隆重,且不受天气等外界因素的影响,但所容纳的公众有限,展览设施、会场布置的要求较高,所需费用较大,一般为中、小型展览活动选用。如果当地具有专门的大型展览设施和场所,大型展览活动亦可选用室内形式。当然也有室内、露天兼而有之的展览活动,这要视不同展品的需要而定。

三、综合性展览会与专业性展览会

从内容上看,展览会可分为综合性展览会和专业性展览会。

(1) 综合性展览会。综合性展览会是指既展出工业品,也展出消费品;展出者和参观者既有工商界人士,也有消费者的展览会,如巴黎展览会、中国出口商品交易会、上海国际工业博览会等。这类展览会一般规模大、影响大,往往按行业划分展区,并视规模设国际展厅供外国展出者使用。在欧洲,综合性展览会往往是从地方发展成国际展的,如莱比锡博览会。

大型综合展览会能比较全面地反映经济或工业的发展状况及实力,为举办地区带来良好的展览经济效益和地方经济效益,对政府引导经济发展、工商企业了解和跟上发展趋势都有很大帮助。

(2) 专业性展览会。专业性展览会是指示某一行业甚至某一项产品,展出者和参观者都是专业人士的展览会,如汽车展、珠宝展、服装展、建材展等。专业性展览会是伴随工业分工的不断细化,新产品的不断丰富而产生并迅速发展起来的。一些专家认为,第一个现代专业展览会是 1898 年在德国莱比锡举办的自行车展和汽车展。

与综合性展览会相比,专业性展览会有以下几个特点。

① 展览会的内容限制在一个或少数几个相邻的行业;

② 展出者和参观者都是专业人士,展览会通过特定渠道做广告宣传以吸引相应专业人员来参观;

③ 参展商可以现场将产品的特色及时传递并与目标客户直接沟通,能在短时间内达成商业合作的目的,准确地了解全行业的状况和发展趋势。

在国际上,专业性的展览已成为会展业发展的主流,代表会展经济的发展趋势。一些综合性的展览已经被细分为若干个专业展,如汉诺威工业博览会就是由若干个专业展(如机器人展、自动化立体仓库展、铸件展、低压电器展、灯具展、仪器仪表展、液压气动元件展等)组成的综合展。这些专业展的规模和水平均居世界一流,且一般两年举办一次。这样,尽管"工博会"年年办,但细分的各个专业展题目却不重复,而且每个专业展规模都很大,一般至少在 2 万平方米。同时,关于同一主题的展览会也可以细分为许多小的专业展,例如为适应市场的需求,国际著名的慕尼黑"国际电子元器件和组件贸易博览会"已经分化出国际电子生产设备贸易、国际应用激光、电子技术贸易、国际信息技术和通信贸易博览会。在发达国家,大型综合展览会已基本让位于专业展览会。

近年来,我国一些综合性的展览会也适应专业化的趋势,开始向专业性展览会转型。如创办于 1984 年的青岛对外经济贸易洽谈会原属综合性交易会,2001 年经国务院批准升级为国家级的专业博览会——中国国际电子家电博览会。2001 年 1 月青岛成功举办了第一届中国国际电子家电博览会,5 天展期吸引国内外参观者 5 万多人,海外客商 3 600 余人,出口成交 4 亿多美元,国内贸易成交 60 亿元。"青博会"不仅是青岛会展业与时俱进的缩影,更是中国会展经济与国际接轨的典范。

四、实物展览会与虚拟展览会

从展览手段上看,展览会可分为实物展览会和虚拟展览会。实物展览会就是在展览场地直接展出实物产品的展览会,其特点是展品可以"看得见、摸得着",是实实在在的实物产品,而不是模型、图片、设计方案等,充分顺应了人们"眼见为实"的心理。在展览业发展过程中,实物展览会一直是展览会的主要形式,即使是在信息技术、网络技术高速发展的今天,实物展览会仍然具有相当重要的地位。

虚拟展览会也称在线展览会,是一种通过国际互联网、使用虚拟技术的展览会。据称世界第一个虚拟博览会由英国虚拟现实技术公司和英国《每日电讯报》电子版联合于 1996 年 11 月举办,展期为一年,包括美国 IBM 公司在内的世界各国约 100 家计算机公司参加展出。该展览会没有真正的场地、没有展品实物、没有工作人员。"参观者"利用计算机、通过互联网进入该博览会,参观屏幕里的"展台",了解屏幕里的"展品"。

互联网具有无可比拟的渗透性和广泛性,可以超越时空的限制。人们可以借助互联网展示产品、交流信息、洽谈贸易、开展电子商务。作为一种虚拟展览,网上展览在美国、德国等发达国家方兴未艾,在我国也初露苗头。

第三节 企业会展活动的工作程序

一、会展分析

(一) 会展活动的实质

会展活动的形式服务于会展活动的内容,而会展活动的实质正是从活动形式的背后透析出的带有本质规定性的会展活动内容。对会展活动的各种特征和内在属性进行分析,从而更好地实现会展的目标。

会展活动的形式是多姿多彩和复杂多样的,如日常交往、应酬接待、面对面交流、媒体传播、活动策划、会议、展览和促销活动等。这些活动形式,不是为活动而采取的,而是服务于企业的目标需要。正是由于企业对外宣传的需要,才有了各种形态的会展活动。企业会展活动的实质体现在以下几方面。

(1) 计划性和长远性。企业会展活动的计划性,是指会展活动不是随心所欲、临时采取的行动,而是周密计划后的科学统筹的行动。一方面,企业会展活动是根据企业发展计划的要求而安排的活动,活动的目标应致力于企业既定目标的实现。另一方面,会展本身更体现了计划性。为了开展好会展活动,必须为其制订周密的计划,其中既包括会展活动的政策、策略决策、目标和战略构思、步骤和日程安排,也包括任务和职责落实等。

会展活动的长远性,是指会展活动不是急功近利的行为,而是为了改善企业形象而推进的经过深思熟虑的行动。会展活动的长远性有两方面含义。一方面,任何一种会展活动都是从企业目标的建立和长久维系出发的,都是经过缜密思考的,都体现企业发展的长远目标。另一方面,一切形式的会展活动都不是散乱的、无序的堆置,而是企业建立长远对外关系的必备环节或有机组成部分。可见,企业会展活动是建立在现状分析和对未来预见的基础上的深谋远虑,是求得未来效果的行为指向。

会展活动的计划性和长远性,是会展活动区别于其他企业活动的最独特的地方。其他企业活动都不像会展活动那样致力于长期的未来性思考,因而不必针对未来的长远计划;而会展活动致力于长远的企业发展目标,必然要从长计议并制订周密计划来统筹实施。因此,在认识、理解和实施会展活动时,只有深刻把握其计划性和长远性的实质,才能真正站在战略高度上去驾驭会展活动,真正体会到会展活动的实践意义。

(2) 客观性和诚实性。会展活动的内容是真实的而富有诚信的,它旨在推进良好对内对外关系的建立,其实质必然是客观性和诚实性的具体体现。会展活动的客观性,一方面指它建立在企业关系改进的状态以及对公众利益的客观认识基础上;另一方面指它在实施过程中客观真实地向公众披露情况,而不是遮掩事实、美化企业。会展活动的诚实性,是指它真诚为公众利益着想,诚实地为公众利益服务,绝不哗众取宠、无中生有或蒙骗公众。

企业会展活动要实现长期与公众沟通、致力于改善关系的目标,就只有抓住客观性和诚实性的实质。因为客观和诚实不仅是会展活动与其他活动的区别,也是会展活动能否取得成功的关键。

(3) 主动性和创造性。作为活动的主体，企业在谋划和实施会展活动中，还体现出特有的主动性和创造性。主动性，是指企业所开展的会展活动完全是自觉地、主动地和能动地宣传企业本身的行为。换言之，会展活动没有明确的企业规定性，不是监督、控制或行政指令的产物。这种主动性，给了会展活动广阔的施展空间，使会展活动在赢得公众及创造健康关系上产生了良好效果。会展活动还激发了企业的想象力和创造性。企业在谋划和实施会展活动时，不是墨守成规，而是创造性地、富于想象力地将它们推向社会和公众，使会展活动具有较强的趣味性和吸引力。因此，会展活动总是令人耳目一新、难以忘怀，并能在改善与社会公众的关系上产生出奇制胜的效果。

(4) 道德性和利他性。道德性和利他性是会展活动的另一实质。会展活动是由企业发动的，完全取决于主体的自律。这种自律活动起源于企业与公众建立良好关系的迫切期望。为此，企业举行会展活动不仅要为自己，更要为公众利益着想、服务，以期换取企业与社会公众的和谐关系。会展活动从根本上不同于其他相互交换关系的活动，它有时可能是一种牺牲企业利益而极大满足公众利益的活动，这正是企业会展活动所特有的道德性和利他性。

企业举办会展活动，主要目的仍在于宣传企业、促销产品、发展企业。企业能否长久地发展下去，就在于企业奉行的宗旨是什么。如果企业以损他人利益而发展自己，那么企业就不会存在太久。如果企业实行有利于公众的行为，那么这种利他性会带来企业关系的全面协调。因此，企业不仅要追求物质文明，更要成为现代精神文明的发动机。

(5) 协调性和服务性。企业会展活动的目的实质上也是实现企业与公众之间关系的协调，因而它的运行时刻体现其协调特质。会展活动的协调性广泛体现在它所服务的各类外部公众关系协调和各类内部员工关系协调上。会展活动正是为了协调这些具体公众关系而发生的，也正是为了服务于这些具体公众而举办的。所以，会展活动有着明显的协调性和服务特征。

（二）举办会展活动的原则

企业举办会展活动还必须遵循以下几个原则。

(1) 信誉原则。企业生存和发展的第一要务是确立良好的信誉，建立良好的形象。一般来说，信誉是指双方的，有了信誉才能让人信赖，也才能感动别人。对于企业会展活动来说，信誉同样是一个关键的决定性因素。企业也可以通过会展活动来更好地树立自己的信誉。

一个企业要获得良好的信誉，就要有好的知名度和美誉度，相应的，要有良好的行为准则，也就是说，要有诚实的服务态度和诚实的社交品德。离开这些，企业将无法获得社会公众的认可。企业没有良好的社会效益，也就无法获得良好的经济效益。

在企业会展活动中，有的企业在向公众推销产品的时候，既介绍产品的功能及优势，也如实地指出产品的不足之处。这种客观公正、实事求是的态度，不仅不会损害自己的形象，反而使公众在坦诚中增加信任感，促销增益。如果企业一味吹嘘产品，用花言巧语来诱骗顾客上当，其后果只能使企业失去信誉，声名狼藉。从正反两方面的经验比较可以看出，信誉原则是极其重要的。

(2) 效益原则。企业的目的是要寻求与社会公众的相互了解与适应，这种"了解与适应"的最佳共同点就是效益。企业会展活动以此为依据,方能获得社会的认可、赞赏。企业会展活动虽不表现为经济效益的直接获取,但企业良好形象的塑造和公众环境的协调,必定给企业带来有利于生存发展的优越条件以及因此而生发的更为深远的经济效益和社会效益。企业会展活动的策划人员也必须考虑每一份投入所带来的利益产出。高明的公关策划,总是在有利于公众的同时也有利于自己,那种不考虑企业自身利益的各项活动都是没有实际价值的。

企业举办会展活动要着眼于社会效益和经济效益的双丰收。但当两者发生矛盾时,企业应将社会效益放在第一位,而宁肯牺牲眼前的经济效益。只有放眼长远,才能获取更大的经济效益。同时,企业还应该考虑以最小的投入去获取最佳的产出效果。

(3) 互利原则。作为会展活动的主体,企业有自身的特定利益。从企业活动的客体来说,公众对企业的目标和利益具有一定的影响。两者既有矛盾的一面,又有统一的一面。所以,企业与社会公众之间发生着密切的相互关系,要使这些公众成为推进企业发展的有利因素,靠单方面让利是不行的,只有双方都遵循互相平等、互惠互利的原则,才能收到良好的效果。兼顾双方利益,注意平等相待,才能和谐发展;否则,只顾一方利益,而忽视另一方利益,最终就会失去自身的利益。

二、确定会展主题

每项会展活动策划都要有一个与目的一致的、与企业公共总目标密切相关的明确的主题。主题应对活动内容高度概括,指导整个会展活动的进行。所谓会展主题,就是对会展的指导思想、宗旨、目的要求等最凝练的概括与表述,是统领会展各个环节的"纲",是贯穿于整个会展过程的中心思想。主题是会展的灵魂和精髓,在一定程度上影响会展内容的安排、活动形式的选择和其他诸要素的设计。

会展主题是会展主办者传达给会展参加者的一个明确的信息,同时也是社会公众了解会展的最初"窗口"。它常在会展活动中通过具体的艺术形式表现出来。由于推出具有吸引力的会展主题是使潜在的会展客户快速识别和记住会展项目的有效方法,因此设计并确定会展主题在会展策划中显得非常重要。譬如,日本精工计时公司利用在东京举办奥运会的大好时机,开展了以"让全世界人都了解精工计时是世界一流的产品"为目的的会展活动。活动的主题是"世界的计时——精工表",简洁、明快,体现了鲜明的主题。

(一) 确定会展主题的基本要求

确定会展主题的基本要求有如下几点。

(1) 会展主题必须与会展目标相一致,并且能够充分地表现会展目标。例如,第三届上海国际工业博览会的主题是"以信息化带动工业化",这一主题反映了博览会的目标:用高新技术和国际先进技术改造我国传统工业,加快提升我国工业的整体素质和国际竞争力,努力将信息化和工业化、国际化和工业化结合起来。

(2) 会展的主题应该反映会展的题材(展览的行业或展品范围、会议的议题等)。会展主题往往是对会展题材的高度概括。例如,1998年葡萄牙里斯本世界博览会的主题:海洋——未来的财富;1996年土耳其伊斯坦布尔人居大会的主题:人人享有适当的住房。

(3) 会展的主题应该尽量突出会展的特色(时代特色、地域特色、题材特色等),以引起目标客户和公众的兴趣。例如,1999年昆明世界园艺博览会的主题:人与自然——迈向21世纪,又如2006年海南秋季房地产交易博览会的主题:热带海岛、和谐地产,就突显了会展自身的特色。

(4) 会展的主题应该迎合会展参加者及公众的需求心理,能够引起他们强烈的共鸣。例如,2006年广州车用空调及冷藏链技术展览会的主题:开拓市场,展示实力,推广品牌;2005年北京国际玩具及婴童用品展览会的主题:安全健康,绿色环保;2006年中国国际厨房卫浴设施展览会的主题:潮流趋势与品质生活,都很好地抓住了消费者的需求心理。

(5) 会展主题必须具有较强的信息特性。会展主题具有较强的信息特性,具体表现在:语言朗朗上口,文字力求简练,能被长久而深刻地记忆和迅速传播;词句能打动人心,激发参会者的欲望;语言既富有激情,又十分贴切,具有强烈的感召力;表述有新意,语言个性化,具有时代气息;在词语、形式和创意上都需要借鉴广告艺术。

可以说,会展主题就是要用浓缩的语言、精辟的文字及绝妙的艺术形式来构造一个有吸引力的会展形象,近20年来各届奥运会的主题就是生动的例子,如表8-1所示。

表8-1 近20年来各届奥运会的主题

年 份	举办地	近20年来各届奥运会的主题
1984	洛杉矶	Play Part in History(参与历史)
1988	汉城	Harmony and Progress(和谐、进步)
1992	巴塞罗那	Friends for Life(永远的朋友)
1996	亚特兰大	The Celebration of the Century(世纪庆典)
1998	长野	From Around the World to Flower as One(让世界凝聚成一朵花)
2000	悉尼	Share the Spirit(分享奥林匹克精神)
2002	盐湖城	Light the Fire Within(点燃心中之火)
2004	雅典	Welcome Home(欢迎回家)
2006	都灵	An Ever Burning Flame(永不熄灭的火焰)
2008	北京	One World One Dream(同一个世界 同一个梦想)

(二)会展主题的提炼方法

会展主题是对会展的宗旨、目标、具体题材等的提炼和艺术加工。经过提炼后的主题应简练、新颖、流畅、易记、上口,并能充分地表达出会展的目的。

会展主题的提炼方法主要有以下几种。

(1) 归纳提炼法。归纳提炼法就是通过对会展的指导思想、宗旨、目的要求等的归纳,总结提炼出主题的方法。

(2) 加工提炼法。加工提炼法就是在归纳的基础上,利用修辞艺术进行优化,加工提炼出主题的方法。这种方法可以使会展主题更上口、动听、深刻,而且有一定的内涵,不流于直白、简单。

(3) 借用法。借用法就是借用熟知的名人名言、警句和现实生活中一些闪光的语言作为会展的主题。这些语言的借用能反映会展的意旨，使会展主题显得更深刻、更美好、更感染人。

三、会展策划

会展策划是指充分利用现有信息和资源，判断事物变化发展的趋势，全面构思、设计，选择合理、有效的方案，使之达到预期目标的活动。策划是一个综合性的系统工程，目标是起点，信息是基础，创意是核心。会展策划就是会展企业根据收集和掌握的信息，对会展项目的立项、方案实施、品牌树立和推广、会展相关活动的开展、会展营销及会展管理进行总体部署和具有前瞻性规划的活动。会展策划对会展活动的全过程进行全方位的设计并找出最佳解决方案，以实现企业开展会展活动的目标。成功的会展活动源于成功的会展策划，成功的会展策划源于对社会资源的有效整合。会展策划是对相关社会资源进行整合的过程，是一个系统工程。因此，用系统的观念去认识资源，用系统的方法去分析整合资源，用系统的功能去实现资源的优化是会展成功策划的创造性思维原理之一。从会展策划系统看，一般而言，会展策划系统包括策划者、策划对象、策划依据、策划方案和策划效果评估等要素。

（一）会展策划的原则

会展企业在进行会展项目策划时要遵循市场经济运行的客观规律和会展活动的基本原则。会展策划的基本原则有：利益主导原则、整体规划原则、可操作性原则、创新性原则、规范性原则。

1. 利益主导原则

会展企业要获得持续发展，每个项目的推出都应实现某种预期的目标利益。作为一种服务性的项目，企业在策划时应该考虑的利益包括以下几方面。

(1) 会展企业自身的利益。对于每个会展项目来说，会展企业都要在人、财、物和时间等方面投入，任何的投入都希望获得回报。任何会展策划都是从企业的利益出发而开展的，策划任何项目都要在考虑使企业尽量实现"投入—产出"的最大化的基础上进行，能否保证会展企业自身利益的实现是衡量一项策划是否成功的主要指标。企业的利益包括长期的利益和短期的利益，在策划时应合理协调好长期利益和短期利益的关系，保证企业的健康持续发展。

(2) 会展企业的目标客户是会展企业生存发展的根本。满足客户的利益，为客户实现其价值，企业自身的利益才能实现。因此在进行会展项目策划时，要充分考虑客户希望获得哪些利益，并为实现客户的利益进行合理的设计与安排。比如一项展览策划，就是要通过策划，为参展企业提供使其在参展中获益的方案，包括展位的设计、展品的摆放、广告的投放、专业观众的来源、参展商的贸易机会等。一项理想的会展策划应该是一项实现客户和企业自身利益的双赢的策划。

2. 整体规划原则

会展策划是一项系统工程，它要将相关联的事物联系起来进行整合，围绕企业的整体目标展开。一场成功会展的举行，从展前的准备到展后的评估，包括会议场地的选择、食宿安排、出席者邀请函的设计和分发、会展期间的组织与管理，所有这些事项都是会展的组成部分，为保证会展的成功举行，策划者要对每一项工作都进行统筹安排，在有效的时间内用最有效的方式进行计划和协调。企业的策划是为企业的整体目标服务的，虽然有时在对某个细分目标进行策划时会有所侧重，但局部工作应服从整体目标，使整体目标得以实现。

3. 可操作性原则

会展项目策划不但要为会展活动提供策略指导，而且要为它们提供具体的行动计划，使会展活动能够在总体策略的指导下顺利进行。会展项目的实施是会展项目策划的直接目的，会展项目的策划应该有充分的可操作性。会展项目的可操作性原则要求在做项目策划时，要结合市场的客观实际情况，以及会展企业的具体情况、实施能力进行。否则，再好的策划创意都会失去意义。

4. 创新性原则

创新是会展企业得以发展的动力，是会展项目赖以生存和发展的主要手段。会展策划的创新就是在进行策划时不要拘泥于现状，应源于现状而高于现状，立足现在着眼于未来，运用超前的创意设计出新颖而又可行的行动方案，达到出奇制胜的效果。会展策划的创新主要表现在：会展理念的创新、目标的选择与决策创新、组织与管理的创新、会展设计的创新。

5. 规范性原则

会展策划的规范性原则要求，首先，必须遵守法律的原则，在不违反法律法规的前提下开展会展策划。我国会展方面的法规主要包括国务院和相关部委颁布的行政法规、行政规章和其他一些规范性文件，如《中国加入世界贸易企业服务贸易谈判中关于展示和展览服务中的承诺和减让》以及国家工商行政管理局发布的《商品展销会管理办法》、《展览会的章程与海关对展览品的监管办法》等。其次，必须遵循伦理道德的原则，在不违背人们的价值观念、宗教信仰、风俗习惯等条件下进行策划。另外，会展策划必须遵循行业规范，做到管理规范、程序合理、操作有方、竞争有序。

（二）会展策划的内容

会展策划是一项综合性的工程，它所涉及的内容包括会展项目立项策划、会展实施方案策划、会展品牌策划、会展营销策划、会展项目管理策划等。

1. 会展项目立项策划

在会展策划工作中，会展企业首先面临的问题就是必须确定举办什么样的会展项目以实现自身的经营目标。会展项目立项策划是举办会展的第一步。在进行会展项目立项策划时，会展企业要对即将举办的项目进行广泛的市场调查，充分掌握各种市场信息和相关产业信息，了解相关法律法规。在此基础上，通过采用"新立题材、分列题材、拓展题材、合并题材"中的一种方法或几种方法的综合进行会展项目题材的选定。最后建立起会展项目的基本框架，提出举办会展项目的初步规划，包括项目的名称、举办会展项目的机构、会展项目的适用范围、会展项目的开办时间、会展项目的规模、会展项目的定位、招展招商计划、现场管理计划、相关活动计划等,并在对现有的信息采用科学分析方法的基础上对该会展项目的市场发展前景做出初步预测。

2. 会展实施方案策划

会展的实施是会展活动的中心环节,也是会展策划的重心。举办一个会展项目需要进行多方面配合,也需要进行多方面协调。为此,举办会展项目的组织者需要制订一系列的具体实施方案来保证会展项目的成功。例如,一项展览会的实施方案包括指定展位承建商、展品运输代理商和展会旅游代理,制订展览会接待方案,编制参展商手册,建立展览会网站,具体安排广告宣传工作、招展工作、会展设计工作及会展相关活动等。这些实施方案可以分为三大类:展会支持性方案、现场管理方案和招展招商方案。

3. 会展品牌策划

作为现代市场竞争的重要手段之一,品牌的地位越来越突出。在会展业,具有优势的品牌会展项目在市场竞争中具有无可比拟的优势,它是会展企业面对瞬息万变的市场环境而能立于不败之地的重要保证。例如,每年举办的广交会,由于其具有强大的品牌号召力,每年的展位都是供不应求,前来参加的专业观众络绎不绝。因此,通过各种有效的途径来树立会展项目的品牌形象,是会展策划的一个至关重要的组成部分。企业在策划时,应就会展项目进行品牌定位,制定品牌的基本策略和品牌宣传与推广措施,通过树立品牌形象吸引目标客户,增强企业的核心竞争力。

(三) 会展策划的流程

1. 成立会展项目策划工作小组

会展策划工作复杂,涉及面广,需要集合各部门的人才分头负责,集体决策,所以要成立会展项目策划工作小组。会展策划工作小组组成人员包括以下几方面。

(1) 策划主管。策划主管负责沟通、协调各策划人员的工作,全权负责策划方案的制订或修订。

(2) 策划人员。策划人员负责编拟会展项目计划。

(3) 文案撰写人员。文案撰写人员负责撰写各类会展文案,包括会展常用文书、会展社交文书、会展推介文书、会展合同等。

(4) 美术设计人员。美术设计人员负责各种类型视觉形象的设计,包括广告设计、展示空间设计等。

(5) 市场调查人员。市场调查人员负责进行市场调查及完成市场调查报告。

(6) 媒体联络人员。媒体联络人员负责进行媒体宣传推广。

2. 进行会展市场调查与分析

会展市场调查是会展策划的基础,它是以科学的方法有系统、有计划、有组织地收集、记录、整理和分析与会展相关的各种信息,从而为会展项目的确立和会展方案的设计提供科学依据的活动。只有在全面收集有关会展信息,并加以科学概括分析的基础上确立的会展策划,才能确保实现总体目标。当进行市场调查时,不仅要考虑本地区的优势和主导产业,还要考虑政府扶持的行业等。会展市场调查与分析的内容十分广泛,主要包括以下五个方面:产业环境、目标市场、政策法规、同类会展、自身资源。

四、选择时间与地点

(一) 会展时间的选择

当策划和筹备会展时,要在时间进度上对会展的各项工作进行合理的安排,这是成功策划和举办会展的前提条件之一。会展策划和筹备工作涉及方方面面。策划会展时应对会展各项筹备工作在时间进度上进行合理安排,并在具体执行时进行严格的时间管理,会展的各项筹备工作才能按要求齐头并进,会展才能按预定的时间如期举行。预留充分的准备时间是制订切实可行的活动日程表的基本保障。企业组织一个成功的大型活动往往需要几个月甚至几年的时间。大型活动所需时间因活动类型不同而有较大差异。

在活动日程安排上应注意以下几个问题。

(1) 首先分析工作时间,然后确定活动举办日期。很多企业公关人员都是先确定大型活动的举办日期,然后才意识到有太多筹备工作需要做。这时,他们不得不把每项工作所需时间缩到最短,制订出一个十分紧张的日程表,这样的日程表一般很难执行;有时候,由于外界因素,被迫接受一个十分仓促的日程表,在此情况下,只能根据现有时间简化大型活动的各项内容。

当进行工作时间分析时,要充分预计各项工作所需的时间,并写在工作任务卡上。须注明各项工作由一人单独完成还是由多人合作承担,比如,起草一份邀请函,一个人在预计时间内可以单独完成,但要布置一个会场就需要若干人合作才能在预计时间内完成。

在时间安排上应适当"留有余地"。一般认为应该按预计时间的120%安排工作时间,即预留20%的工作时间。在规定时间内提前完成某项工作,不会给大型活动企业带来太大的影响,但是如果不能在规定时间内完成某项任务,则必然会影响活动的顺利进行。

鼓励参与者根据个人的工作计划事先约好工作时间,并为每位工作参与者提供日程表的复印件,用特殊颜色标志该工作人员所应参与的工作,用另一种颜色标志该工作人员如不能按时完成其工作会影响到的后续工作。一旦修改日程表,应为每位工作参与者提供新的复印件,并注明新日程表的印制时间,从而保证所有参与者按照同一日程表工作。

确定关键工作的最后期限。对于关系到大型活动企业成败的关键工作,应确定其最后完成期限,如果这些关键工作未能按期完成,必须果断取消大型活动。但取消一项大型活动必然会给活动委托方和承办方带来巨大的经济损失和负面的社会影响,比如毁约赔偿和信誉降低等。为了避免因关键工作的失败而导致的经济和社会影响方面的重大损失,应事先对关键工作做出备选方案,一旦该项工作受阻或未完成,应立即启动备选方案。

将日程表张贴在公告栏,为每位相关人员提供便于携带的日程表复印件。为了使参与者随时了解活动组织取得的进展与发现的问题,可以利用活动挂图、工作简报或黑板报等形式制作动态日程表。按星期分为若干栏,在各栏内,由上到下列出重要工作,如宣传、印刷、娱乐活动、食品、门票销售等,应特别注明在本星期内必须开始和必须完成的工作。

(2) 个人的能力是有限的,因此,必须依靠团队的集体能力来完成大型活动的组织工作。首先,应组织若干个由25人参加的小组,在各个小组中开展头脑风暴式讨论会,讨论组织某项大型活动的各项工作。其次,把各个小组的讨论结果进行对比汇总。第三,将各项工作进一步分解,并确保不遗漏任何环节,据此确定行动步骤。第四,将每项工作及其分解内容、行动步骤写在一个单独的工作任务卡上。第五,把所有工作任务卡按照行动顺序张贴到大型公告栏上。

有些工作相对独立,有些工作则彼此关联。对于相互关联的工作必须明确其先后顺序,并使先期工作的组织者了解其对后续工作的影响。比如,展品运输与展品布置、日程安排与新闻发布、名人名单的确定与名人邀请函的寄发等。

检查工作进度,防止因工作缺乏经验拖延而使大型活动的组织陷入被动。首先确定工作的起讫日期,并设定工作期间的阶段性指标。根据既定指标检查各阶段工作进度,发现问题及时解决,以保证该项工作在最后期限以前得以完成。

每一项关键工作都必须指定专人负责,尽量避免把工作的责任给予多人组成的委员会,后一种情况可能会导致众人旁观,无人负责。关键工作的责任人不仅要有履行责任的能力,还应拥有相应的权力,否则负责只是一句空话。

活动结束后,往往还有大量的后续工作要做,在活动组织中功亏一篑的事例并不少见。由于劳累一天的工作人员需要适当休息,所以一般要提前安排一些后备人员进行后续工作。这些工作包括:打扫场地、清理账目、归还租用物品和设备、给捐助人寄发收据和感谢信、答谢志愿者和支持者、对活动进行评估并写出评估报告等。

在活动的组织过程中,会不可避免地出现一些疏漏或紧急情况。设立应急小组,并赋予他们处理各种紧急事务的权力,使活动参与者和参加者无论何时遇到何事,都能通过应急小组得到及时解决。

对提前完成工作和节约开支的人员予以奖励。对先进的人员给予奖励有助于调动团队的积极性,比如,对第一个完成售票任务或对第一个完成散发宣传单的人员给予奖励,将激励其他人员更努力地工作。

(二) 会展地点的选择

会展地点的选择,要依据以下三个原则进行。

一是市场推广可行性。主要考察展览场地所在地的目标市场的大小及其对周围的辐射程度。适宜的展览场地及其周边区域一般是一定区域的经济中心和商业贸易中心之一,理想的展览场地还应是将要展出产业比较发达的区域之一。从展览对周围的辐射程度看,展览场地所在城市最好是区域经济发展具有较强的集聚效应、服务业对周边地区的服务程度比较高、产业间的配套联系比较紧密的。

二是观众可达性。主要考察展览场地的交通便捷性及开馆、闭馆时间与周围交通线路的合理配置。一般大型展馆的选址已经考虑了交通便利的因素,如接近地铁站和主要交通线路的出入口,有众多的交通线路通过等。在举办大型展览期间,还应在开馆、闭馆期间设置临时增加的专线车,做好出租汽车的车辆调配等工作。

三是场地适宜性。主要包括展出场地与展出场地设备的安排两方面。选择展览场地,首先要考虑展览总面积的大小,大的展出面积要选择大型场馆,以保证有足够的展出场地,而小型的展出则可选择规模适中的展馆,与会议相配套的展示,甚至可以选在举办会议的宾馆展示区域或在会议场所附近的展示厅,以突出展示本身的功能。

(1) 场地面积。场地面积要根据展出目标和展出预算情况确定场地面积。如果展出声势大,并且有足够的预算,就要租用大面积的场地;如果是试探性的市场开拓展示,预算也不富余,就要从紧控制展出面积。

另外,以展出面积性质分,以宣传为主的展览要准备大一些的面积,有可能创造比较特殊的展示效果,而以贸易为主的展览一般以展出面积够用为宜。从方便参观者、"以人为本"的角度考虑,若是综合性的展览会或者是消费品展销会,展出面积要适当宽裕一些;若是贸易展览会,只对专业观众开放,则只要留出洽谈的场地,其他的辅助面积可尽量缩减。

(2)场地形式。展览场地的形式有多种分类方法,场地也是影响会展设计的重要因素。一般将展览馆内的场地称为室内场地,将露天的场地称为室外场地。露天使用的产品,如海滩休闲用品、庭院休闲用品及一些超大、超高、超重的产品,都常常放置在室外场地展示。还有一种展览场地叫净场地。净场地就是没有任何展架、展具,需要自建展台的一块展览场地,它可以使展台更有个性,但对参展者而言不免费时费力,比较适合于针对大公司或集体展出时使用。

(3)展台。标准展台是一种经济方便、成本效益较好的展出形式,其面积多为9平方米、12平方米、15平方米和20平方米及这些数字的倍数,其中9平方米的最为常见。有些贸易性展览会,因摊位紧张,只允许租用半个展台。最基本的标准展台包括:三面墙板、楣板和常规照明条件。标准展台的优势是简便、经济,其成本可能是订制展台的一半左右,但也存在缺乏特色的缺点。

(4)会展区域。展览活动一般需要以下几个功能区域,即展示区域、公共区域、洽谈区域、办公区域和储存区域等。展示区域的重点是各个展台,它也是整个展览会的重点;而公共区域是展览会的参观商共同使用的区域,也不能忽视,要尽量备齐各类设施;洽谈区域可以设在展位之间,也可以设置一个专门的区域;而办公区域一般设在展厅的入口处,同时展示各类展览介绍资料,这个区域可以是一个架子,也可以安排一间专门的办公室。

五、会展事务准备

企业会展活动必须以良好的会展事务准备为基础,一般来说,会展的事务准备工作包括以下几个方面。

(一)成功发布信息

按举办信息的书面名称,可分为以下几种。

(1)通知。通知适用于主办者同会展对象之间具有上下级关系,或者是管理与被管理、指导与被指导关系的会展活动。具体的发送对象是:

- 会展活动的当然成员和法定成员。如会议企业或展览企业的会员单位,代表性会议的法定代表等。
- 本机关或本单位内部的工作人员。单位内部会议一律使用通知。
- 下级所属单位。
- 受本机关或本单位职权所管理的单位。

(2)邀请函。邀请函一般用于横向性的会展活动,具有礼节性,发送对象是不受本机关职权所制约的单位以及个人。一般召开学术研讨会、咨询论证会、技术鉴定会、贸易洽谈会、产品发布会等,以发邀请函为宜。

(3) 请柬。请柬主要用于举行仪式性、招待性会展活动,如大型会议和展览活动的开幕式和闭幕式、大型工程的开工和竣工仪式、重要项目的签字仪式、招待会、晚会等,发送对象一般都是上级领导、知名人士、来访客人、兄弟单位等,多使用书面语,语言恭敬儒雅。

(4) 海报。海报是一种公开性的会展信息文种,通常采用张贴的方式,主要用于可以自由参加的学术性报告会和展览会。

(5) 公告。公告是一种专门用于股份公司召开股东大会时,通过登报发出举办信息的文种。

(6) 广告。会展广告也是一种公开性的举办信息,主要通过媒体广告或者户外广告的形式发布,具有宣传范围广、辐射力强的特点,用于欢迎广泛参会、参展、参观的会议、展览和综合性活动。

以上六个文种适用场合和适用对象互不相同,不能混淆。

(二) 充分准备会展用品与设备

会展用品和设备种类繁多,特别是展览会的用品和设备的种类更是无以计数,大到吊车,小至大头针,都可以成为展览必备用品和设备。概括起来,大致有以下几类。

(1) 基本设施。基本设施即满足会展活动基本需要的设施,如沙发、茶几、桌子、凳椅、灯具、通风机、卫生用具以及供水、供电设施等。在大型展览活动中,电力供应的充足以及电力设施的完备尤其要重视。

(2) 记录用具。包括笔、墨、纸、簿册等记录信息的传统文具以及电脑、摄像机、录音机、磁带、软盘、光盘等现代化的信息记录和管理的用品和设备。

(3) 印刷设备。印刷设备即印制和复制会展文件的机器设备,如打字机、打印机、扫描仪、复印机等。

(4) 安全设施。安全设施包括安全通道、消防设施等。大、中型会议和展览的现场一定要设有足够的安全通道,配备质量可靠的消防设施。

(5) 装饰用品。装饰用品是指在场馆内外用于渲染气氛的花卉、旗帜、会标、会徽、画像、横幅标语等。

(6) 视听器材。包括扩音机、幻灯机、投影仪、黑(白)板、电子书写板、同声翻译系统等。

(7) 通信器材。包括传真机、电话机、电视机、计算机以及相应的通信网络设施。

(8) 运输工具。包括用于接送与会者的轿车、大巴士等,用于运输展览器材、展品的卡车等。

(9) 生活用品。包括茶水、茶杯、毛巾以及其他生活用品。

(10) 专门用品。专门用品即专门性会议和展览会上所使用的物品;如颁奖会的奖品与证书,选举会的选票、投票箱,开幕式剪彩时用的彩球和剪刀,以及展览会中布展、撤展所使用的大型机械、大型工具等。

会务和展务工作机构应在会展筹备工作一开始,就预先制订所需物品和设备的详细计划,作为会议预案的有机组成部分,报请会议的领导机构审定。计划应当包括以下几个重点方面。

- 所需物品和设备的清单,包括名称、型号、数量。
- 所需物品和设备的来源,如租借、调用、采购等。
- 预算所需的费用。

(三) 展览设计和展馆布置

展览的设计和展馆布置是一项繁重而又系统的艺术创造工程,必须符合以下原则。

(1) 主题性原则。深刻体现展览的主题是展览设计和展馆布置的关键。任何一种设计构思都是基于某种主题展开的。在展览设计的初级阶段,设计者必须把握主办者和参展商的意图、目标以及要传达给观众的信息,以此确定展览设计和展馆布置的主题以及风格的大致框架。好的展览主题必须能直接表现展览的内容和性质,体现展览的真实性,同时创造一种特殊的展览气氛,有效地吸引观众,以达到展览的目的。这是展览设计和展馆布置的基本要求。

(2) 艺术性原则。展览设计和展馆布置的艺术性体现在以下几方面:一是展馆建筑的艺术性;二是展厅内外环境布置的艺术性;三是展台和展品形象设计的艺术性。展览是一种视觉形象的传递过程,为了强化视觉形象的传递效果,就需要综合运用声、光、色、形以及文字、图像等艺术手段,对展位、展台和展厅进行适度的包装,使参观者置身于立体艺术、平面艺术、灯光艺术和音乐的氛围中进行观察、了解、欣赏,感受展览过程的无穷魅力。从这个意义上说,展览设计和展馆布置的本身就是一种艺术创造。

(3) 新奇性原则。无论是从艺术创造的特性来看,还是从展览活动本身的目的来说,任何一种展览设计和展馆、展台布置都要体现新奇性,因为只有新颖独特的设计风格和别具一格的布置技巧,才能吸引观众的兴趣和注意,才会使观众流连忘返,留下深刻难忘的印象。

(4) 和谐性原则。展览所传递的视觉形象既是整体的,如整个展馆的平面和立面处理,又是个别的、具体的,如特定的展台布置和展品陈列。和谐性原则要求做到以下几点。

① 展馆的整体平面布局和空间构成均衡适度,视野舒适,科学合理,产生赏心悦目、鲜明和谐的审美效应。

② 展台布置的基调既要与众不同、大胆抢眼,又要自成体系,统一和谐,如展品、展具、灯光的颜色和格调的和谐,音乐、视频效果的和谐,展品陈列的密度、梯度和谐等。

六、人员培训

公关主管在举办展览活动之前须挑选和训练大会的讲解员和示范操作人员,培养他们的公关意识,使他们理解活动的公关任务和目标,明确自己的公关职责,掌握讲解、示范操作的标准及其要点,使展览任务的完成有坚实可靠的人才基础。培训内容应包括以下几方面。

(1) 展出各项目、内容的基本专业内容。
(2) 公关方面的常识,接待和礼仪方面的训练。
(3) 各自的职责及对各种可能发生的突发性问题的应对。

七、展览会的评估及反馈

(一) 展览会的评估

有关会展工作的评估需要由展出者自己安排或委托专业评估公司安排完成。会展工作评估的内容由展出者根据实际需要和条件选择。展出工作的内容比较广泛,包括筹备工作和展台工作两大类。具体包括以下几个方面。

(1) 展出目标评估。展出目标是否合理,需要根据展出者的经营方针和战略、市场条件、展览情况等进行评估。

(2) 展台评估。展台效率是展台整体工作的评估指数。评估的方法有多种,其一是展台人员实际接待目标观众的数量在目标观众总数中的比例;其二是展台总开支除以实际接待的目标观众数量之商。后一种方法也称接触参展者平均成本,这是一项非常有价值的评估指数,只要有足够的开支,展出者可以接触到所有潜在客户,但是,应当用最小的开支达到这一目的。还有一种评估展台工作的指标称为展览记忆率,这是一项能反映整体展览效果的专业评估指数,指参观者在参观展台后8~10周仍能记住展台情况的比例。展览记忆与展出效果成正比,反映展出者给参观者留下的印象和影响。记忆率高,说明展台形象突出,工作好;反之,则说明展台形象沟通一般。

(3) 展台人员评估。展台人员的表现包括工作态度、工作效果、集体精神等,这些是展出效率最重要的因素。展台人员的表现不能衡量,一般是通过询问参观过展台的观众进行了解和统计。另一种方法是计算展台人员每小时接待观众的平均数。如果这个平均数过低,展出者就应当采取措施提高展台人员的素质和表现。其他评估内容还有:展台人员组合安排是否合理,效率是否高,言谈、举止、态度是否适合,展台售货员工作时间是多少,展台人员工作轮班时间的长短等。对展台人员和参观者的评估一般限内部使用,不宜公开。

(4) 设计工作评估。设计工作评估分为定量与定性两类。定量内容有展台设计和施工的成本效率,展台和设施的功能效率,各种数据与竞争者比较等。定性的评估内容有展台能否表现公司形象,展台图表资料是否有助于展出、是否使展台突出和易于识别等。

(5) 展品工作评估。展品工作评估的主要内容包括展品选择是否合适,市场效果是否好;展品运输是否顺利;增加或减少某种产品的建议及原因等。

(6) 宣传工作评估。宣传工作评估主要包括宣传和公关工作效率、宣传效果、资料散发等。此外,对新闻媒体的反映也要收集评估,包括刊载、播放的次数,版面大小,时间长短等。

(7) 管理工作的评估。管理工作的评估主要包括展览筹备管理的质量和效率,展台管理的质量和效率,管理工作有无疏漏,尤其是培训、评估及后续工作等。

(8) 费用评估。展览开支是一个争论比较多的评估内容。对于绝大部分展出者而言,会展只是其经营过程中的一个环节,是许多其他工作的一部分。因此,展览直接开支并不是其展览的全部开支,展览的隐性开支可能更大,要计算准确比较困难。但是,会展开支仍要计算并评估,因为会展开支是计算会展成本的基础,是会展评估一些重要指标的组成部分,评估人员必须了解这一情况。关于会展开支的评估,主要包括预算的制订是否合理、预算执行状况、超支的原因等。

（二）展览会的评估反馈

评估反馈工作可采取的方法主要有以下几种。

（1）举办有奖征集活动，发放测试题，对参展者和参观者进行调查，并当场对积极配合者发放纪念品和奖品。

（2）召开座谈会，请参展者和参观者分别谈谈感受和意见。

（3）对专家和新闻单位进行登门专访，听取权威意见。

（4）发出调查信或进行追踪调查。

（5）对出口处的留言簿进行整理分析，收集各种意见的同时不能忽略对参展单位的会后服务，对那些举办定期展会的主办方，会后服务更显得重要。比如，会后主办方可以通过多种方式追踪参展商对展会各项服务的满意程度，并根据参展商的反馈进行改进。通过吸收社会公众与参展商的意见，不断提高企业举办会展的能力，在以后的会展筹办中获得各界公众更多的认同，最终达到提高企业社会效益与经济效益的目的。

技能训练

训练目标：

1. 掌握企业会展活动的基本原则；
2. 熟悉如何选择会展的地点、时间；
3. 熟悉会展组织的基本流程。

训练内容：

中国著名的民营汽车制造企业收购了全球著名的豪华车品牌沃尔沃，又推出了自己的高端车——帝豪。如果公司在收购后的国内一次大型车展上推出新型高端车帝豪以及沃尔沃轿车，而你是该公司的公关人员，请查阅相关资料，写一份简要的会展策划方案。

训练步骤：

1. 熟悉书中关于企业会展活动的基本程序；
2. 根据实际的情况拟定会展活动的基本方案。

训练要求：

1. 会展活动要遵循的基本原则；
2. 会展活动要具有的实际可操作性；
3. 会展活动方案要具有一定的企业特色；
4. 实训的形式可以是讨论或者提交会展策划方案。

本章小结

本章从叙述企业会展的发展入手，给出了会展的基本定义和主要特色，分析了企业会展的根本目标；总结概括了现代社会主要的会展类型并进行了对比分析，提优析劣，并大致分析了企业会展发展的趋势；重点说明了企业会展的基本工作程序，对其中重要的步骤进行了深入的论述，以给企业工作人员，特别是公关人员提供实际操作的基本思路。

第八章 企业会展公关策划

本章练习

一、判断题(10小题)

1. 最早的会展活动出现在中国。(   )
2. 会展活动是生产力水平发展到一定阶段的产物。(   )
3. 企业会展仅仅是为了展示产品,目的不一定是销售。(   )
4. 宣传展览是展出者和参观者都为商人的展览会。(   )
5. 军事武器展览多为室内展览。(   )
6. 目前展览的趋势是以综合性展览为主流。(   )
7. 企业会展的主题应该反映会展的目的。(   )
8. 借用现实生活中的名人名言、警句等作为会展主题的方法是会展主题提炼方法中的借用法。(   )
9. 会展的场地选择应该根据会展的需要而定,不是越大越好的。(   )
10. 展台效率是展台整体工作的评估指数。(   )

二、单项选择题(5小题)

1. 会展活动是为了与公众更好地沟通,树立自己的形象,这主要是指会展活动的(   )。
   A. 目的性　　　B. 沟通性　　　C. 传播性　　　D. 公益性
2. 现代会展企业通过各种立体化的高科技来表现各种产品,是突出了会展活动的(   )目标。
   A. 主题　　　B. 企业目标管理　C. 展示最新成果　D. 树立企业形象
3. 规模较大、展品丰富的展览会,主要进行商品和技术展示的展览会形式称为(   )。
   A. 宣传展览会　B. 贸易展览会　C. 综合展览会　D. 专业展览会
4. 从内容上来看,展览可以分为综合展览会和(   )。
   A. 宣传展览会　B. 贸易展览会　C. 实务展览会　D. 专业展览会
5. (   )是会展的中心环节。
   A. 会展项目立项　B. 会展实施　C. 会展评估　D. 会展策划

三、多项选择题(5小题)

1. 企业会展与一般会展活动比较,其特点是(   )。
   A. 目的性　　　B. 传播性　　　C. 沟通性　　　D. 大众性
2. 从展览的手段或者方式来看,会展活动可以分为(   )。
   A. 实物展览　　B. 综合性展览会　C. 室内展览　　D. 虚拟展览
3. 企业举办会展活动要遵循的原则有(   )。
   A. 信誉原则　　B. 效益原则　　C. 创新原则　　D. 互利原则
4. 对于会展主题,下面说法正确的是(   )。
   A. 与会展目标一致　　　　　　B. 反映会展的题材

  C. 突出会展的特色   D. 给出丰富的信息
 5. 在展馆布置方面,应该遵循的原则包括(　　)。
  A. 主体性原则 B. 艺术性原则 C. 新奇性原则 D. 和谐性原则

四、问答题

1. 会展地点的选择有哪些原则?
2. 请说明会展策划的流程。
3. 会展主题的提炼方法有哪些?

五、案例分析题

小松山:把买家留住

  小松山是日本一家生产推土机和巨型挖掘机的集团公司。小松山参展目标并没有非常特别之处,无数参展商每年都制定出相似的主题和可以比较的目标。但是,小松山突出的地方却是用高明的措施,真正留住了买家。

  措施一:汇聚人气　小松山展区的焦点是前区和中区,这是一个有着80个座位的剧场式的主活动场所,舞台的台窗点缀得像色彩斑斓的飘扬的风筝,是参观者到达小松山展区的第一站。每隔半个小时,公司派出的四个演员就会来一段12分钟的演出,节目直接表现展销主题,即生产率、可靠率和价值率。节目间隙,小松山播出婴儿潮时期出生的人喜欢听的摇滚音乐,目的是吸引这群人。5天的展览,80个座位从未虚席,现场的气氛还感染着100多个围观者。初步估算,至少有8560人获得了12分钟演出传达的信息,超过了预先设定的7500人的目标。

  措施二:推动观众　每场演出结束时,迷人的女主持就会把小松山的帽子发给要离去的观众。大约80%的观众为演出所吸引,进入小松山的展区,只有1/5的人去了其他展区。进入小松山展区的参观者很快就发现,这些女主持对他们很有帮助,因为主持人熟知产品经理、工程师以及具体产品的销售代表,她们可以帮助潜在买家与小松山的任何管理者见面。

  措施三:多层展示　中心活动区域的演出结束一分钟之后,还有两个更短的演示活动。这两个演示主要是对具体产品的描述:中心区的左侧是推土机和滑动装货机产品系列;右边是挖土机、轮转装货机和垃圾车。女主持也运用她们学到的小松山产品知识,引导参观者积极参与进来,这样就延长了来此区域的参观者停留的时间。

  展区内还有一个尖端的信息系统,利用该系统,参观者和员工可以追踪公司总部的雇员,以及参加展销的多数本地分销商。宾馆、手机号码、展台工作时间以及会议日程等全部都储存在该系统中,而且兼作产品示范台的15台电脑也都与该系统相连,随时可以查阅。

  措施四:持续推动　如果参观者在产品演示结束之后不愿意参与销售代表企业的活动,也不想在电脑上查阅挖土机的技术指标,那么他们一定会注意到,在展区后部的轮转装货机模拟装置、司机室和操纵杆是真实装货机上的复制品。参观者们排起了队,司机室里通常有10个或12个人轮流操作,两分钟换一人。外面排队的人可以同时观看现场即兴的喜剧表演和参观者们的操作水平,真是一种享受。参观者平均等待的时间为20分钟,但是,他们花在这里的每一分钟都意味着对手失去了观众本该花在他们展台上的时间。

措施五:网站点击 价值180万美元、型号为PCI800的巨型液压挖土机,只适用于采石和开矿,但却是展会上最大的挖土设备。这台挖土机是从日本拆装后运到展会举办地,然后再拼装起来的。对于参观的承包商来说,这台机器就像硕大的巨兽,本身就具有吸引力。但是,小松山把它带来并不是仅仅为了展示其笨重的外表,还有其他用途。参观者们被邀请站在14.4立方英尺(1立方英尺≈0.028立方米)的挖土机的铲斗里,拍摄一张数码照片,照片会立刻被贴到www.komt-suatconexpo.com网站上,并被这个网站保留大约6个月。个人照片是对参观展览的回忆,这种回忆证明是对上述问题的绝妙回答。在展中和展后的6周时间里,网站就被点击了37.5万次。由于点击者要查看他们的照片,所以他们也能查看小松山在博览会展出的所有21种机械产品的技术指标。

被认为是潜在客户的参观者才是客户资料的收集对象。小松山在展会上收集了2 700份客户资料,麦克林先生认为他们完全达到了目标。如90%的客户资料都包括了合格的问题答案,48%来自从未购买过小松山产品的人。这说明,在现有客户的基础上,这次展览成功地扩展了潜在客户群。

1. 上述案例中,不是小松山公司体现出的企业会展的特色是( )。
   A. 目的性　　　B. 传播性　　　C. 经济性　　　D. 沟通性
2. 小松山公司的会展公关活动,体现最为明显的是会展活动的( )。
   A. 系统性和长远性　　　　　　B. 客观性
   C. 主动性　　　　　　　　　　D. 创新性
3. 小松山公司的会展展区吸引了很多的观众,因为布置体现了很强的( )。
   A. 艺术性　　　B. 实用性　　　C. 新奇性　　　D. 和谐性
4. 小松山公司的会展活动做得比较成功,按照企业会展的工作程序,会展工作中他们最后需要做的重要工作是( )。
   A. 收拾现场　　B. 交接物品　　C. 离场　　　　D. 评估反馈
5. 你认为小松山公司的会展场地选择应该需要( )。
   A. 较大　　　　B. 较小　　　　C. 不清楚　　　D. 可大可小

第九章　公关传播策划

学习目标

了解传播的基本含义和要素、传播的类型与方式，理解公关传播的含义和目的，熟悉公关传播的原则和模式，深入了解公关传播在企业公关实施过程中的作用。

案例引导

中国空调技术白皮书

2003年4月23日，奥克斯空调在宁波东港大酒店召开新闻发布会，公布中国空调技术白皮书。奥克斯空调总经理吴方亮面向闻讯而至的各地记者，痛暴空调行业炒作技术概念的种种"家丑"，提出"冷、静、强、省"才是优质空调的"新标准"。揭露了行业里把小技术改造夸张为高科技的现象。

——空调富氧技术。这是指在室外机上装配一小型真空泵，吸入空气，利用氧气和氮气分子直径的差异，通过一道富氧膜进行"渗滤"，使经过此番处理的空气发生改变。这些装置，即使是进口部件，材料成本最多也只有400元左右，但在零售价上却至少"涨"了2 000元。

——红外传感技术。有此功能的空调，是指当室内有人活动时能感知，而开机人离开一段时间后即自动关机。看起来神奇，其实很简单，只是厂家在室内机里增装了一个材料成本为50元的人体红外线传感器。50元还是进口产品的价格，如果选用国产货成本还低，而消费者却要为这项"高科技"多付2 000元。

——温度传感技术。这是指在遥控器里增装了一个温度传感器。这样传感器就能定时向主控芯片发送温度信号，据此判定并设置运行状态。温度传感器市价25元，却为某些空调"增值"800元以上。

——换新风。这是指一种虽能促进室内外空气对流、但却要以损失冷量和增加电耗与噪音为代价的传统技术。其原理是在室内机增装一个离心风叶，将室内空气加速送出户外，造成室内气压低于大气压，从而促使室外空气通过房间的微波缝隙渗入室内,其实际效果可想而知。离心风叶成本40元,给某些空调创造附加值500多元。

奥克斯公司还点破了为什么一些企业明知这些功能都是一般的应用技术,却还要将之包装成玄之又玄的"高科技"以牟取高额利润:空调业正经历一场"大洗牌",价格竞争空前激烈。对于传统高价品牌而言,如果不降价,就会失去价格竞争优势和市场份额。一方面这些企业不甘心这样,另一方面又被滞销积压的库存、居高不下的成本、吃金吞银的网络这三座大山压得喘不过气来。在这些因素的促使下,在成本透明、质量趋同的情况下,技术是传统空调品牌最后的一块高额利润领地和救命稻草,所以一个个"高科技"概念,就这样经过美轮美奂的"包装"和售价的极度拔高后,被隆重推向了市场。

新闻发布会传播成效分析。

(1)电视媒体传播成效。技术白皮书新闻发布会在中央电视台、凤凰卫视、杭州电视台、宁波电视台1套、宁波电视台2套、宁波电视台3套、郑州电视台共计7家电视媒体频道播出了18分钟,折合广告费用约17万元,而实际的相关投入仅为这一数字的1/30;同时,新闻是消费者主动接受的信息,而广告是被动接受的。因此,技术白皮书新闻宣传效果至少超过广告影响力的10倍。

(2)报纸和网站媒体传播成效。这次新闻发布会共计在109家媒体刊出了126 548字的文章,其中报纸83家,网站26家,如按报纸图文广告版面计算,共需投入费用约114万元,而实际投入的该项相关费用仅为6万多元。

总体成效评估:

经粗略估计,本次活动奥克斯公司实际共投入费用约15万元,实现的宣传效应约137万元,即奥克斯通过本次活动只用了10多万元的投入就赢得了100多万元的市场效果。另据调查,整个2003年"五一"期间,奥克斯空调在全国销量同比增长79%,尤其是在北京各大卖场,销量一直位居各大品牌之首,比第二名领先40%左右。

【启示】

奥克斯公司的这次公关策划传播取得很大的成功,通过揭示行业内幕打击侵害消费者利益的行为,为自己树立了很好的企业形象,从而提升了企业在国内的知名度。究其成功的秘诀,关键在于奥克斯公司很好地进行了公关的传播策划,并成功实施。

第一节 传播及其要素

传播是公关的三要素之一,是企业联系公众的纽带和桥梁。没有现代传播技术的产生,也就不会有现代的公关。没有传播理论的指导,公关的实务活动也是无法进行的。因此,必须认真研究公关工作中的传播问题。

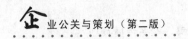

一、传播的含义

"传播"(communication)一词源于拉丁文 communit,其意是"共同",即在信息传播者和接受者之间建立共同意识。《大英百科全书》解释为"若干人或者一群人互相交换信息的行为"。克劳德·香农和华伦·韦弗认为"传播"是"一个心灵可能影响另一个心灵的全部过程"。韦尔伯·施拉姆做了个简明的定义:"传播可称之为对一系列传递消息的信号所含内容的分享而已。"拜尔乐的定义比较完善:"传播是传达人的意念,促进人与人之间了解的一种工具,它牵涉社会心理学、人类学、哲学、语言学等。任何生活在这个社会的人,都有必要了解传播知识。"

综合上述有关"传播"的定义,我们认为传播就是人与人之间信息的双向交流与共享的过程。

传播作为一种社会现象,作为信息交流的过程。具有以下几个主要特征。

(1) 共享性。传播活动的过程,就是信息分享的过程。

(2) 信息性。传播必然具有一定的、明确的内容,即信息。在信息的传播过程中,企业不是简单地输出信息,还应有复杂的双向交流;受传者(或受众)也不是被动地接收信息,还应包括主动地反馈信息。没有信息就没有传播。

(3) 中介性。符号和媒介是传播的中介。符号就是信息的载体,而媒介又是符号的载体。没有各种符号,信息内容就无所依附;同样,没有各种传播媒介,符号就无法到达受传者。符号和媒介是一切传播活动得以实现的中介。

(4) 目的性。传播的信息必然体现出传播者要达到的目的。传播的目的是希望发生相应的变化。人不会无缘无故地传播信息,也不会莫名其妙地接受信息。

受众是处在纷杂的信息环境中的,他们每天甚至每时每刻都要从媒介接触到大量的信息,其中很多信息都被过滤掉了,公众的注意力是企业激烈竞争的对象,为了防御"注意力搜寻者的猛烈攻击",公众将变得更加挑剔,甚至逆反。企业传递的信息将更加难以通过,产生的影响则更少,使得公关传播成为一场争夺注意力的战争。谁能获得公众更多的关注,谁就将赢得更多的机会。

二、传播的要素

公关传播过程由十个要素构成。

1. 传播者

传播者即信息的发出者,又称信源。在新闻传播中,记者、编辑都可以被看做是信源,而在公关工作中,公关从业人员向外传递信息时,就是信源。

2. 信息

信息即传播的内容。

3. 编码

编码是传播者根据传播对象的特点,按照一定的规则,将传播的内容编制成符号系统地传播出去,以便传播对象易于理解和接受的过程。我们说,既有符号又有内容也并不等于该信息就能传播成功,它还要求传播者根据传播内容和传播对象的特点,科学地编制符号。这就如同作曲家之所以能够谱写出令听众赞赏的好曲子,得益于他掌握了好的创作素材(内容)和根据听众的爱好、兴趣、欣赏水平来编排音符。

4. 信道

信道即传播的载体,亦即传播媒介,或称传播通道或通路。

5. 信宿

信宿也称受传者、传播对象或受众,是信息传播的归宿,也是信息的接受者。

6. 译码

译码即信宿在接受信息后,将信息的符号破译成自己能理解的内容。传播的信息能否被受众接受,接受以后能否被受众正确理解,主要取决于传播者的编码能力和受众的译码能力。

7. 干扰

干扰是在传播过程中使信息失真的因素。干扰可能出现在传播过程中的每一个环节中,它是影响传播质量、传播效果的重要因素。

8. 共同经验范围

共同经验范围即传播者与受众在某种范围内的"共同语言"。共同语言越多,传播效果就越好。若毫无共同语言,传播就会无法进行。所以,成功的传播,要尽量寻找与受众之间的共同语言。

9. 反馈

反馈即来自接受者的反应。公关传播者往往要根据反馈来调整自己企业的政策和行为或改进传播方式以提高传播质量。

反馈的形式有以下几种。

(1) 正反馈,是与传播者传播信息所希望达到的目的相一致的反馈。

(2) 负反馈,是与传播者传播信息所希望达到的目的不一致的反馈。

(3) 显反馈,是明显公开的反馈。

(4) 隐反馈,是隐蔽潜在的反馈,如顾客投诉、消费者来信、用户来访等。隐反馈对企业暂时不会形成舆论威胁,但往往反映出企业存在问题的苗头,而且不便于企业收集。公关工作既要系统地收集显反馈,注意舆论对本企业的评价,又要定期地收集隐反馈,以防患于未然,把不利于企业的事件解决在萌芽之中。

(5) 零散反馈,即断断续续、零零星星的反馈。这种反馈要比没有的好,但由于其断断续续、零零星星,也可能产生误导作用,使企业忽视这些信息反馈。

(6) 系统反馈,即完整、定期的反馈,如企业定期进行的形象调查:企业知名度调查、企业信誉调查等。系统反馈可以为企业监测环境、制定对策,提供比较可靠的依据。反馈显示了公关传播是一种双向对称的沟通机制。根据反馈的多种形式和特点,公关工作就是要为企业逐步建立和形成一套系统的反馈网络,收集各种反馈信息,为企业的经营管理提供信息咨询,为企业的决策服务。

10. 环境

每一个传播活动都是在一个特定的时代和文化氛围内、一定的社会环境中进行的。在不同的环境中,同样的传播活动会产生不同的效果。

以上传播基本要素构成了传播的过程模式,如图9-1所示。

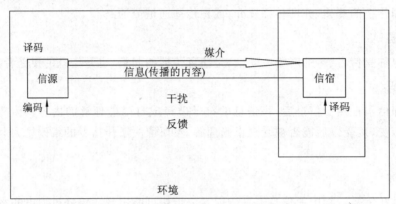

图9-1 公关传播过程示意图

第二节 传播的类型与方式

一、传播的类型

从传播的类型来看,一般分为五种类型。

(一) 自我内向传播

美国社会心理学家米德将自我分为主格人(I)和宾格(me)。自我的这两部分经常相互交流对话。人们既需要进行人际交往和人际交流,也需要进行自我交流。人们内心思考的独白,内在动机的冲动,自言自语,自我陶醉和自我发泄,就属于自我内向传播。

(二) 人际传播

人际传播指的是发生在个体与个体之间的沟通与交流,其表现形式为面对面传播与非面对面传播。前者一般通过语言、动作和表情等媒介进行交流;后者则通过书信、电话、手机短信、互联网等媒介进行交流。

人际传播双方参与度高,并有一定的隐私性,传播符号多样,手段丰富,信息反馈灵便,感情色彩强烈,但这种传播范围小、速度慢。

公关大量地运用人际传播来沟通企业与公众的信息,达到二者关系融洽的目的。在日常交往中的接待来访、各种会议和迎来送往等活动,就是通过公关人员与公众的直接接触来进行的。为了取得人际传播的最佳效果,公关人员就要注意自己的仪表、风度,言谈举止要大方得体,注意自己的形体语言和情态语言,了解沟通对象的内在心情,理解对方传递的细小信息,唯有如此,才能在人际传播中为企业在公众心目中留下良好的印象,也有利于企业与公众之间的沟通。

(三) 群体传播

群体传播是指个人与群体之间或小群体与小群体之间的传播。这种传播具有公开性，传播的内容具有一定隐秘性，传播中会有一定反馈，但传播的内容不一定完整。

(四) 企业传播

企业传播是企业内部成员之间、企业与企业之间的信息沟通与交流行为。传播是企业结构的核心，是企业存在的基础，没有传播就没有企业。企业传播有两种形式：一种是纵向职能传播，是上级与下级、企业与员工之间的角色沟通。其沟通方向是下行（自上而下）和上行（自下而上）的垂直传播。另一种为横向非职能传播，是员工与员工之间的感情交流与沟通。企业传播的目的在于稳定企业成员，应对外部环境，维持企业的生命力，增强企业的凝聚力和向心力。

(五) 大众传播

大众传播是指职业传播者通过报纸、杂志、广播、电视、网络等传播媒介，面对极其广泛的受众所进行的大量信息的传播。前面四种传播的特点是传播的主体和受体的联系比较直接，在信息和情感上都容易留下较深的印象；能够迅速得到信息反馈，反馈的方式较灵活，内容较清楚明白；传播主体可根据互动情况及时调整传播内容，补充说明某一信息内容。大众传播的特点是影响范围广泛，传播迅速及时；信息公开，面向社会；单向传播，反馈有限；传播内容由传播机构的职业传播者决定；传播的信息被赋予社会承认其重要性和社会性的意义。

了解了传播的类型和特点，在公关工作中就可以根据需要采取不同的传播类型。对小范围的特定公众，对需要获得较多信息反馈的公众，对需要产生较深印象的公众，对需要建立长期联系的公众，就可采用人际传播、群体传播、企业传播的类型。对大范围的一般公众，对需要迅速传播的信息，对需要让社会承认和重视的信息，对无须反馈的信息，就可争取用大众传播类型来传播。

案例分析 9-1

城门立杆

《史记·商君列传》记载：秦孝公责成商鞅制定变法的命令。命令制定好后尚未公布，商鞅怕百姓对新法不信任，于是在都城市场南门立起一根三丈长的木杆，昭示百姓：有能将其搬到北门的给十镒黄金。百姓对此感到惊奇，没有人敢搬。商鞅又宣布说："有能搬的人给他五十金。"有一人将信将疑搬走木杆，商鞅马上给这个人五十金，以表明言而有信。

总结： 城门立杆，不仅仅取得百姓的信任，也在信息不发达的战国时期起到了非常有效的宣传作用，是一个经典的公关案例。用很小的成本，做成了一件大事。

二、传播的方式

公关具体的传播方式有以下几种。

(一) 自办报刊

自办报刊,是指企业自己印制的、针对特定公众对象,定期或不定期发行的印刷品。

自办报刊在公关传播活动中,是一种简便易行而又行之有效的传播方式。由于它制作简便、快捷,能根据企业的公关活动进行经常的、有计划的、有目的的信息传播,并且可以反复阅读、便于传送。这就使它能及时向社会公众和内部员工传播企业的有关情况,有针对性地扩大企业对公众的影响。

公关人员在编辑、制作自办报刊时,首先应明确自办报刊的出版目的。自办报刊要和整个公关规划的需要相配合,要明确是为企业的公关目标服务,重点应放在促进公众对企业的理解、支持和建树企业形象上。其次应注意建立、健全通信员网络,联系特约稿件,发动读者来群策群力办好报刊;收集读者意见,根据信息反馈,提高报刊质量。最后,要注意了解自办报刊的效果,改进报刊质量,根据读者兴趣和反映的问题调整版面。

由于自办报刊能让公众及时了解企业的政策和管理情况,促进职工和管理者、外部公众和企业之间的了解,消除彼此的误会,增加职工的归属感,赢得公众的好感和支持,并且能引起新闻媒介的关注。同时又具有自主性和灵活性,因此世界各地的企业创办了许多质量很高的自办报刊。

(二) 制作图片与录像

图片资料是照片和各种图片的总称。图片作为公关传播资料有其独到的作用:图片能提供清楚具体的形象,能增加公众的印象感受和信任感。图片资料常用来配合文字资料说明某一问题,使公众在文字和图像的双重影响下,有更具体、更形象、更深刻的印象。配以图像的文字,还使公众感到更真切,更可信任。有时,图片也单独使用,主要用于文字无法说明、说不清楚的问题,或者图片本身就能传播很具吸引力和感染力的公关信息。

录像兼有录音、幻灯片、图片的优点。录像的优势有:制作简单方便,有摄像机就能制作公关传播所需的录像带;制作过程迅速,制作的磁带马上可以重放观看;可以与电视传播方式紧密结合起来,为电视台提供新闻稿、宣传稿;录制资料作为一种情报资料交换、保存,都具有较大的价值;录像资料用于展览、参观、会议、产品和服务介绍中,对公众也有较强的吸引力;录像资料除用于纪实之外,还可作艺术加工,能更好地收到传播效果。

(三) 报纸

报纸的优点是:发行量大,它与全国城乡的各种企事业单位和广大群众有较密切的联系;信息面宽,根据新闻信息的情况刊登要闻简讯和详细报道;信息清楚,不仅在于对有些消息可作深入细致的报道,而且在于文字可以反复阅读、仔细琢磨;读者的选择余地大,对自己需要的信息可仔细阅读,对不感兴趣的信息可以跳过;储存性能好,可长期保存,也可以剪贴、摘录、复印,还可以加以分门别类地整理和汇编,便于使用检索。

报纸的缺点是:在传播新闻的速度上不如广播和电视及时;在感染力上不如电视、广播形象生动。

(四) 杂志

杂志的优点:种类繁多,形式多样、发行量也比较大;其版面和内容比报纸更活泼、丰富,专业性较强,读者的范围比较稳定;报道更加深入细致和系统,一般能提供比报纸更翔实的资料,其学术和史料价值更多,更具保存价值;印刷较精良,感染力更强。

公关的传播活动在利用杂志这一传播媒介时,应了解杂志的读者面和它拥有的读者群,应注意自己传播的信息与杂志的特点、性质是否相符。

(五) 广播

广播的优点是:传播迅速、覆盖面大,其信息发出和接收一般不受空间限制;具有易懂的大众性,广播以人们最熟悉的口语方式传播信息,男女老少不论文化水平高低都可收听而且可以边做事边听;用口语广播,可以用音调的抑扬顿挫来更好地表达喜怒哀乐,因此更具有说服力和感染力;广播的形式丰富多样,新闻传播、专题报道、专访、讲座、对话、实况转播,使同一内容的信息以多种方式表现出来,取得较好的传播效果;广播节目制作过程简单,可以迅速制作,且成本较为低廉。

广播的缺点是:广播的内容一般较简洁、浅显,不能做深入、细致、详细的报道,对复杂的事物和复杂的过程难以交代清楚。

(六) 电视

电视的优点是:具有音像同步的特点,可以真实生动传播事情或事情发生、发展的过程,能使观众产生身临其境的真实感,具有较强的吸引力;电视传播是最接近面对面的个人传播,传播时聚集在屏幕前的又以家庭和各种小群体为多,他们在同一时间共享同一信息,彼此间交流和互动,容易产生亲切感,从而具有强烈的感染力;电视节目不受观众文化程度的影响,老幼皆宜,具有大众性;电视表现手法和节目内容丰富多样,可综合运用文字、图片、动画、电影、声响等各种技巧以及特技手段来加深观众的印象。

电视的缺点:节目制作成本高,制作过程也稍长;节目有固定时间,观众的选择余地较小,一般都处于被动地位。

(七) 互联网络

互联网络已成为人们生活的一部分,有着巨大的传播力量。它可以跨区域、跨国界、24小时传播。既汇集了文字、图像、声音、视频等多种传播形式,又创造了如电子邮箱、博客、QQ等丰富多样的沟通方式,并且可以双向互动。企业要充分利用互联网这一工具来和公众沟通,传播自己的形象。

(八) 手机短信(手机信息)

手机短信传播方式愈来愈受到重视,应用越来越频繁。运用恰当可以发挥很好的作用。

鉴于上述新闻传播媒介各有优缺点,公关的传播活动在选择新闻传播媒介时应综合考虑下述几个问题。

一是要考虑传播活动的对象公众的文化水平、工作和生活习惯,以最适合他们理解、最能引起他们注意、最符合他们工作和生活习惯的传播媒介来传播公关信息。

二是要考虑传播的信息内容:这一内容是以文字传播,还是以声音、图像传播为最佳?这一信息的内容是需要简洁表达即可明白,还是需要进行详细说明才能产生效果?这一信息只需反复播映即可,还是需要仔细研读?从而选出最合适的传播媒介。

三是要考虑传播的经费开支。本企业的经济实力、公关的经费预算都是在选择传播媒介时应予考虑的。

四是要考虑所传播信息的时效要求。信息要及时传播,赶在什么时候之前,还是晚一点没关系,可以通过提升质量来弥补,这也是考虑的一个重要内容。这样可使公关传播活动节省开支。

以上几种传播方式的优缺点可用表 9-1 表述。

表 9-1 几种传播方式的优、缺点比较

传播方式	优　点	缺　点
自办报刊	简单易行,成本低,灵活	受众范围小
制作图片与录像	形象,内容丰富	内容不能迅速更改
报纸	发行量大	不够形象,传播速度较慢
杂志	种类多,专业性强	成本高,传播速度较慢
广播	受众范围广	不够深入、细致
电视	受众范围广,形象	成本高,时间较固定
互联网	范围广,成本低,内容丰富	不够强势,难以持久
手机短信	范围广,成本低,灵活,迅速	不够形象

第三节　公关传播媒介及效果

一、公关传播的含义和目的

(一) 公关传播的含义

公关传播是指特定的企业为实现其公关目标,综合运用各种传播方式和传播媒介,同企业的内部员工进行双向信息交流的活动过程。其基本含义包括以下几个方面。

第一,公关传播的主体是特定的企业,不是个人,也不是职业性的信息传播机构。

第二,公关传播的受众是特定的目标公众。目标公众是一个构成复杂、分布广泛的群体。这个群体通常可以概括地分成两部分:一部分是企业的内部员工,另一部分是与企业构成某种特定联系的外部公众。

第三,公关传播的渠道众多,媒介广泛。由于公众的构成复杂,形态各异,因此,公关传播要综合运用各种传播渠道和媒介,与自己的公众实现信息的交流。

第四，公关传播有其明确的目标。公关传播就是通过沟通企业与公众之间的信息联系来协调关系，树立良好的企业形象和声誉。尽管每一次具体的传播活动都有每次活动的直接目标，但说到底，公关的传播是服从于或服务于企业公关的总体目标。

第五，公关传播是一种双向传播。由于公众的理解、支持与合作是企业构成良好生存环境的前提，企业在公众心目中的形象如何，直接关系到企业的生存与发展。因此，公关传播十分重视公众对象的反馈作用，强调与公众对象平等的双向交流，这与单向地宣传、灌输是不同的。公关传播中不仅要真实、公正、准确地向公众传递信息，使公众了解企业，还要客观、及时、准确地从公众那里获得反馈信息，掌握自身的公关状态和形象状态，及时调整自己的政策与行为，以适应公众的愿望、需求，保持与环境的和谐及动态平衡。

第六，公关传播是带有明确目的性的传播。这一点在英国著名的公关专家弗兰克·杰夫金斯的公关定义中也表述得很清楚："公关是一企业为了达到与公众之间相互理解的特定目标，而有计划地采用的对内、对外传播方面的总和。"公关传播的总目标是树立、改善企业形象，形成有利的舆论环境，获得各界的支持。因此，在很大程度上，公关传播是一种宣传，其最终目的是要人们改变或建立某种意见或态度，是通过传播事实和观点，引导、影响人们思想认识的过程。在总目标指导下，公关传播的每一次具体活动、工作也要有具体的目的，如果目的不明确，有时是花了钱没效果，有时反而会造成负面效果。所以目的明确是公关传播工作首要的原则。

（二）公关传播的目的

这种目的明确的传播在很多情况下，要求目标公众也要明确，这是传播目的中的重要内容。企业每一次传播活动，接收者是谁，他们的情况如何、兴趣在哪儿，公关人员必须心中有数，有针对性地进行企业活动。这与大众传播一般化地估计受众及其特点是不同的。即使公关工作借助大众传播媒介进行传播，接收对象是模糊不清的，但公关人员仍应有明确的传播目标，以期引起目标对象的注意、关心。公关传播一定要避免盲目性、随意性。公关传播的一般性目的，根据传播效果四层次理论，可以分为以下四种。

1. 引起公众注意

在现实生活中，企业关注的焦点与公众所关心的问题往往是不一致的，公关传播的重要目的就是要使公众注意企业，在此基础上，才有可能使公众对企业产生认同、肯定的积极态度与行为。引起公众注意要靠传播内容及方式的出奇、新鲜，或为公众所急需。

2. 诱发公众兴趣

公关传播要充分利用传播的内容及方式使公众产生兴趣。成功诱发公众兴趣的根本一点在于了解公众兴趣所在，使公关传播的内容与方式同观众兴趣相结合。对公关人员来说，了解公众的兴趣、爱好以及他们的立场、观点，并据此开展企业自己的传播活动，是使公众对传播内容发生兴趣的首要条件。

3. 取得公众的肯定态度

公关传播不仅要使公众产生注意、发生兴趣，而且要使之产生肯定、认可的态度，或者是努力实现社会公众由否定态度向肯定态度的转变。由于态度是人们在社会生活中的经验长期积累形成的,它与主体的情感、信念、立场、需要有关,并常以利益与势力为转移。态度是人们心理活动的内在动力,它一经形成便具有相对的稳定性。因此传播要想改变公众的态度,必须做长期、大量、深入细致的工作。而在大多数情况下,公关传播要从公众的利益出发,照顾公众的需要,适应他们的已有态度,非在必要时,不要去做改变这些态度的努力。

4. 促发公众的支持行为

公众的支持行为就是让公众参与公关活动,购买宣传的产品,实施企业提倡的原则等,这是公关传播所能达到的最高目标,达到此,企业无疑就是非常成功的了。

二、公关传播的原则

在公关传播的过程中,有几个原则必须遵守。

(一)双向沟通原则

双向沟通原则是指传播双方互相传递、互相理解的信息互助原则。这一原则具体包含以下内容:一是沟通必须由两个人以上进行;二是沟通双方互为角色,任何一方都可传递信息,也可反馈信息;三是沟通双方相互理解并有所交流。从表面上讲,双向沟通原则并不太难理解,在生活中也不易被人忽视。但是在传播中则不尽然,有许多案例都说明双向沟通原则在公关过程中被忽略了,因此高度重视传播过程中的一些特殊的双向性原则是十分必要的。通常情况下,企业与公众的沟通应注意以下两个方面。

(1)创造沟通的共识区域。这里的共识区域是指信息接传各方在知识、经验、兴趣、爱好、文化传统等方面有近似之处。这些近似之处就是人们可以交流的范围。一般来说,传播者与受传者的类似经验越多,沟通的语言就越多,信息分享的程度也越高。不少企业在实施传播活动中,都把企业的产品同企业与公众的共识区域结合,从而形成彼此的有效沟通。例如,美国亨氏集团为了打开中国市场,将公关传播对象直接定为婴儿母亲,通过一些活动,引起她们对产品的注意,从而迅速在中国占领了市场。亨氏集团在其厂房还在建盖的时候,就在周围地区找到一些婴儿母亲,召开"母亲座谈会",由于母亲非常关心孩子的健康与成长,因而这一活动受到了母亲们的欢迎。她们踊跃参加,并就公司提出的食品配方、规格、价钱等问题提出了意见和建议。公司据此重新试制产品并免费提供品尝。亨氏集团通过在不同地区征集上千位母亲意见的做法,使亨氏婴儿米粉声誉大大提高。通过以上案例,公关人员应明确:共同的经验范围是建立传播沟通的基础。

(2)具备反馈意识。公关传播追求有效沟通,传播者与受传者必须具备反馈意识。所谓反馈意识,一方面是指沟通双方在互相理解后要有反应,它包括信息反馈的主动、及时、对路和适量等;另一方面是指沟通双方应根据反馈来做自我调节,它实际是用结果(输出信息的实践结果)对原因的反作用来调节沟通,使沟通的双方轮流充当施控者与受控者,彼此都对对方的行为产生制约力。在实际操作中,企业在其创立时期、顺利发展及危机阶段都需要反馈意见。在此我们强调当企业遇到无端指责及干扰时,更要重视反馈。企业在其发展时期,会遇到许多意外情况,对此,企业一定要高度重视,不要以它们"纯属无稽之谈"而置之不理,那样只会对企业产生不利后果。

案例分析 9-2

奥迪的忽视

现在流行的奥迪 100 小轿车,是德国大众汽车公司的一个分公司设计生产的。在美国,这种车型叫 Audi500,仅因公司对一则消息的报道未重视并及时反馈,至今都未恢复其原有的销售量。1986 年正当奥迪车销量大增时,美国一个全国电视新闻节目"60 分钟"报道了一则题为"Audi 车自己会开"的消息,大意为因刹车不灵致使老太太及她开的奥迪车一起闯进了游泳池。消息报道后,公司经调查向电视台表示是顾客操作不当,不属质量问题,过后便不再问及此事,继续生产。但由于公司未对事故直接原因做出解释,因而舆论界一时议论纷纷,结果使奥迪车年销量递减,到 1991 年已从 1986 年的约 6 万辆降到了 5 000 辆。虽然 1992 年政府出面证明厂家是对的,但是仍旧没有扭转奥迪车销量下降的局面。

总结:奥迪作为世界级的企业,仅仅因为一个小的新闻事件,便受到了如此之大的影响,可见社会舆论的威力。公关就是要弥补这些漏洞,不能因小失大。

(二)有效沟通原则

有效沟通原则是指通过沟通活动要取得预期效果的原则。任何一种沟通都可能存在有效、无效两种后果。公关传播追求的是有效沟通,即通过沟通使公众理解、喜爱和支持企业。公众是复杂的群体,他们对企业的了解、态度差别很大,所以对于沟通活动,从设计时起就要充分考虑它对受传者可能产生的效果,要尽量争取使受传者中多数出现对企业从无知到知晓、从漠然到喜爱、从偏见到认同、从敌对到合作的转变。在实践中,影响与公众有效沟通的因素有以下几方面。

(1) 信息的真实性与信息量的大小。对公众来说,虚假、空泛的内容丝毫不能引起他们的兴趣,更谈不上关注。另外,好的消息如果信息量不足或太小,则公众就会放弃对其的关注而转向另一个热点。因而适量传播与公众利益有关的内容是影响传播效果的首要一点。

(2) 传播者的方式与态度。公关人员在传播过程中一定要谦虚、尊重别人,要"投公众之所好",设身处地地为公众考虑,从公众角度讲话,这样才能取得好的效果。

(3) 传播内容的制作技巧与传播渠道的畅通。前者多指文章的写作、节目的编制是否易于人们接受,后者是指传播过程是否顺畅。印刷质量差、版面不清、有错别字、图像模糊、时间安排不好等,都是传播渠道不畅的表现。

三、公关传播模式

就传播模式研究来看,可以分为两大类:一类是传统的线性传播模式,即将传播过程确定为以传播为起点,经过媒介,以受传者为终点的单面、直线运动;另一类是新型控制论传播模式,其核心是在传播过程中建立"反馈系统",即不仅要求传播者把信息单向传递给受传者,而且要求把受传者的反应接收回来。此后又出现了针对传播中某一要素进行专题研究而形成的传播模式理论。传播模式的研究从传播过程的整体构建,到对传播过程因素的专门分析,越来越强调传播的效果。

(一) 拉斯韦尔5W模式

5W模式是由传播学的总体研究范畴规划者哈罗德·拉斯韦尔提出的典型的线性传播模式,即说明传播行为的一个简要方法是回答下列五个问题:谁传播,传播什么,通过什么渠道,向谁传播,传播的效果怎样。就此,拉斯韦尔把传播学的研究内容分成五个部分,即控制分析、内容分析、媒介分析、对象分析和效果分析。

5W模式在重大事件时发展为6W1H模式。重大事件的发生对社会的影响很大,因而在重大事件传播时应遵循6W1H的传播方略,即who——谁来出面,whom——向谁传播,when——传播时机选择,where——传播渠道,what——传播内容,why——事件真相,how——如何传播。

(二) 施拉姆互动传播模式

互动传播模式由美国著名传播学专家韦尔伯·施拉姆提出,是典型的新型控制论传播模式。他将控制论的研究成果运用于传播学的研究,在传播模式中引进了反馈机制,将反馈过程与传授双方的互动过程联系起来,使传播成为一种互动的循环往复的过程。

施拉姆的传播模式建立在5W模式对传播要素的界定基础上,它弥补了拉斯韦尔5W模式的缺陷,进一步揭示了传播过程的实质,为传播活动的运作提供了科学的机制。

(三) 拉扎斯菲尔两极传播模式

两极传播模式由美国著名社会学家保罗·拉扎斯菲尔提出,是针对传播效果专门研究而提出的理论。1940年,拉扎斯菲尔在美国俄亥俄州开展了一项有关总统选举的社会调查。调查结果证明,只有大约5%的人确认他们是受了大众传媒的影响而决定其投票倾向的,而真正影响人们投票行为的仍然是个人之间的接触和方方面面的劝说。于是,他提出了"两极传播"的假设。

拉扎斯菲尔的"两极传播"的假设是:"观念总是先从广播和报刊传向'意见领袖',然后再由这些人传到人群中不那么活跃的部分。"也就是说,信息的传递是按照"媒介—意见领袖—受众"这种两极传播模式进行的。这里所提出的中间环节"意见领袖",其作用与意义举足轻重。意见领袖又称"舆论指导者",指社会活动中能有较多机会接触来自各种渠道信息的人,即"消息灵通人士",或对于某一领域有丰富知识与经验的"权威专家",其态度和意见对广大公众影响较大。

在传播活动中,信息传播者大多是通过大众传播媒介来接触社会消费者的。当看到厚厚的报纸和每隔十几分钟就要跃上荧屏的电视广告时,我们应当意识到,大众传播媒介的力量是巨大的,但不是法力无边的。人们在进行传播时,千万不可忽略那些卓有成效的以人际传播和企业传播方式所达到的传播效果,千万不可忽略"意见领袖"的指导作用。

(四) 克拉帕受众选择"3S"模式

受众选择"3S"理论是由美国学者约瑟夫·克拉帕提出的,是针对受众进行专门研究而提出的传播模式理论。它主要强调认知主体的内部心理过程,并把公众看成是信息加工的主体。经过长期的观察和研究,传播学者发现受传者在接触媒介和接受信息时有很大的选择性,这就是受众心理上的自我选择过程。克拉帕将这一选择过程的三种现象概括为:选择性注意、选择性理解、选择性记忆,简称"3S"。

1. 选择性注意（selective attention）

受众总是愿意注意那些与自己观念一致的,或自己需要的、关心的信息,回避那些与自己固有观念相违背的,或自己不感兴趣的信息。因而,在面对诸多信息的刺激时,公众不可能对所有的信息刺激一一做出反应,只能有选择地加以注意。从选择性注意的角度看,信息要引起人们的注意,必须注意信息的强度、信息的对比、信息的位置、信息的重复、信息的变化等因素,以便使自己所发布的信息在众多信息中引起公众的选择性注意。

2. 选择性理解（selective perception）

选择性理解是指不同的人对同一信息做出不同意义的解释和理解。如果说选择性注意是人们对信息的一些零散捕捉,那么选择性理解则是对所注意的信息作有意义的思考。信息以符号为载体表达意义,对信息的理解则是对符号的翻译,以还原其本来的意义。也就是说,假如传播者与受众遵循的是同一思维逻辑,编码和译码能力相差无几,那么,理解的结论与信息的意义大体上应该是一致的。但事实上,所传信息常常并不等于公众所接受的信息,即受传者所理解、还原的意义与传播者意图传递的本来意义之间往往会有一定的差距。

受众的选择性理解为公众固有的态度和信仰机制所制约,就是所谓的"仁者见仁、智者见智",因而必须研究影响公众选择性理解的心理因素,如需要、态度和情绪三个方面。

3. 选择性记忆（selective retention）

一般来讲,受众总是容易记住自己愿意记住的事情,这种事情大部分与自己的需要、兴趣和简单易记有关,容易忘记那些与己无关和不感兴趣的事情。这种记忆的取舍,就是选择性记忆。

选择性注意、选择性理解、选择性记忆是受众心理选择过程的三个环节。这三个环节可以看成是受众心理的三层"防卫圈"。信息如果不合乎受众的个人需求,则会被挡在"防卫圈"之外。

事实上,受众的这种"选择性"是普遍存在的,它们是传播过程的主要干扰因素。在争议很大的问题上,这些干扰因素影响最大;相反,在一般性信息上,其影响就小得多。对于传播者来讲,关键在于研究受众的情况,有针对性地选择传播内容、方式,采取有效办法减少受众的选择性因素干扰,以达到预期的传播效果。

四、公关传播媒介

公关传播媒介是公关借以沟通、传播信息的载体。公关传播媒介,从不同的角度来看,可以有不同的称呼。

从公关传播媒介的物质形式上看,可分为符号媒介、人体媒介和实物媒介三大类。

(一) 符号媒介

在传播活动中,符号作为信息传递的表现形式,是信息传递过程中能引起传播互动的载体。符号媒介是现代社会运用最广泛的传播媒介,也是公关传播中最主要的媒介。现代传播的绝大多数媒介都归属于符号媒介。我们可以用"语言—非语言"和"有声—无声"两个维度对符号媒介进行划分。

(1) 有声语言媒介。有声语言即自然语言,是发出声音的口头语言。有声语言媒介是公关传播活动中不可缺少的。有声语言媒介的方式有:广播传递、答记者问、与员工谈心、电话通信、内外谈判、各类演说和为宾客致迎送词等。其中广播是运用最多、覆盖最广、作用最大的现代有声语言媒介。有声语言媒介的特点主要是信息接收直接、信息反馈迅速、形式灵活多样、传播效果明显。

(2) 无声语言媒介。无声语言是有声语言的一种文字符号形式,在公关传播中是通过文字进行信息传递的。其方式有:图书、杂志、报纸、会议纪要、社交书信、调查报告、电文、通信和公关简报等。无声语言媒介的特点是能超越时空,语言便于斟酌,内容具有深度,利于保存,但信息反馈不如有声语言媒介迅速。

(3) 有声非语言媒介。有声非语言,又称"类语言"。它是传播过程中一种有声而不分音节的语言。常见的方式有:说话时的重读、语调、笑声和掌声。有声非语言媒介的特点:一是无具体的音节可分,其信息是在一定的语言环境中得以传播;二是同一形式其语义并不是固定不变的,比如同是以笑声为媒介,可能是负载着正信息,也可能负载着负信息;又如掌声这种媒介,可以传递欢迎、赞成、高兴等信息,也可以传递一种否定信息等。

(4) 无声非语言媒介。无声非语言,指的是各种人体语言。它是以人的动作、表情、服饰等来传递信息的一种无声伴随语言。在公关传播中,无声非语言是一种广泛运用的重要沟通方式。表现在视觉方面,又可分为动态的和静态的两类。无声非语言媒介的特点:一是具有鲜明的民族文化性,比如人的有些动作,在不同的民族文化中所表示的语义信息会完全不一样;二是强化有声语言的传播效果,在交谈时,如果伴有适当的人体语言,会明显增强口头语言的公关效果。

符号媒介使用方便,传播面广,运用广泛,信息反馈周期比较短,所以,符号媒介是现代社会运用最广泛的传播媒介,但其可信度常常被质疑。

(二) 人体媒介

人体媒介是以人的形象、行为、服饰、素质和社会影响作为传送信息的载体。它包括企业成员(从领导到员工)的形象,社会名流、新闻人物以及能够影响社会舆论的其他公众等。由于人体媒介容易沟通传播双方的感情,所以,企业经常选用人体媒介来传播企业信息。

(三) 实物媒介

实物媒介是指包含某种信息,充当信息传递载体的实物,它包括产品、象征物、公关礼品等。产品是一种典型的实物媒介,它承载有品牌、商标、内在质量、外表形态、包装、售后服务以及广告设计等信息要素;公关礼品是企业根据一定的公关目标设计制作的、用于传递企业信息的一种载体,由于其含有信息价值和情感价值的成分,所以它的交际价值大于它的使用价值;象征物是传递企业理念与信息,展示企业形象的物品,如雕塑、旗帜、纪念章等。此外,还有购物袋、消耗性办公用品、用具等。

实物媒介在使用、传播、运用、信息反馈周期等方面不如符号媒介,但可信度却比较高,特别是产品这一实物媒介所传递的质量信息,自然要比广告宣传来得可靠。

案例分析9-3

北京2008年第二十九届奥运会吉祥物——福娃

2005年11月11日,北京奥组委发布了北京2008年第二十九届奥运会吉祥物——福娃。福娃由5个拟人化的娃娃形象组成,分别叫"贝贝"、"晶晶"、"欢欢"、"迎迎"和"妮妮"。5个名字的读音组成谐音"北京欢迎您"。

贝贝是鱼儿的化身,头部纹饰使用了中国新石器时代的鱼纹图案,传递的祝福是繁荣,代表奥林匹克五环中的蓝环。晶晶是一只憨态可掬的大熊猫,来自广袤的森林,象征着人与自然的和谐共存,其头部纹饰源自宋瓷上的莲花瓣造型,代表奥林匹克五环中黑色的一环。欢欢是一个火娃娃,象征奥林匹克圣火。欢欢是运动激情的化身,传递更快、更高、更强的奥林匹克精神,其头部纹饰源自敦煌壁画中火焰的纹样,代表奥林匹克五环中红色的一环。迎迎是一只机敏灵活、奋蹄如飞的藏羚羊,来自中国辽阔的西部大地,是绿色奥运的展现,其头部纹饰融入了青藏高原和新疆等西部地区的装饰风格,代表奥林匹克五环中黄色的一环。妮妮的创意来自天空,是一只展翅飞翔的燕子,还代表燕京(古代北京的称谓)。妮妮传递的是"祝您好运"的美好祝福,代表奥林匹克五环中绿色的一环。

这5个娃娃作为极具象征意义的实物传播符号,融儿童与动物为一体,是北京奥运会的核心形象之一,是传达奥林匹克精神和该届奥运会理念的重要载体。吉祥物具有浓郁的中国风格和特点,融入了大量的中国元素,体现了北京奥运会将营造一个有强烈人文色彩的视觉形象系统的要求,形象表达了北京奥运会"人文奥运"丰富而深刻的意蕴,充分反映了和平、友谊、进步、和谐的奥林匹克精神、理想和价值观。

总结:现代企业一般会借助多种手段来宣传企业,北京奥运会的福娃吉祥物就是一个很好的实物宣传成功的经典案例。

公关的三种传播媒介,有各自的传播作用。企业只有恰当、合理地运用这三种传播媒介,才能获取最佳的公关传播效果。

五、公关传播效果

就一般传播而言,一般人往往有这种印象,以为借助大众传播媒介极易造成范围广大的轰动性效果。实际上,传播效果是一个很复杂的问题,西方学者在这个问题上做了大量的探讨,仍然众说纷纭,莫衷一是。从事公关的传播,要想达到理想的传播效果,就要重视传播效果的研究。

早期的传播学者在研究传播效果方面提出了"枪弹论",认为大众传播媒介威力无比,所向披靡,它能够影响和改变社会公众的观念,并操纵他们的行为,受传者似乎就是一排被动挨打的靶子,从媒介里发出的思想、感情、知识和动机,会毫不受阻地击中受传者,其效果犹如皮下注射那样神速和有效。但是经进一步的研究表明,"枪弹论"过于耸人听闻,不过是一种粗暴的推理和想象,并无实际根据。后来人们抛弃了"枪弹论",提出了许多有关传播效果的新型理论模型,这些模型的共同点,就是主张"传播效果有限论"。

为什么是"效果有限论"?因为对受众(社会公众)的心理分析表明,受传者并不是任人摆布的玩偶,而是在传播过程中起能动作用的主体。当面对大量的传播信息时,人们总是愿意接受那些与自己固有观念一致的,或自己关心、需要的信息,回避那些与自己固有观念相抵触或自己不感兴趣的信息,这种现象叫做选择性接受。同一个信息,人们又可以根据自己的看法去加以解释,"仁者见仁、智者见智",这叫选择性理解。此外,人们还容易记住自己愿意记的东西,而忘记自己不喜欢的事情,这叫做选择性记忆。所以,大众传播很少能改变受传者固有的立场,在大多数情况下,大众传播媒介只是提供大量事实去迎合受传者的需要,从而只是强化了受传者固有的立场和观念。当然,某些不引起重大心理冲突的信息,某些受传者还没有固定成见的事物,通过大众传播媒介的反复宣传,可以培养起受传者的兴趣,或者在不知不觉中把某种观念灌输给他。

但是,这也不等于说大众传播对改变受传者的固有观念完全无能为力,心理学家发现,在受传者固有观念的外部有一个所谓"可接受范围",传播内容一旦进入这个范围,受传者会把它当作中性的或与自己接近的东西而不予抵制,这实际上就等于受传者的固有观念向传播内容靠拢了一步。久而久之,传播内容最终可以打进受传者固有观念的核心圈子里去,这是一个潜移默化的过程,需要有周密的传播计划和长期的努力,需要有对各种影响传播效果的因素的有力控制,并需要有其他手段配合。

信息传播的成功与否最终表现为对受传者在四个层次上的影响。

(一) 信息层次

信息层次是最基本的层次。即要使受传者得到欲知或未知的信息。在这个层次上公关所进行的活动除了交流信息之外没有其他目的。只要信息比较及时、比较准确地传递出去,并为受传者所理解,那么公关的传播就没有失败。

(二) 感情层次

感情层次是指受传者对传播者或信息的喜爱、情绪等。人非草木,孰能无情。感情是态度和行为的潜在因素。对公关人员而言,公共传播活动要十分注意联络与公众之间的感情。这个层次的形成往往是在不知不觉之中进行的。

(三) 态度层次

人们对自己接受的信息经过自己的思考、判断都会有一个态度。受传者对传播者的信息是认同还是排斥,这是由受传者的态度决定的。公关的传播活动在很大程度上是围绕公众的态度而展开的。它立足于精心策划的公关活动去影响和改变公众的态度,使公众理解、接受、支持自己的观点和主张。公关工作就是要通过传播影响公众对某一个问题的态度。态度层次是传播的重要层次。

(四) 行为层次

即传播引起了受传者的行为,是传播效果的最高层次和传播的最终目的。行为层次是以信息层次、感情层次和态度层次为基础的。

懂得并利用传播效果的有限性,对于开展公关理论的意义在于:

首先,不要对大众传播的作用抱不切实际的奢望和幻想。传播媒介并非万能,公关人员要争取公众对自己的良好印象,这有赖于许多因素的共同作用,不能单靠大众传播媒介,这也证明了前面提及的公关的基本原则,即公关不仅仅是宣传。

其次,要有打持久战的思想准备。传播虽非万能,但毕竟是公关工作的一个重要方面,应当努力做好。既然传播的主要作用在于长期的潜移默化的影响,因此,公关人员要掌握各种传播媒介的特性和受传者(即公众)的心理,通过周密的计划和坚持不懈的努力去争取良好的传播效果。这也是符合公关宗旨的,即建立良好的关系需要长期努力,是一项战略性的工作,要持之以恒。

最后,要综合运用各种手段。成功的宣传总是把大众传播媒介与其他各种人际沟通的手段结合起来使用的,因为公关传播的过程并不是单一的,而是一个复合的综合的实施过程。

技能训练

训练目标:

1. 熟悉公关传播的基本原则和模式;
2. 了解如何利用公关传播媒介进行公关。

训练内容:

2010年6月5日世界环境日前夕,绿色环保组织突然曝出HP的产品采用了不环保的材料,一时舆论哗然。HP很快遭遇到了来自全国各地的质疑之声,甚至有学校学生为了表示不满,而将电子垃圾邮件寄给HP总部。事实上,HP公司没有使用不环保的材料。

如果你是HP公司的公关策划人员,你将如何组织利用媒介来消除公众的误会,挽救企业的声誉?

训练步骤:

1. 了解目前公关传播的主要类型和方式;
2. 分析所有公关传播类型和方式中采用何种方式最为可行。

训练要求:

1. 对公关传播的主要类型进行收集整理;
2. 可以利用WTO或者其他的分析方法进行分析。

本章小结

本章首先阐述了传播的内涵及其构成要素，对传播各要素之间的关系进行了梳理，并综合概括了传播的类型及其方式；在此基础上，提出了公关传播的含义及其目的，系统地论述了公关传播的原则，对目前主流的公关传播模式进行了系统的总结和对比，最后对公关效果的评价进行了系统分析。

本章练习

一、判断题(10小题)

1. 企业公关传播的内容是信息。（　　）
2. 每一次传播活动都有其独特的环境条件。（　　）
3. 传播只存在于个体与外界环境要素之间。（　　）
4. 传播的载体称为信道。（　　）
5. 目前传播信息量最大的传播方式是互联网。（　　）
6. 根据传播效果的层次理论，第二个层次是引起公众的注意。（　　）
7. 5W传播模式的提出者是施拉姆。（　　）
8. 无声媒介属于符号媒介。（　　）
9. 人们总是愿意注意那些与自己观念一致的，符合自己需要或兴趣的东西，这种行为称为选择性注意。（　　）
10. 上海世博会的会旗和会徽从传播的物质形式上来看属于实物媒介。（　　）

二、单项选择题(5小题)

1. 企业公关的三要素之一，企业联系公众的纽带和桥梁是（　　）。
   A. 传播　　　　B. 企业　　　　C. 公众　　　　D. 信息
2. 企业公关传播中来自接受者的反应称为（　　）。
   A. 译码　　　　B. 干扰　　　　C. 共同经验范围　D. 反馈
3. 通过职业传播者在报纸、广播、电视等面对受众进行的大量信息的传播是（　　）。
   A. 群体传播　　B. 企业传播　　C. 大众传播　　D. 人际传播
4. 通过沟通活动要取得预期效果的公关传播原则是（　　）。
   A. 双向沟通原则　　　　　　　B. 单向沟通原则
   C. 有效沟通原则　　　　　　　D. 无效沟通原则
5. 传播效果的四个层次中，最基本的层次是（　　）。
   A. 感情层次　　B. 信息层次　　C. 态度层次　　D. 行为层次

三、多项选择题(5小题)

1. 下列属于公关传播媒介的符号媒介的是（　　）。
   A. 有声语言媒介　　　　　　　B. 吉祥物媒介

C. 无声语言媒介　　　　　　　　D. 无声非语言媒介
2. 受众选择的"3S"理论中包括的三种现象是（　　）。
   A. 选择性注意　B. 选择性理解　C. 选择性记忆　D. 选择性聆听
3. 一般而言，企业可以选择的公关传播方式可以有（　　）。
   A. 自办报刊　　　　　　　　　B. 制作图片与录像
   C. 报纸、手机　　　　　　　　D. 广播、电视
4. 传播的类型包括（　　）。
   A. 自我内向传播　B. 人际传播　C. 群体传播　D. 企业传播
5. 传播中信息交流的过程，包含的特征有（　　）。
   A. 共享性　　　B. 信息性　　　C. 中介性　　　D. 目的性

四、问答题

1. 公关传播中电视传播方式的优缺点。
2. 请说明传播效果的层次理论。
3. 请解释拉扎斯菲尔的两极传播模式。

五、案例分析题

亨氏集团的新产品

美国亨氏集团与我国合资在广州建立了婴幼儿食品厂。但是，生产什么样的食品来开拓广阔的中国市场呢？在筹建食品厂的初期，亨氏集团做了大量的工作，多次召开"母亲座谈会"，充分吸取公众的意见，广泛了解消费者的需求，征求母亲对婴儿产品的建议，摸清各类食品在婴儿哺养中的利弊。之后进行综合比较、分析研究，根据母亲们提出的意见，试制了一些样品，免费提供给一些托幼儿单位使用；收集征求社会各界对产品的意见、要求，相应调整医疗配比。他们还针对中国儿童食物缺乏微量元素以致儿童营养不平衡及影响身体发育的现状，在食品中加入一定量的微量元素，如锌、钙和铁等，食品配方更趋合理，使产品具有极大的吸引力，普遍受到中国母亲的青睐。于是，亨氏婴儿营养米粉等系列产品迅速走进千千万万的中国家庭。

1. 亨氏在公关的传播中着重注意了传播要素的（　　）。
   A. 信息　　　B. 反馈　　　C. 媒介　　　D. 效果
2. 亨氏在公关中采取的传播方式有（　　）。
   A. 语言媒介　　B. 广播　　　C. 报纸媒介　　　D. 电视
3. 按照企业的不同时期来划分，亨氏的公关传播应该是属于（　　）。
   A. 发展期　　B. 低谷期　　C. 风险期　　D. 初创期
4. 从上述案例中亨氏多次征求大众的意见可以看出，公关传播具有明显的（　　）。
   A. 社会性　　B. 互动性　　C. 共享性　　D. 符号性
5. 上述案例中，亨氏公关传播的主要目的是（　　）。
   A. 扩大企业知名度　　　　　　B. 扩大产品的市场
   C. 获得产品的建议　　　　　　D. 提高婴幼儿的食品质量

第十章 公关危机处理策划

学习目标

了解公关危机的含义、特征及类型,熟悉企业公关危机处理机制、企业公关危机处理的基本原则,掌握公关危机处理的基本程序与策略,深入认识企业公关危机处理的重要性。

案例引导

浙江巨化集团公司泄氯事故的危机管理

1993年8月11日,浙江巨化集团公司电化厂氯化车间罐装液态氯时,屏蔽泵的过滤器堵塞,换一台启动后又自动停掉。突然,"叭"的一声响,屏蔽泵的阀盖被冲出,发生了剧毒氯气泄漏事故。

该厂所在的地区人心惶惶。有传言说,"已有200多人死了"。外地人给衢州市民的亲戚朋友打电话,提醒注意风向变化,"准备逃命!"各种小道消息在车间、街头、饭店、车厢传递扩散。处在事故现场附近下风处的村民,担心氯气污染,成群结队涌到公司办公室要求赔偿、治疗……真实情况是:下午3时55分,抢险队已成功将泄漏的阀门关死,污染源已被控制。在事故和抢险过程中,只有5名职工中度中毒,5名职工轻度中毒,185名职工和15名消防员不同程度吸入氯气,产生了氯气刺激反应,根本没有人死亡。面对这场突发性的危机,巨化集团公司采取了什么办法迅速、妥善地处理危机呢?

首先,稳定前来上访的村民的情绪。社区领导人、衢州市副市长王似熊主动帮助公司把有关情况向柯城区领导通报,区委书记带领区乡干部迅速赶赴现场,协助巨化集团公司做好疏导工作。巨化集团公司经理韩春根代表公司表态:"对因氯气泄漏污染而给附近村民造成的损失,在调查的基础上做出实事求是的处理赔偿。"

接着,巨化电视台按照公司领导要求,把事故现场的直击报道和医院抢救伤员的情况剪辑整理成录像带,虽早已经过了电视台新闻节目的播送时间,但公司领导分析了公众的心理,当即要求插播。于是,电视台中断了正常节目,插播了近15分钟的专题报道。人们奔走相告,欣慰地说:"这下可以睡个安稳觉了。"

最后,在事故善后处理百忙之中,巨化集团公司经理韩春根、副经理骆光响还抽出时间接受省、市各新闻单位记者的专访。从8月11日事故发生到15日巨化集团恢复生产,《浙江日报》每天都针对公众关心的热点问题,由企业经济新闻部连续报道,产生了积极有益的影响。

这一场危机公关,突显了巨化集团公司对人民群众生命安全高度负责的良好形象。事实上,一个月前即1993年7月1日,原"衢州化学工业公司"刚刚改名为"巨化集团公司",公司借助这场成功的危机公关而声名远扬。

"危机困扰的时间,平均历时8周半,没有应变计划的公司,要比有应变计划的公司困扰的时间长2.5倍。"

"危机后遗症的波及时间,平均历时8周,没有应变计划的公司,也比有应变计划的公司长2.5倍。"

——《幸福》世界500强企业调查

【启示】

巨化集团公司的企业公关危机告诉我们,妥善的公关危机处理对企业的重要影响,如何在危机中转败为胜,甚至寻找进一步发展的契机。企业公关危机处理也是企业做大做强的必备条件。本章就将深入讨论企业公关危机处理的基本理论。

第一节 公关危机的含义与类型

一、企业公关危机的含义、特征

(一) 企业公关危机的含义

公关危机也叫危机公关,它是指由于某些突发事件及重大问题的出现,影响了企业生产经营活动的正常进行,对企业的生存、发展构成威胁,从而使企业形象受到严重损害。

企业发生危机的原因是多种多样的,在危机公关中,突发事件是危机公关的核心。这些事件既包括人为原因造成的,如经营决策失误、产品质量问题、工伤事故、政府制裁等,也包括由于自然原因造成的各种灾害,如洪水、地震、火山爆发等。无论何种危机,它都会给企业带来巨大的损失。若对危机处理不当,还会给企业带来灾难性的后果。"好事不出门,坏事传千里",危机的到来常常会引起媒体和公众的广泛关注。危机事件会对企业的品牌形象、信誉及消费者和股东的信心造成严重的威胁和影响。一不留神,危机事件就会成为企业商海航行中碰到的一块暗礁,轻则帆破桅断,重则船毁人亡。因此,正确认识、高度重视危机公关的妥善处理,是企业及企业公关部门和人员的重要任务。

(二) 企业公关的特点

了解公关危机的主要特点,既有助于我们认真做好公关危机事件的预防工作,又有助于在危机发生时,能够因势利导,有的放矢,减少损失,尽最大可能减小危机的负面影响。

从实践的经验来看,企业公关危机有以下特点。

(1) 突发性。几乎所有的危机事件都是在人们无法预料的情况下突然发生的,它往往会使企业措手不及。由于突如其来,常常使企业陷入混乱,打破企业正常的生产和经营活动。

(2) 未知性。又称为潜伏性,指企业公关危机包含许多未知因素,具有不可预测的特点,它往往潜伏着。比如说,航空公司可能会遇到空难事故,但不知道什么时候会发生;企业可能会受到舆论的批评、顾客的指责,但却很难预料什么时候受到批评和指责,事情是否会越闹越大,会不会由此使企业陷入更加不利的境地等。

(3) 危害性。任何危机事件不仅会给企业的经济利益和声誉造成不利的影响,破坏企业的正常运转或生产经营秩序,带来严重的形象危机和巨大的经济损失,而且也会给社会造成严重的危害,给公众带来恐慌,甚至造成直接的经济损失或精神损失。

(4) 舆论的关注性。在正常状态下,所有的企业都希望媒体对自己情有独钟,而在危机状态下,所有的企业都希望媒体对自己置若罔闻。但是,恰恰相反,危机的发生常常成为舆论关注的焦点,媒体争相报道,引发公众的高度关注。此时企业处于媒体的四面包围之中,可谓牵一发而动全身,一举一动都应谨慎从事,否则会使企业形象雪上加霜。

二、企业公关危机的类型

天有不测风云,人有旦夕祸福,对企业而言,危机每时每刻都有可能发生。并且,企业中存在的各种大大小小的问题与缺陷都有可能导致危机的发生。目前,企业中发生的各种公关危机主要有以下几种类型。

(一) 信誉危机

信誉危机是指使企业信誉和企业形象都会遭到严重损害的危机。这种危机或是由于企业的产品、服务质量有问题,或是由于企业不能履行合同等原因,损害了消费者的权益而造成的。信誉危机是企业自身的"恶疾",若不及时"医治",往往会对企业造成重创甚至使企业走向毁灭。因而,一旦企业发生信誉危机,"早诊断、早治疗",才有可能还企业一线生机。如国内某知名保暖内衣企业,2002年还被评为上海名牌产品,资产过亿元,市场占有量很大,但2003年却因质量问题受到中国消费者协会的质疑,企业转眼之间走上了绝路,消失在保暖内衣市场。

(二) 市场危机

市场危机是指由于市场环境风云突变,或是消费者购买需求有变,竞争对手营销能力增强等原因导致的企业危机。如果说信誉危机是企业自身的"恶疾",那么市场危机则是由于企业不能及时适应市场变化,用"以不变应万变"的死板态度去迎战变幻莫测的市场竞争的恶果。"流水不腐,户枢不蠹",常变才能常新,常变才能长存。一条道走到黑,在瞬息万变的市场面前,自然是死路一条。

(三) 管理危机

管理危机是由于企业领导决策失误或是管理不当造成的企业危机。我国目前有相当一些企业存在决策不当、管理不善、人才流失、投资失误等问题。管理水平的低下导致这些企业经济效益不佳,生存和发展步履维艰。若不立即做出根本性的变革,必将使企业的生产经营严重恶化,最终也会使企业江河日下。管理不当的企业犹如处于亚健康状态的人,若不及时改变生活方式,加强锻炼,迟早有一天会从亚健康变成真疾病。如某保健品企业,由于没有对环境进行有效的分析评估,在缺乏稳健的资金保障和完善的管理机制的情况下,采取激进的扩张战略,盲目进入房地产业,结果由一个拥有上亿元资产的庞大企业集团迅速衰落,负债高达几亿元。

(四) 灾变危机

灾变危机是由于自然灾害和不可抗拒的社会灾乱而造成的企业危机,如受到暴雨、山洪、地震、雷击等自然灾害的侵袭,或因战争、恐怖活动等因素使企业正常运营受到影响而引发的公关危机。灾变危机大多是不以企业的意志为转移的突发性危机。如2003年的SARS危机、伊拉克战争危机、2004年的禽流感危机,都使众多企业一夜之间遭受重创。

(五) 媒体危机

媒体危机是由于企业内部丑闻、重大事故、法律纠纷等被媒体曝光,或是由于媒体报道失实,使企业形象尤其是企业美誉度受到严重损害而发生的企业危机。现代社会是信息化社会,媒体的影响力广泛而深远,公众对企业的印象大多是通过媒体获得的,因而,媒体危机往往会使企业失去公众的信任和支持,若不采取重大措施,危机是很难度过的。如某老字号食品企业使用陈馅做月饼,被中央电视台曝光后,非但不承认错误,反而振振有词地宣称"用陈馅做月饼是行业的普遍做法",引起公众一片哗然。一时间,批评、起诉、索赔接踵而至,不久这家有着八十几年历史的老字号就宣告倒闭。

以上是常见的几种企业公关危机。除此之外,企业还会发生法律、政策、信贷、外交、素质等各种危机。

第二节 企业公关危机处理机制

一、企业公关危机处理机构的设置

(一) 企业公关危机处理机构的设置

危机管理企业架构的设置是实现危机管理机制的企业保证。理论上所阐述的企业架构的各种形式,对某个具体的企业来说,无所谓哪一种形式是"最好的"或哪一种形式是"最优的",而应该探索哪一种形式是"最合适"的,或者哪几种形式组合才是"最合适"的。一般而言,危机管理企业架构的设置应实行三级企业三级管理的方式。

第一级为"危机管理委员会",是决策机构,由企业中有关方面的中高层领导组成,是最高级兼职的矩阵式机构。它的主要职责是制定危机管理的政策、制作本企业的《危机管理手册》,配备危机管理办公室的人员,检查、监督平时危机管理的工作,主持定期的危机管理工作会议,负责处理重大的危机事件等。

第二级为"危机管理办公室",是常务执行机构,由一定的专职人员组成。作为常设机构,一般平时可由公关部或办公室承担。它的主要职责是负责危机管理各项工作的贯彻和落实,收集信息,监控市场,做好兼职人员的培训工作,负责处理一般性的危机事件,定期向危机管理委员会汇报工作。

第三级为"危机管理工作小组",对一些跨地区的企业来说属基层性的操作机构,或叫现场性的操作机构,也是一种矩阵式机构。平时由一些兼职人员负责与总部的危机管理办公室保持业务联系,当然,也可以负责处理日常的零星投诉。

企业公关危机处理机构的设置可用图10-1来表示。

图10-1　企业公关危机处理机构的设置

(二) 危机管理人员的配备

英国危机公关专家里杰斯特提出,危机管理人员配备的最佳方案应该如下。
(1) "出主意的人",点子多,创意多;
(2) "善于收集情况的人",信息最重要;
(3) "提反面意见的人",多角度、多方位考虑;
(4) "管理档案的人",材料是最好的见证;
(5) "重视人道主义的人",是处理危机时各方注意的焦点。

根据上述公关人员的配备要求,公关人员需要重点培养以下四个方面的能力。
(1) 具有灵敏的嗅觉,能于细微处感觉危机的萌芽;
(2) 具有水一样的思维——"液态思维",即以"柔性"来贴紧现实生活中的硬性;
(3) 具有闪电式的应变力,"兵来将挡,水来土掩",不能使用生搬硬套的方法来处理严峻的危机,任何模式都不可能在现场生搬硬套;
(4) 具有换位思考的素质,用"假若我是他(她)会怎样做"的方式,设身处地为公众着想。

二、"发言人"制度的确立

危机事件的初期,往往是传言四起,消息混乱。为了保证对外宣传高度的一致性,主动引导舆论,危机管理委员会必须设立"发言人"制度,"一个声音,一个观点",以正视听,掌握危机处理的主动性。

"发言人"的选择,必须强调具有极强的沟通协调能力和应变能力。第一,他必须负责任地向外发布真实的信息;第二,他必须从容地面对新闻媒体,面对公众,甚至要面对意想不到的不利环境;第三,他必须有理有节地驾驭场面,以良好的人格魅力影响公众。"发言人"的综合素质本身也体现了企业的形象,对危机处理产生直接影响。

三、第一时间快速反应通道的建立

第一时间快速反应通道的建立包含两方面的内容。

(1) 意识问题,即对处在萌芽状态的危机事件的一种敏感性。缺乏这种敏感性,就丧失了快速反应的前提,从而贻误良机。

(2) 企业的管理系统问题,即企业的整个管理系统是否有利于快速沟通、快速决策、快速执行。如果整个企业管理系统层次复杂、叠床架屋,势必反应迟钝,也同样贻误良机。第一时间快速反应通道必须是畅通的、首尾相接的、快速反馈的一个呈封闭状态的危机管理系统。每个企业应视自己的不同情况,制作一张危机处理快速反应通道图,并在培训时反复讲解,以便各部门在执行时按"轨道"操作。

四、危机形态的预测与评估

危机形态的预测是一项很重要的防范措施。预测有两种方法:一种是找出企业历史上曾经发生过的危机,因为发生过的事可能再次发生;另一种方法是找出同行或类似企业发生过的危机,引以为戒。危机形态可按不同的角度进行划分。

1. 按危机引发原因分类

(1) 产品质量引发的危机;
(2) 产品价格引发的危机;
(3) 广告宣传不规范引发的危机;
(4) 竞争对手恶意中伤引发的危机;
(5) 销售员跳槽带走客户引发的危机。

2. 按危机危害程度分类

(1) 一级危机或 A 类危机,危害程度极大;
(2) 二级危机或 B 类危机,危害程度较大;
(3) 三级危机或 C 类危机,危害程度较小。

评估潜在危机的基本任务是要预见可能发生的最坏情况,然后再估计其产生的影响。方法可以借助潜在危机评估的模型进行。该模型的形成必须有两个指标:危机影响值和危机发生的概率。

危机影响值的计算方法是先提出以下五个问题:
(1) 假如危机逐步升级,危机会加剧到何种程度?
(2) 新闻媒体或政府部门对公司的审查会达到何种程度?
(3) 危机会在多大程度上影响正常业务的进行?
(4) 公司在公众中的形象会受到多大程度的损害?
(5) 公司的净利润会受到多大程度的影响?

可以把这些问题的答案绘制在标有从 0(零度)到 10(可能达到的最大限度)的尺度的一张图上(见图 10-2)。把这五个问题的答案对应的数值平均起来,便会得到从 1 到 10 的危机影响值(crisis impact value,CIV)。假设我们对某一类危机五个问题的答案是:

第 1 个问题的影响度是 5,
第 2 个问题的影响度是 4,
第 3 个问题的影响度是 6,
第 4 个问题的影响度是 7,
第 5 个问题的影响度是 4。

图 10-2 危机影响值示意图

于是这类危机影响值应该是这样计算的:(5+4+6+7+4)/5=5.2。一般而言,危机影响值超过 5 是比较严重的,说明必须引起高度重视。

为了估计最坏的情况,还需要获得另一项信息,即这种情况发生的概率。显然,发生概率高的危机更应引起人们的高度重视。把危机影响值和危机发生的概率这两个值标在危机晴雨表坐标上,就形成了评估潜在危机的模型。这个模型有四大区域,如图 10-3 所示。

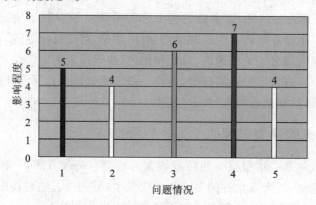

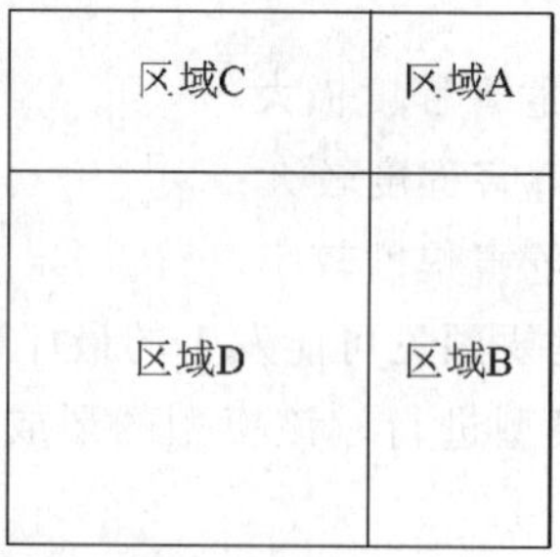

图 10-3 评估潜在危机的模型区域

(1) 区域 A,又称为红色区域(red zone),危机影响值高于 5,其发生的概率大于 50%;

(2) 区域 B,又称为琥珀色区域(amber zone),危机影响值高于 5,其发生的概率小于 50%;

(3) 区域 C，又称为灰色区域（gray zone），危机影响值低于 5，其发生的概率大于 50%；

(4) 区域 D，又称为绿色区域（green zone），危机影响值低于 5，其发生的概率小于 50%。

了解和分析潜在危机所处的区域，是为了处理危机时更好地把握有理有节的原则，不至于"眉毛胡子"一把抓，而少了轻重缓急，影响处理效果。

第三节 企业公关危机处理的基本原则

一、"3T"原则

英国危机公关专家里杰斯特提出关于危机处理的"3T"原则："Tell your own tale"（以我为主提供情况）；"Tell it fast"（尽快提供情况）；"Tell it all"（提供全部情况）。

第一个"T"强调的是危机处理时企业应牢牢掌握信息发布的主动权，包括信息发布人要由本企业的人担任，信息发布要从企业自身角度出发，以此来增加信息的保真度，从而主导舆论，避免发生信息失真，甚至出现信息真空的情况。从操作上说，应该贯彻"发言人"制度。如果危机发生在外地，应该立即特派专人赶赴现场，掌握第一手材料，以确保信息发布的真实性。从轻重缓急的角度看，"Tell your own tale"，应是危机传播的首要原则。

第二个"T"强调的是危机处理时企业应尽快地发布信息，占有主动性，以避免由于信息真空或信息被其他媒体抢先报道而造成企业的被动不利局面。要做到尽快对外发布信息，以正视听。首先必须遵循第一时间出现在第一现场的原则，以便于随时随地把最新的信息发布出去；其次，在危机处理过程中，危机管理小组需要在一个设备齐全的危机控制中心办公。这个办公室应该具有以下设备。

(1) 充足的通话线路，其中至少有一条为专线，这样可以方便焦急的当事人亲属和新闻媒介以及其他外界团体给企业打电话；同时还要备有足够的内线电话，以便于企业内部上下级和部门之间的沟通协调。

(2) 无线电设备。

(3) 处在危险情况下的各种装置、危机概况的显示图以及处理危机所需调动的人力、物力分布、重要任务的地址电话等。

第三个"T"强调的是信息发布应真实全面，对与危机相关的信息要实言相告。越隐瞒真相越会引起更大的怀疑。苏联在处理切尔诺贝利核事故时，由于没有将全部真相公布于众，结果引起东欧乃至西欧国家更大的恐慌。我国 2003 年非典早期，由于没有及时将疫情真实全面地告知公众，也一度造成极大的恐慌，但随着政府将信息定期向社会公开后，公众有了知情权，了解了疫情的真实情况，人们的恐慌心理消除了，政府的信誉提高了，并且为政府从容有效地应对处理危机事件创造了良好宽松的社会环境和条件。

案例分析 10-1

可口可乐中毒事件

1999年6月初,比利时和法国的一些中小学生饮用美国饮料可口可乐后,发生了中毒事件。一周后,比利时政府颁布禁令,禁止本国销售可口可乐公司生产的各种品牌的饮料。

1999年6月17日,可口可乐公司首席执行官依维斯特专程从美国赶到比利时首都布鲁塞尔,在这里举行记者招待会。当日,会场的每个座位上都摆放着一瓶可口可乐。有趣的是,绝大多数记者没有饮用那瓶赠送与会人员的可乐。

记者招待会的第二天,也就是6月18日,依维斯特在比利时的各家报纸上出现——由他签名的致消费者的公开信中,仔细解释了事故的原因,信中还做出种种保证,并提出要向比利时每户家庭赠送一瓶可乐,以表示可口可乐公司的歉意。

与此同时,可口可乐公司宣布,将比利时国内同期上市的可乐全部收回,尽快宣布调查化验结果,说明事故的影响范围,并向消费者退赔。可口可乐公司还表示要为所有中毒的顾客报销医疗费用。可口可乐其他地区的主管,如中国公司也宣布其产品与比利时事件无关,市场销售正常,从而稳定了事故地区外的人心,控制了危机的蔓延。

此外,可口可乐公司还设立了专线电话,并在互联网上为比利时的消费者开设了专门网页,回答消费者提出的各种问题。比如,事故影响的范围有多大,如何鉴别新出厂的可乐和受污染的可乐,如何获得退赔等。整个事件的过程中,可口可乐公司都牢牢地把握住了信息的发布源,防止危机信息的错误扩散,将企业品牌的损失降到最小的限度。

6月22日,可口可乐公司行政总裁艾华士直飞比利时接受专访,公开向消费者道歉,并表示了可口可乐对于重塑消费者信心方面的信心和举措。

6月23日,比利时卫生部决定,从24日起取消对可口可乐的禁销令,准许可口可乐系列产品在比利时重新上市。

法国财政部长施特劳斯·卡恩24日宣布,从即日起取消对可口可乐的禁销令,批准可口可乐系列饮料重新在法国上市。施特劳斯·卡恩是在法国食品卫生安全部门对可口可乐饮品检验合格后取消这一禁令的。法国食品部门在对法国敦刻尔克的可口可乐生产基地进行了数据安全检查后证实,现在该基地生产的可口可乐、淡味可乐、芬达和雪碧等系列饮料都十分卫生,完全可供消费者饮用。

随着这一公关宣传的深入和扩展,可口可乐的形象开始逐渐恢复。不久,比利时的一些居民陆续收到了可口可乐公司的赠券,上面写着:"我们非常高兴地通知您,可口可乐又回到了市场"。孩子们拿着可口可乐公司发给每个家庭的赠券,高兴地从商场里领回免费的可乐:"我又可以喝可乐了。"商场里,也可以见到人们在一箱箱地购买可乐。

中毒事件平息下来,可口可乐重新出现在比利时和法国商店的货架上。

从第一例事故发生到禁令的发布,仅10天时间,可口可乐公司的股票价格下跌了6%。据初步估计,可口可乐公司共收回了14亿瓶可乐,中毒事件造成的直接经济损失高达6 000多万美元。

总结:公关危机处理的一个很重要的原则就是要及时处理、靠前指挥,等到危机造成一定影响再去处理就要付出很大的代价了。

二、公众至上原则

这是公关的核心原则,也是危机处理的核心原则。没有这条原则,小危机也会转化成大危机。我们可以从以下两个相反的例子中得到更多的启示。

案例分析10-2

洗衣机事件

1991年8月5日,上海市远洋公司职工朱某偕其妻前往上海某百货商店购买小天鹅8型全自动洗衣机。营业员按照单价便直接开出了一式三联发票,发票开出的品名为小天鹅8型洗衣机,价格为1 080元。收银柜核收货款和发货验票均"一路绿灯",钱货两清后,朱某雇车将洗衣机运回家中。事后商店发现其中有误,即营业员误将小天鹅8型全自动洗衣机的价格1 290元开成了1 080元,少收了210元人民币。商店随即前往朱某家要求补齐少交的210元,朱认为自己是按票提货,拒绝商店的补款要求。此后,商店便向朱某夫妇所在单位、居委会和派出所反映情况,请求企业协助做工作,致使朱某被远洋公司暂停出海。朱某认为,少收货款是由于营业员工作失误造成的,他本身没有过错,而商店这种追补货款的做法在单方面对其造成了不良影响。他坚持要求商店在消除影响后才返还洗衣机,并同时收回1 080元。由于双方意见不一致,协商未成,商店遂于1991年12月6日和1992年4月分别向黄浦区人民法院和南市区人民法院提出诉讼,要求朱某返还不当得利的210元人民币。南市区人民法院于1992年5月开始审理这一案件,双方代理人在法庭上展开激烈辩论,原告律师认为是"差错",被告律师认为是买卖双方的"合同行为",有发票为证。最后一审判决被告归还洗衣机于原告,原告退还被告1 080元;同时,原告负担案件受理费20元,被告负担30元。

几乎与此如出一辙的另一事件,其结果却大不相同。

在布鲁塞尔的一家超级市场,一位顾客买了一台照相机和变焦镜头。货架上标价是2 500比利时法郎,但在收款处电脑上打出的价格是1 500比利时法郎,收款员不相信自己的眼睛,又打了两遍,还是和第一次打出的一样。收款员只好耸耸肩对顾客笑着说:"先生,你走运了"。然后按 1 500 比郎收取货款。之后,立即通知有关部门来修理电脑。

总结:同样的事情,不同的处理方式,从根本上反映了两个企业不同的顾客服务理念。同时也说明了一个道理,公关不仅仅是公关人员的事情,企业的每个员工、每件事情的处理都会对企业产生影响。

为什么两件由头相似的事件,严格地说也算是一种"危机",却出现了如此截然不同的处理结果呢?究其原因,显然与各自处理危机的原则不同密切相关。毫无疑问,在后一个例子中,该超级市场虽然损失了 1 000 比利时法郎,但却不仅赢得了该顾客的信任和赞誉,该顾客并因此而成为该超级市场的"回头客",甚至"忠诚顾客",而且会将这种良好的感受进行人际传播,形成一笔无形资产,而这笔无形资产终将会转化为企业的利润。但在前一个例子中,尽管该商店打赢了官司,其结果却是失去了更多的顾客,破坏了商店的社会形象,其损失将是长远的和无法估量的。

公众至上的危机处理原则还体现在必须执行人道主义原则。危机在不少情况下会带来生命财产的损失,因此,危机处理中首先要把受害的公众放在第一位。只有这样,才能安抚受众,尽快地化解危机。

三、维护声誉原则

维护声誉是危机处理的出发点和归宿点。企业的声誉是企业的生命,而危机的发生必然会对企业的声誉带来影响,有时甚至是致命的。因此,处理危机时,一切都要以维护声誉为宗旨。

案例分析 10-3

喝 涂 料

2000 年 10 月 10 日,在北京发生了这样一件事:一家叫富亚的涂料厂,多年来一直为市场的混乱而苦恼,为劣质产品充斥市场而气愤。为证实自己的涂料无毒、无害,该企业精心设计一场让"真猫、真狗喝涂料"的活动。为此,他们提前两天在《北京晚报》刊发了广告,一方面向广大消费者作安全承诺,另一方面也借此向同行发出倡议。

上午 9 点 30 分中国建筑文化中心建筑展览馆门前,真猫真狗喝"富亚"涂料的实验突然遭遇一场意外:几名海淀区动物保护协会的人不仅坚决要求立即停止使用动物喝涂料实验,还几次强行要把正准备喝涂料的小动物带走。现场秩序一时很乱,围观者越聚越多。

可到了这个时候,突然中止实验,怎么向读者、消费者和顾客交代呢?总不能就这样结束一场已经策划好的活动吧。现场还特意请来了公证处公证员,公证处的同志面对突然出现的情况也表示无奈,既然没有真猫真狗喝涂料,公证也没有必要了,是否也要取消?

面对这一突发事件,企业的总经理采取一个更绝妙的对策,亲自端起新开启的涂料当众喝了一大口,他说:"既然动物保护协会出面了,不让我们的猫狗实验富亚涂料是否无毒,那么,我是人,富亚涂料也是我研究开发出来的,为了证明富亚涂料无毒,安全,又环保,就让我来喝吧。"

几天后,北京一媒体以"富亚公关活动遭抗议 老板当众喝涂料化解危机"为标题,刊登了这一案例。案例中的老总为了证实自己对消费者的承诺,以自己的身体做实验来维护企业的声誉,从而迅速化解了一场危机。

总结:喝一口涂料,化解了一场危机。非常事件,非常手段。

第四节 公关危机处理程序与策略

一、深入现场,了解事实

造成公关危机的原因很多,可以从企业内部和企业外部两方面来查找。一般来说,企业内部原因是最基本的原因,是导致公关危机的主要原因,如企业自身素质低下、管理缺乏规范、经营决策失误、公关行为失当等。企业外部原因主要有:自然环境和社会环境的突变、政策体制变化、恶性竞争、公众误解等。不管是企业内部原因还是企业外部原因,都有可能引发企业危机。而只有查清危机的原因,才能有的放矢,制订有针对性的应对方案和措施,有效处理危机。

为了查清原因、分析情况、确立对策,公关人员必须深入现场,了解事实,这是危机处理中最必需的一步。有的危机事件,企业领导人还必须亲自出马。中外成功的危机公关案例都有一个共同的特点,这就是领导人亲赴第一线,因为这样做会给人一种敢于负责、有能力、有诚意解决危机的形象。相反,领导人在重要危机发生后不能及时赶赴一线,必然对处理危机造成恶劣影响。

案例分析 10-4

王老吉的"添加门"

2009年4月13日,杭州消费者起诉王老吉,称自己的胃溃疡是由于饮用王老吉所致。5月11日,国家疾控中心营养与食品安全所常务副所长严卫星给红罐王老吉定性:王老吉中的有些成分和原料,不在《食品安全法》已经规定的既是食品又是药品的名单之列,王老吉卷入"添加门"危机,风波骤然掀起。

危机后的第二天,广东食品协会就紧急召开记者招待会,称王老吉凉茶中含有夏枯草配方是合法的,不存在添加物违规问题。事发仅4天,卫生部也发布声明确认王老吉凉茶在2005年已备案,并认可夏枯草的安全性。

总结:性质相同的事情,不同的结果。第一时间做出反应,是民众的要求,也是企业公关人员必须记住的一条公关原则。

在查清原因的基础上,应当根据危机事件的性质、特点、起因等的不同,迅速制订危机处理方案,包括如何对待投诉公众、如何对待媒体、如何联络有关公众、如何具体行动等。

二、分析情况,确立对策

对于已经发生的危机,如何应对,一般来说可以采取以下应对措施。

(一)立即成立危机处理临时机构

公关危机爆发后,企业应立即成立由企业领导人、公关人员和部门负责人组成的危机处理临时机构,或者将平时的危机管理机构作为危机时的危机处理小组,以为公关危机事件的有效处理提供强有力的企业保证。

(二)迅速隔离危机险境

当出现严重的恶性事件和重大事故时,为了使企业及其相关公众的生命财产不受损失或少受损失,必须采取有效措施,迅速隔离危机险境,其中应特别做好被困人员和重要财产的隔离,对于伤员更要进行无条件的隔离救治。

(三)严格控制危机势态

在严重恶性事件爆发后的一段时间里,它还可能进一步恶化和转化,迅速蔓延开来。因此,必须采取得力措施,控制危机范围的扩大。如当企业的某些部门与逆意公众群体发生对抗性冲突时,必须及时阻止和劝开,以免对抗升级。

(四)及时收集有关信息

在危机爆发和延续的过程中,公关管理人员还应即时实施全面观察,观察的内容主要包括危机事件发生的时间、地点、涉及人员、影响范围、发展情况、危害程度等。在危机事件得到控制后,还要迅速进行调查,从事件本身、亲历者、目击者和有关人士那里广泛全面地收集信息,详细做好记录,为危机事件的妥善处理提供充分的信息基础。

三、安抚受众,缓和对抗

根据危机处理方案,采取一定的措施和办法,对公关危机事件做出具体妥善处理,其中最关键的是,如何安抚受众,以便缓和对抗。一般的处理方式往往是先自我表白一番,极力为自己作解释,这是危机处理的大忌,即便你有千条理由,而此时就应该先安抚受害公众,真心诚意地取得他们的谅解,这样,危机才有可能顺利化解。其一般的做法有以下几方面。

(一)协商对话法

协商对话法是指通过协商对话的形式,开展企业与当事者公众之间心平气和的平等交流和双向疏导,双方在互相倾听和思考对方意见的基础上,化解积怨,消除隔阂,统一认识,平衡关系,达到新的合作,以积极的态度处理好已经出现的公关危机事件。

(二) 思想工作法

思想工作法是指通过意识形态的传播、教育和引导,对当事者及其他有关公众开展思想政治工作,使公众提高觉悟,认识问题,并主动配合和协助企业处理公关危机事件,解决各类公关纠纷,走出各种公关逆境。这种方法一般在企业内部员工关系危机处理中应用得比较普遍。

(三) 舆论引导法

舆论引导法是指通过对社会舆论的引导来理顺企业与相关公众的关系,从而达到对公关危机的妥善处理。这种方法要求事先了解可能或已经在公众中出现的一些反应,再通过信息发布等形式进行较大范围的舆论宣传,去广泛影响和全面引导公众,使不正确的、消极的公众反应和社会舆论转化为正确的、积极的公众反应和社会舆论,从而引导公众朝着与企业密切合作的方向发展。

(四) 损失补偿法

损失补偿法是指企业出现严重异常情况时,特别是出现重大事故时,公众有着较大损失,企业必须承担责任。在这种情况下,企业应给予公众一定的精神补偿和物质补偿,以弥补公众的损失。

(五) 权威意见法

权威意见法是指在某些特殊的公关危机事件处理中,企业与相关公众所持看法不一致,难以调和,这时必须依靠权威发表意见,按权威的意见处理。权威主要有两种:权威机构,如政府部门、专业机构等;权威人士,如公关专家、行业专家等。在许多情况下,权威意见法往往能对公关危机处理起到特殊的作用。

(六) 法律调制法

法律调制法是指运用法律手段来处理公关危机事件。法律调制主要包括两个环节:依据事实和有关法律条款来处理;遵循法律的程序来处理。

法律调制法的运用有两个作用:维护处理公关危机事件的正常秩序;保护企业和相关公众的合法权益。这种方法特别适用于企业因被他人侵权受到损害而形成的公关危机的处理。

当然,在某一具体危机处理中,并不一定只局限于一种方法,可以采取多种方法相结合。

四、联络媒介,主导舆论

危机突发时,公众的各种议论、舆论的不同报道,会造成一定程度的混乱,给人们造成一种恐慌,无法辨别事实真相。所以企业内部应确定一名新闻发言人,代表企业向内外公众介绍危机事件真相和企业正在做出的努力,让公众尽快了解事实,杜绝谣传,理智地对事件做出分析判断。在危机过程中,企业的各类人员由于对事件真相的了解程度不一,以至众说纷纭,影响外部公众。因此,企业领导者必须首先让内部员工了解事实,统一对外发布信息的口径。同时,企业应妥善处理与新闻界的关系。一方面,主动告知事件详细背景材料与最新进展,积极配合传媒有关该事件的报道,争取媒体对企业行为的理解和支持;另一方面,通过了解传媒报道的公众反响等反馈信息来阻止各种错误信息的进一步传播。处理危机最重要的在于沟通,企业注意不要在灾难发生时保持沉默,因为大多数公众听到"无可奉告"这句话时会将之默认为有问题。而且,沉默往往会激怒媒体,使问题更严重。妥善处理好与新闻界的关系要做好以下几点。

(1) 迅速解答记者提问,告知已证实的事实真相,保证新闻的及时性。最好在危机管理小组中派熟悉媒体工作规律的成员专门负责解答记者的一切疑惑,满足记者与公众的知情权。

(2) 在危机发生的开始,由于企业掌握的信息不够,可能无法解答记者的提问,一方面,企业应尽可能用企业的背景材料及设施情况来填补新闻空白;另一方面,应协助记者对危机原因进行调查与核实,以显示企业与媒体及公众的沟通之诚心。

(3) 针对失实新闻报道,企业应当及时指出并要求记者更正,切不可谩骂记者,有失风度,恶化彼此关系;对一些造谣中伤行为,企业可以邀请公正权威机构来帮助企业,请媒体予以配合。

(4) 对大小记者都要公平对待,最好让各大媒体都同步掌握信息。厚此薄彼的行为可能造成众说纷纭,甚至给恶毒者以可乘之机。

(5) 尽快公布企业在危机事件中所采取的一系列对社会负责的行为,以增强社会公众对企业的信任。

五、多方沟通,加速化解

这一步主要是争取其他公众、社团、权威机构的合作,协助解决危机。这是增加企业在公众中的信任度的有效策略和技巧。1993年6月,美国著名的饮料公司百事可乐公司发生罐装百事可乐饮料中发现注射器针头事件。虽然这件事不合逻辑,但媒介报道却让人宁可信其有。为了有力地澄清事实,百事可乐公司与美国食品与药物管理局密切合作,由该局出面揭穿这是诈骗案,请政府部门主管官员和公司领导人共同出现在电视荧屏上,更增加了处理这件事的权威性。

六、有效行动,转危为机

公关危机事件得到了妥善处理,并不等于危机处理的结束,还有一个企业良好社会形象的恢复和重建过程。这一过程的工作要点包括以下几方面。

(一) 树立重建良好社会形象的强烈意识

任何公关危机的出现,都会使企业的良好社会形象受到不同程度的损害。为此,必须进行良好社会形象的恢复和重建工作。企业的领导者和全体员工必须树立强烈的形象重建意识,要有重整旗鼓的勇气和再造辉煌的决心,而不能破罐破摔。须知,只有当企业的良好社会形象重新建立,企业的公关状态才能谈得上真正的转好。

（二）确立重建良好社会形象的明确目标

重建良好社会形象的基本目标是消除危机事件带来的形象后果，恢复或重新建立知名度和美誉度协调发展的良好声誉，再度赢得公众的理解、支持与合作。具体来讲，可分为以下四个方面。

（1）使公关危机事件的受害者或其亲友得到最大的安慰，取得他们的谅解；
（2）使利益受损者达到心理上的平衡，再度成为企业的支持者；
（3）使观望怀疑者消除顾虑，成为企业的忠诚合作者；
（4）使企业的知名度和美誉度达到有机统一，吸引更多的事业上的关心者和支持者。

（三）采取重建良好社会形象的有效措施

这些措施包括对内、对外两个方面。对内，要以诚实和坦率的态度，安排各种交流活动，以形成企业与其员工之间的双向沟通，增强企业管理的透明度和员工对企业的信任感；要以积极和主动的态度，动员企业中的全体员工参与决策和制定新的发展规划；要进一步规范企业的行为，加强企业的精神文明建设，增强企业的社会形象基础。对外，要与同行企业和公众保持联络与交往，及时告诉他们企业的新进展和新局面；要针对本企业社会形象受损的内容和程度，重点开展某些有益于弥补形象缺陷的公关活动；要设法提高本企业的美誉度，争取拿出优质的产品和服务在社会中公开亮相，从本质上改变公众对本企业的不好印象。

案例分析 10-5

压力锅爆炸事件

"H"牌压力锅、"M"牌压力锅是市场上销路较好的两大品牌压力锅。在竞争中，"H"牌压力锅派人买了 3 个 "M"牌压力锅并引爆之，在社会上造"M"牌压力锅质量不过关的舆论，结果使"M"牌压力锅厂损失巨大，客户纷纷退货，产品大量滞销。

"M"牌压力锅厂面对的危机是由于外来的故意行为造成的。危机的根本点，就是公众对"M"牌的产品质量不再信任，"M"牌压力锅厂在公众心目中的形象受到了损害。事件发生后，"M"牌压力锅厂果断采取措施，有效制止事态扩大。除了采取适当的手段保护自己的利益，反抗那些侵害自己利益的行为外，还通过公关手段，提高自身的形象，让自己的产品重新得到公众的信任。公关人员迅速同有关职能部门，及时调查分析，迅速了解事件全貌，判明危机事件的性质与来源，认真听取公众意见，选用恰当的方式、方法，恢复、发展企业的形象。针对不同公众确立相应的对策，制订消除事件影响的公关方案，及时采取措施消除危机。

总结： 危机也是契机。公关人员首先要改变一个观念就是，危机是无法完全避免的,同时危机的来临也不是死亡的来临,它可能会使企业获得新的发展机遇。

各种各样的企业,总会遇到各种各样的危机。危机有时也是一种契机,关键在于如何处理。

技能训练

训练目标:
1. 了解企业公关危机处理的主要原则;
2. 熟悉企业公关危机处理的主要程序。

训练内容:

三菱帕杰罗 V31.V33 越野车是日本主要为出口中国而设计的车型。V33 从 1994 年开始输入中国,V31 从 1996 年开始向中国出口。当时国内正在使用的三菱帕杰罗 V31.V33 共有 7.2 万辆。

2000 年 9 月 15 日,首先在宁夏回族自治区发现三菱帕杰罗 V31.V33 越野车刹车制动油管有很严重的问题。宁夏出入境检验检疫局立刻将情况报告国家出入境检验检疫局,引起国家检验检疫局高度重视。

2000 年 9 月 29 日,三菱公司接到国家检验检疫局的通知,着手对其产品进行质量检验。检验局紧急约见了三菱汽车公司北京事务所代表。三菱汽车公司最初提出这种情况是由于中国的路况不好造成的。中方人员反驳:所谓越野车就是为路况不好的地段设计的,如果都是走高级公路就没必要买越野车了,何况这样的车型还是专门为中国设计的。三菱汽车公司又提出,只能为通过正常贸易渠道进口中国的三菱越野车更换制动油管。中方人员再次反驳:三菱公司只要生产了有严重质量安全问题的产品,就有责任和义务进行维修和更换,否则由此造成的事故三菱公司负有不可推卸的责任。

2001 年 2 月 9 日,针对日本三菱汽车公司生产的三菱帕杰罗 V31.V33 越野车存在的安全隐患,国家出入境检验检疫局发布紧急公告,指出,由于日本三菱公司生产的帕杰罗(PAJERO)V31.V33 越野车存在严重安全质量隐患,决定自即日起吊销其进口商品安全质量许可证书,并禁止其进口。

如果你是三菱中国公司的公关负责人,你将如何处理此次三菱面临的危机?

训练步骤:
1. 了解当前三菱汽车质量问题事件的详细始末;
2. 了解当时三菱汽车质量问题发生后中国社会主要的社会舆论;
3. 分析各种社会舆论对三菱公司的影响;
4. 根据分析做出相应的对策。

训练要求:
1. 拟订初步的公关危机处理的思路;
2. 公关危机处理的思路要求具有可行性;

3. 对采取的公关危机处理方法进行可能的结果分析。

本章小结

本章从公关危机处理的基本内涵入手,分析了企业公关危机具有的突发性、未知性、危害性和舆论的关注性,进而提出了公关危机处理的基本原则和程序,应该以公关对象为本,贴近实际情况,有效行动,从而让人们相信并支持。现代企业面临的危机各种各样,企业只有主动积极、坦诚直接才能解决问题,反之,问题就会更加激化。

本章练习

一、判断题(10小题)

1. 公关危机主要是人为造成的。(   )
2. 公关危机处理机构的设置中第一级别是公关危机管理办公室。(   )
3. 公关人员一定要有很好的换位思考能力。(   )
4. 公关评估中的危机晴雨表坐标区域B表示发生的概率小于50%。(   )
5. 公众至上原则是公关的核心原则。(   )
6. 中国汶川大地震中有些企业受到了很大的损失,因为是自然原因造成的,所以可以不加理会。(   )
7. 当出现一些对公司可能有重大消极影响的危机时,尽可能地要做到大事化小、小事化了,尽量地掩盖事实。(   )
8. 出现危机时设立发言人的主要目的就是统一对外口径,避免不必要的麻烦出现。(   )
9. 当出现公关危机时,不可以使用法律等硬手段来化解危机,一定要采取软化的方法。(   )
10. 协商对话法主要在危机的双方可以就有关的利益进行内部协调的时候使用。(   )

二、单项选择题(5小题)

1. 企业信誉或者企业形象遭到严重损害的危机是公关危机的(   )。
    A. 市场危机　　　B. 管理危机　　　C. 灾变危机　　　D. 信誉危机
2. 企业公关危机特点中的潜伏性又称为(   )。
    A. 未知性　　　　B. 危害性　　　　C. 舆论关注性　　D. 突发性
3. 危机晴雨表模型一共分为(   )个区域。
    A. 一　　　　　　B. 二　　　　　　C. 四　　　　　　D. 三
4. 危机晴雨表中最安全的区域是(   )。
    A. 绿色　　　　　B. 灰色　　　　　C. 琥珀色　　　　D. 红色
5. (   )是企业公关危机处理的出发点和归宿点。

A. 维护声誉　　B. 公众至上　　C. 安抚民众　　D. 告知事实

三、多项选择题(5 小题)

1. 企业公关危机的类型有(　　)。
   A. 产品危机　　B. 灾变危机　　C. 人员危机　　D. 信誉危机
2. 安抚受众,缓和对抗的工作方法有(　　)等。
   A. 思想工作法　B. 协商对话法　C. 舆论引导法　D. 损失补偿法
3. 企业公关的特点主要有(　　)。
   A. 突发性　　　B. 未知性　　　C. 危害性　　　D. 舆论的关注性
4. 企业出现市场危机可能的原因有(　　)。
   A. 产品质量有问题　　　　　　B. 产品价格太高
   C. 产品是新产品　　　　　　　D. 产品的质量与宣传不相符
5. 发言人的选择必须满足的条件是(　　)。
   A. 发布真实消息　　　　　　　B. 优秀的表达能力
   C. 良好的人格魅力　　　　　　D. 是企业的高层人员

四、问答题

1. 简述"3T"原则。
2. 阐述公关危机处理的基本程序。
3. 解释公关危机的含义。

五、案例分析题

公关危机:塞勒菲尔德事件的教训

英国塞勒菲尔德核反应厂发生的核泄漏事故对公司造成了很大的影响。尽管事故没有对工人和周围的公众造成放射性危害,但至少损害了工厂经营者——英国核燃料公司的声誉。从人员伤害的意义上讲,事故的损失是很小的,但事故引起了社会的广泛关注。英国核燃料公司所做的糟糕的传播工作导致了社会公众对核安全的不安情绪。

1986 年 2 月 5 日,塞勒菲尔德核反应厂发生了一次非常严重的事故,液态钚储藏的压缩空气受到重压,一些雾状钚从罐中泄漏了出来。工厂多年以来第一次亮起了琥珀色的警报,大约 30 多名非必要人员撤离了危险区,当时只留下了 40 人来处理泄漏事故,以维护工厂其他部分的安全。

英国核燃料公司在宣布泄漏事故时,暴露了公司危机状态下的困境。一方面它向公众表示,要最大限度地让公众了解事实真相,另一方面又每天像挤牙膏一样一点一点地报出消息,这加剧了人们的恐惧。每一条消息都使记者有借口得以进行连续报道。

泄漏事故发生在上午 10:45—11:45。毫无疑问,媒介很快地就报道了所发生的事故,因为从工厂蜂拥出来的工人和琥珀色的警报,人们一眼就看出工厂出了问题,事故的消息随后就传开了。英国广播公司的电视记者詹姆斯·威尔金森介绍说,当他中午打电话时,工厂的新闻办公室还没有人做好发布事故消息的准备,所得到的回答只是些站不住脚的许愿,即工厂将发表一个声明。下午4:00才看到这个声明,而这期间媒介的记者一直提心吊胆地等待着。

工厂所犯的第二个错误是,厂里没有足够的新闻发布人来应付外界打来的询问电话。记者们发现他们要排队等候,于是不确定的因素滋生了人们的不安情绪,英伦三岛政府为此也十分焦虑。

第三个错误则是英国核燃料公司的新闻办公室在正常工作时间后停止办公。詹姆斯·威尔金森说,当探听消息的人在晚间给公司打去电话时,电话总机告知:请留下电话号码,等新闻发布人上班后再回电。

最后英国核燃料公司不得不开始收集有关信息。该公司花费200万英镑进行广告宣传活动,邀请公众参观塞勒菲尔德展览中心。这种开放政策是一年来对公众看待核工业态度的调查研究所产生的结果,调查表明:对外封闭的核工业,不但会失去公众支持,而且容易引起公众争议。

1. 资料突出反映了公关危机(　　)特征。
   A. 突发性　　　　B. 建设性　　　　C. 必然性　　　　D. 关注性
2. 资料中的事件属于(　　)基本公关危机类型。
   A. 组织行为不当引起的　　　　　　B. 突发事件导致的
   C. 舆论的负面报道所引起的　　　　D. 竞争对手故意破坏引起的
3. 对于上述资料中的危机,企业第一步应该做的是(　　)。
   A. 封闭消息　　B. 安抚群众　　C. 通报事件详情　D. 调查事故原因
4. 英国塞勒菲尔德核反应厂发生的核泄漏事故成为公关危机的主要原因是(　　)。
   A. 封闭消息
   B. 企业缺乏危机管理意识
   C. 企业自身违背了公关基本原则要求
   D. 事情过于突然
5. 资料中指出的第二个错误造成的直接原因是企业违背了公关危机处理的(　　)原则。
   A. 实事求是　　B. 勇于承担　　C. 积极主动　　D. 统一

第十一章　企业形象及CIS战略策划

学习目标

了解企业形象的含义、作用、特征、基本标志,理解企业CIS战略的基本内涵与特点,理解现代企业实施CIS的突出重要性,了解世界上先进的CIS理念。

案例引导

麦当劳的CIS战略的成功秘方

麦克·麦当劳(Mac McDonald)和狄克·麦当劳(Dick McDonald)兄弟二人在20世纪30年代美国经济萧条时期,离开父亲举步维艰的制鞋厂,于1937年在美国洛杉矶东部巴沙地纳开设了一家简陋的汽车餐厅。麦氏兄弟通过三年苦心经营,于1940年在圣伯丁诺又开设了一家较大的汽车餐厅。这家餐厅居然给麦氏兄弟带来了年均10万美元的利润。1953年,麦当劳兄弟开设了第一家麦当劳连锁店,但麦氏兄弟发现自己是"很差劲的连锁推销员"。于是,食品机推销员雷蒙·A.克罗克(Raymond A. Kroc)于1961年以270万美元买下了麦当劳的"连锁权"。克罗克成为汉堡包快餐业的奠基人,并放开手脚实施他的"麦当劳连锁计划"。

如今:

——在世界各地,只要看见那"M"字形的金黄色双拱门标志,那就是赫赫有名的麦当劳。这个标志凝聚着麦当劳传奇式的辉煌。麦当劳是世界最大的以汉堡包为主的超级快餐公司。它以"世界快餐王国"的姿态屹立于世界。

——麦当劳在全美国开设有9 500多家餐厅,在全世界72个国家和地区开设了14 000多家餐厅,每天接待2 800万人次的顾客。麦当劳已获得世界十大品牌桂冠,1997年度其品牌价值高达199.39亿美元,排在"1997世界最有价值品牌排行榜"的第四位,紧跟在可口可乐、万宝路、IBM之后。

麦当劳能取得如此辉煌的业绩,有一重要的法宝就是麦当劳CIS战略。

1. 麦当劳的"Q、S、C+V"经营理念

麦当劳的奠基人雷蒙·A.克罗克在创业初期,为快餐连锁店设立了"Q、S、C"

三个经营信念,后来又加上"V"信条,构成麦当劳快餐店完整的"Q、S、C+V"经营理念。

Q(quality):品质上乘。品质上乘是麦当劳执着追求的重要目标,这种追求几乎达到宗教般的狂热程度。北京的麦当劳95%以上的产品原料是在当地采购,但要经过4～5年的试验。

S(service):服务周到。服务周到指包括店铺建筑的舒适感、营业时间的方便性、业务人员的服务态度等。从员工进入麦当劳的第一天开始,就要训练如何更好地服务顾客,使顾客100%满意。麦当劳全体员工实行快捷、准确和友善的服务,顾客排队不得超过2分钟。按麦当劳标准,服务员必须按照柜台服务六步曲来服务顾客,在顾客点完所需食品后,服务员必须在1分钟内将食品送至顾客手中。

C(cleanliness):卫生清洁。员工上岗必须严格遵循洗手消毒程序:用洗手槽的温水把手淋湿并使用麦当劳杀菌洗手液,刷洗手指间与指甲,两手一起搓揉至少20秒后再彻底地冲洗干净,最后用烘干机将手烘干。如果手接触了头发、衣服等东西,就要重新洗手消毒。麦当劳员工规范中,有一项是:"与其靠着墙休息,不如起身打扫。"

V(value):物有所值。物有所值意为"提供原有价值的高品质物品给顾客"。麦当劳食品不仅质量上乘,而且食品是经过科学计算配比的,营养丰富,价格合理。能让顾客在清洁的环境中享受快捷的营养美食,这些因素合起来,就叫"物有所值"。现代社会逐渐需求高品质的水准,而且消费者的喜好也趋于多样化,麦当劳强调"V",意即要创造和附加新的价值。

2. 麦当劳的行为识别:O&T Manual、SOC、Pocket Guide、MDP

麦当劳的"Q、S、C+V"经营理念,不仅说在嘴上,写在纸上,挂在墙上,记在心上,而且真正落实到行动上,从洗手消毒程序到食品营养科学配比等,都充分体现了麦当劳对其经营理念的认真贯彻落实。与此同时,麦当劳为保证理念不流于形式,让理念真正起到指导、规范员工思想行为的作用,麦当劳紧紧围绕"Q、S、C+V"理念,把每项工作都标准化,能量化的量化,制定了一整套员工行为规范,即"小到洗手有程序,大到管理有手册"。

O&T Manual:麦当劳营运训练手册。随着麦当劳连锁店的发展,克罗克坚信:快餐连锁店只有标准统一,持之以恒坚持标准才能保证成功。为此,麦当劳公司编写了自己的营运训练手册。"手册"详细说明了麦当劳的政策,餐厅各项工作的程序、步骤和方法,并且不断地自我丰富和完善,使其成为指导麦当劳系统运转的"圣经"。

SOC(station observation checklist):岗位工作检查表。麦当劳把餐厅服务组的工作分成20多个工作站。例如煎肉、烘包、调理、品管、大堂等,每个工作站有五套"SOC"。SOC详细说明了在每个工作站应事先准备和检查的项目、操作步骤、岗位职责、岗位注意事项等。员工进入麦当劳后将逐步学习各工作站的SOC,通过各工作站的学习后,表现突出的员工会晋升为训练员,以训练新员工;训练员表现好,可进入管理组。所有的经理都从员工做起,必须高标准地掌握所有基本岗位操作并通过 SOC。

Pocket Guide:袖珍品质参考手册。麦当劳管理人员人手一份。手册详细说明了各种半成品接货温度、储存温度、保鲜期、成品制作温度、制作时间、原料配比、保存期等与产品品质有关的各种数据。

MDP:麦当劳管理发展手册。麦当劳系统专门为餐厅经理设计了一套共四册的管理发展手册,手册采用单元式结构,循序渐进。"手册"既介绍各种麦当劳的管理方法,也布置作业让学员阅读营运训练手册和实践。与麦当劳管理发展手册配合的还有一套经理训练课程,例如,基本营运课程、基本管理课程、中级营运课程、机器课程、高级营运课程等。餐厅第一副经理在学完手册的第三册后,将有机会被送到美国麦当劳总部的汉堡包大学学习高级营运课程。高一级的经理将对下一级的经理和员工实行一对一的训练。通过这样系统的训练,麦当劳的经营理念、行为规范就深深地渗透到麦当劳员工的行为之中。

大家庭:麦当劳强调在内部建立起大家庭式的工作环境。例如,公司内部上至总经理,下至一般员工都直呼其名,注重沟通和团体合作。每月召开员工座谈会,充分听取员工意见。

3. 麦当劳的视觉识别:金色拱门"M"麦当劳叔叔塑像

金色拱门"M":麦当劳(McDonald's)企业标志是弧形的"M"字,以黄色为标准色,稍暗的红色为辅助色。黄色让人联想到价格便宜,而且无论在什么样的天气里,黄色的视觉冲击力很强。"M"字的弧形造型非常柔和、简洁,和店铺大气的形象搭配起来,象征着麦当劳的"Q、S、C+V"像磁石一般不断把顾客吸进这扇欢乐之门。

【启示】

麦当劳在全球范围内遍地开花,广受欢迎,很大程度上得益于其有效的 CIS 战略。在经济全球化的今天,CIS 战略显得比以往任何时候都要重要,因为品牌本身也具有价值,从某种意义上甚至是企业生死存亡的关键。

第一节 企业形象概述

企业形象审美塑造是公关美学研究的核心问题。在市场经济条件下,任何一个现代化企业,只有树立起美好的形象,才能提高知名度和美誉度,才具有竞争力。

一、企业形象的含义与作用

(一) 企业形象的含义

要想弄清什么是企业形象,首先要知道"形象"一词的意义。"形象"一词一般是指客观存在的事物的外部具体形状,是指能够引起人们思想或感情活动的具体形状或姿态。形象既具有具体性和图像性,又具有主观性,即具体的形状图像总是通过人的感受起作用的。

从"形象"的意义可以这样定义"企业形象"。企业形象是指社会公众及企业成员对企业总体的印象和客观的评价。具体来说,企业形象是社会公众对一个企业的整体看法和评价,它包括企业机构是否健全、设置是否合理、人员是否精干、运转是否灵活、办事是否高效等。

公众对企业的观感和印象,具体来说,可以分为以下几方面。

(1) 企业表层形象,指厂容、厂貌、技术设备、产品质量等直观形象。

(2) 企业深层形象,指企业的精神面貌、群体意识、价值观念、道德风尚、成员素质、技术与管理水平、竞争能力等非直观形象。

(3) 企业实体形象,指企业经济行为给予公众的形象。企业实体形象,即企业的人员素质、精神面貌、技术和管理水平给予公众的观感或印象。从整体来说,还包括企业内部员工的评价与认同。它是企业与消费者、社会大众及相关企业不断进行物质、能量、信息交换中形成的"系统效应"。它使企业个性鲜明并诉诸社会,从整体上体现企业的声望、信息状况,反映社会对企业的认同程度,其中也包含公众对它的美学认识、判断和评价。

企业形象这个概念包含了以下四层含义。

(1) 公众是企业形象的感受者和评价者,这种评价是有一定标准的。

(2) 企业形象不是形象主体的自然流露,而是经过企业刻意塑造和追求的结果。

(3) 公众对企业形象的认知是整体的、综合的,而不是局部的、个别的,是经过理性选择和思考的最终印象。

(4) 公众对企业形象的认知要从印象上升为信念并据此做出判断、评价。

(二) 企业形象的作用

企业形象对企业的日常运作、生产经营和发展,具有不可或缺的作用。企业形象在激烈的市场竞争形势下,在企业生存的大环境中,对企业的生存和发展作用更为重大。建立良好的企业形象,具有十分重要的现实意义和历史意义。

1. 良好的企业形象有助于吸引顾客,使企业产品占领更大的市场

在品种繁多、让人眼花缭乱的各种商品中,为什么名牌总是有其独特的魅力,备受顾客的喜爱?在竞争激烈的经济社会中,为什么名牌产品、名牌企业总有长盛不衰的生命力?这正是因为名牌企业有其良好的企业形象,深得广大消费者青睐,使顾客产生认同感,从而选择该企业的产品。

对消费者而言,在购买商品的过程中,付出商品的价值,换回商品的使用价值,既然购买商品的最终目的是使用,买何种品牌本质上并不重要,而消费者却并没有在同种性能的一类商品中随便拿一个就走,而是经过一番比较、鉴别的。在同类商品中选择哪一品牌,天平偏差的筹码往往就是厂家的企业形象。知名度高、形象好的企业当然吸引顾客。

企业生产产品,而良好的企业形象为该企业的产品或服务增加一种消费信心。消费者购买这样企业的产品,不仅对质量、性能款式和售后服务等放心,而且还能因买到这种商标品牌的产品获得心理上的满足,充满喜悦之情。这一点在年轻人中体现得尤为明显。

同样的产品,名牌总是价格稍高一些,即使是这样,在经济允许的范围内,人们总是愿意买名牌产品。消费者在购买商品的同时,也买"放心"、买"品位"、买"名牌"。

良好的企业形象有助于吸引顾客,被顾客认可的企业在市场上当然具有较高的竞争力。如果企业形象好的名牌企业与一默默无闻的街道小厂同时推出一种新产品,即使两家推出的新产品性能并无明显差异,甚至街道小厂的新产品性能更好,人们也往往选择企业形象好的企业推出的新产品,可见在新产品抢占市场份额的过程中,良好的企业形象也是至关重要的。麦当劳在北京推出连锁店时,起初还惴惴不安,不知中国人能否接受,而结果却是宾客盈门,让他们喜出望外。其实,美国的快餐在中国推广,在价格上绝谈不上便宜,而人们之所以喜爱到这里来,不仅仅是为了充饥,更是因为这里的食品新鲜、卫生、口感好,环境清洁优雅,服务员热情。用顾客的话说,他们来吃一种"文化",这正是企业形象的能力所在。作为世界名店,人们也早已心向往之,能在中国品味美国文化,当然会引起人们的好奇心。

2. 良好的企业形象有助于企业增强其筹资能力

一个企业要良好地运转,扩大生产,都需要大量的资金。保持原有生产规模,维持原有利润,不进行扩大再生产,那是简单商品经济阶段的做法,不能适应今日的经济社会。而企业要发行股票,要吸引资金,要获得贷款,就要给股民、投资者、银行等以信心。这份信心从哪里获得?还是良好的企业形象。

投资方选择投资对象首先考虑的是该对象能否带给自己可观的经济效益,而一个企业形象良好、拥有较高声誉的企业会让人感到它有较高的经营管理能力,能足以获得投资者的信赖。而充足的资金对一个企业来说是至关重要的。

现在越来越多的人加入了股民的行列之中,股民们将手中的闲散资金投向何方,他们信任的是哪个企业,也取决于该企业的企业形象如何。企业形象不佳,声誉不够好,市场份额小的企业很难让股民对其产生信心。反过来,如果一个企业的产品深入千家万户,随处可见,口碑极佳,股民们当然信任它。

一个无名小厂濒临倒闭,急需大量资金,而厂里人心浮动,经营状况很差,这样的企业想获得银行的高额贷款是相当困难的。而一个生机勃勃的知名企业想扩大生产规模,需要一定的资金,其良好的经营状况会使其获取银行贷款的机会大很多。

3. 良好的企业形象有助于增强企业的凝聚力,使企业员工产生良好的心理

良好的企业形象可以增强企业员工的自豪感,使企业员工对本企业产生强烈的归属感。企业员工在社会中能够感受到企业形象给他们带来的羡慕目光,这非常有助于企业员工珍惜本企业的荣誉,与企业休戚与共。而这样的员工在工作中才能干劲十足,真正做到爱厂如家,充满创造力和责任心。

良好的企业形象会赋予企业员工一种信心,使他们坚信企业和个人的前途是美好的,从而自觉地把自己的命运同企业的命运联系在一起,产生强烈的使命感和责任感。这种主人翁精神使得企业员工不仅在工作中干劲十足,而且平时也注意自己的一言一行,不能给企业抹黑。而这种良好的员工形象正是企业形象的一部分内容,是企业形象的缩影,反过来又促进了企业形象的完善。

另一方面,具有良好企业形象的企业对内往往表现为尊重员工、关心员工,充满人情味,把增强企业凝聚力视为己任。因此,在这样的企业中,心理环境相对宽松,有助于个人才能的发挥,开发出员工潜在的创造力,也使企业员工人人关心企业的经营运转,把自己和企业视为一体,产生"这是我的企业,我要对它负责"的心理。

总之,良好的企业形象大大增强了企业的凝聚力。使企业员工紧密团结在一起,使企业具有强大的向心力。

4. 良好的企业形象有助于企业吸引人才,增强企业的发展实力

当今社会科技飞速发展,各种产品的科技含量越来越高,企业间的竞争很大程度上是科技水平的竞争,而科技水平的竞争很大程度上是人才的竞争。企业吸引人才的资本是什么?是企业形象。

对一个人来说,劳动、工作不仅仅是为了谋生,更高的目标是实现自身的人生价值,这一点在高科技人才中体现得尤为明显。常州化工研究所创业时条件很艰苦,员工经济收益并不高,为什么能吸引众多人才放弃优厚待遇来此工作?原因就是该所对外树立了重视人才的形象。

每年都有大批高校毕业生走向社会,每年都有许多人才在"跳槽"的观望之中,这些人选择怎样的工作单位,很大程度上看的都是该单位在社会所树立起来的公众形象。一个企业不可能十全十美,但总要有自己独特的吸引人之处,或待遇优厚,或工作环境宽松,或尊重人才,或充满人情味,或鼓励竞争、不论资排辈等。这样才会给人以深刻的印象,为人才流动的选择加上重重的砝码。

人才是一个企业的无价之宝,他们为企业带来新思维、新产品,最终给企业带来不可限量的经济效益。因此,就一个企业而言,树立良好的企业形象,就等于种下了茂盛的梧桐树,引得凤凰翩翩而至。

5. 良好的企业形象有助于企业获得社会的理解与支持

一个企业不能孤立存在于世,它需要获得整个世界的理解和支持。企业要和众多的政府部门打交道,企业要同所在社区密切联系,企业有困难要靠顾客、银行、政府等的支持渡过难关,而良好的企业形象将为这一切打下坚实的基础,为企业获得社会的支持赢得保证,从而能够使企业立于不败之地。

一个企业在激烈的市场竞争中生存,应该有一种危机感。即使是运营状态很好的企业也应居安思危,协调各种关系,不骄不躁,小心谨慎。

良好的企业形象为企业获得政府的信任提供了可能。企业以国家利益为重,遵纪守法,形象健康,效益良好,这些都使企业能够获得政府的重视和帮助。这样的企业遇到暂时的困难,政府就愿意在财政、政策上给予倾斜和支持,有助于企业重振雄风。

企业总要建于一定的社区之中,社区成员不自觉地对企业进行着宣传,并且给企业提供生活服务上、人才上、精神上的支持,社区还直接是企业产品的消费地之一。因此企业与社区的关系也非常重要。良好的企业形象能使企业获得社区成员的好感,获得许多的方便,要使社区成员以该企业在本社区为荣,这是对企业形象的检验和要求。

企业与其他相关企业不断发生关系,它需要其他企业提供原料、能源,需要其他企

购买它的产品,需要与同行企业协调关系,共享市场份额,需要获得其他企业的理解,在资金暂时不到位时给予融通,这些都要以良好的企业形象作保证。

总之,企业在社会上立足,就要时时与社会各界发生关系,企业形象的好坏直接影响社会对其的认可和企业的竞争力。

二、企业形象类型

企业形象可以划分为以下几种类型。

(一) 内在形象和外在形象

内在形象指企业的目标、企业的哲学、企业的精神、企业的风气等看不见、摸不着的无形部分,它是企业形象的核心内容。外在形象指企业的名称、商标、厂房、产品的外观,产品的包装、广告、公开活动等看得见、听得到的部分,它是企业内在形象的外在表现。

(二) 内部形象和外部形象

内部形象指企业的全体员工对企业的整体感觉和认识。外部形象是企业员工以外的社会公众对企业的感觉和认识。通常我们所说的企业形象一般指企业的外部形象。企业的外部形象固然重要,但是绝不能忽视企业的内部形象,它对企业的外部形象有着重要的影响。

(三) 直接形象和间接形象

直接形象指公众通过直接接触企业的产品和服务,亲自体验所形成的企业形象。间接形象指通过大众传播媒介或借助他人的亲身体验所形成的企业形象。树立企业形象,不但要重视企业的间接形象,更要重视企业的直接形象。企业只有有了好的产品,才能更好地满足消费者的需求,在此基础上,再通过广告宣传为企业树立良好的形象。

(四) 正面形象与负面形象

正面形象指公众对企业形象的认同或肯定的部分。负面形象指公众对企业形象抵触或否定的部分。任何企业的形象都由正、负两方面构成;企业应该既要看到自己的正面形象又要看到自己的负面形象,一方面努力扩大正面形象的宣传;另一方面又要减小负面形象的影响。

总之,企业形象研究是一个比较复杂的问题,影响企业形象的因素很多,企业要在公众中树立良好的形象,必须从自身做起,努力提高企业的文明度,扩大企业的知名度,增加企业的美誉度。只有这样,企业才能在公众中享有良好的声誉。当然,企业形象的好与坏,对于不同的消费者而言其判断标准是不同的,某些人认为该企业很好时,另一些人可能感到较差,但是必须明确一点,社会公众永远是正确的,这也正是我们经常说的"顾客第一"、"顾客是上帝"的道理。

三、企业形象的特征

企业形象作为某一特定范围内人们对企业印象的整合,既不同于企业发生的所有客观事实,也不同于某个个体的印象,而是有其自身的鲜明特征。

(一) 企业形象形成的客观性

企业形象是人们在对企业各方面有了具体的感知和认识之后形成的总体印象。因此,任何一个企业形象在形成过程中,都有其客观的基础。企业形象是现实企业各方面活动和所有外在表现这一系列客观状况的反映,具有鲜明的客观性。尽管我们可以借助有关手段在一定程度上主动地塑造一个企业的形象,尽管它是通过人们的主观意识与评价来反映的,但是,任何虚假的企业形象最终都不能成为财富,而只能使企业深受其害。因此,要改善企业形象,最关键的还是努力改善企业客观的现实,过多指望甚至完全依赖有关手段,如借助大众传播媒介等,是无法起到真正的效用的。

(二) 企业形象表现的主观性

企业形象是在企业客观现实的基础上形成的。但是,企业形象作为人们对企业的一种综合性认识,一种综合性的总印象,却使这一企业形象在表现上反映出其主观性的特点,也就是说,企业这一客观现实是通过投射到人的主观思想上才被认识的。作为认识、评价企业形象的主体公众,有着各自不大相同的认知能力、认识水平,他们的思维方式、价值观、利益观、审美观都各不相同;另外,他们观察企业的时空条件、审视评价企业的角度、标准和环境都有区别,因而必然使得他们对同一个企业所产生的感知和认同也不尽相同。这些由于公众而引起的差异导致了公众心目中企业形象的差异。因此,任何一个企业形象在所有公众中的印象绝不可能是完全一致的。这种主观的特点,就造成企业形象因人而异的结果。在塑造企业形象的过程中,必须充分注意到这一点,要学会在不同的公众心目中塑造不同的企业形象,才能使自己在各类公众心目中的形象丰满和富有色彩。

(三) 企业形象的相对稳定性

企业形象一旦形成,也就是公众对某企业的总印象产生之后,相对而言,这一形象就不会轻易或很快地改变。企业形象的这种不易改变性使得每个企业的形象具有相对稳定性的特点。企业形象是企业行为的结果。企业的行为可能发生这样或那样的变化。但是,这种变化却不会马上改变企业已存在的形象模式。这是因为,公众总是倾向于原有的企业形象,他们不会因为企业行为的某些变化而马上改变对某企业的看法,这是公众心理定式作用的结果。企业形象的相对稳定性,会自然地产生两个方面的结果:一是相对稳定的良好的企业形象有利于企业利用其稳定性特点开展经营管理活动,可以借助自己已经存在的有利条件,为企业服务;二是相对稳定的不良企业形象则会使得企业一时难以摆脱不良影响的阴影,这就需要企业通过较长时间的不懈努力才能挽回局面,重塑良好的企业形象。当然,企业形象并非一成不变,它完全有可能由于企业主动的努力或被动因素的作用而发生变化,稳定是相对而言的。

(四) 企业形象塑造的传播性

企业形象的塑造有其客观性,但其感受者是公众。企业为了能够主动地在广大公众心目中建树特定良好的企业形象,必须借助传播这一主要的渠道和手段。企业形象塑造过程离不开传播,使得企业形象的塑造具有传播性的特点。传播,是公关中具有突出地位的一种连接企业与公众的桥梁,也是公关主要的理论基础和有效手段之一。每个企业都应该充分认识到塑造企业形象过程中成功地运用和借助传播媒介的重要性。可以说,离开传播媒介有效而广泛的传播,企业对企业形象的建树过程有时会失去引导控制,这正是企业形象塑造的传播性特点所决定的。

四、企业形象的基本标志

企业形象如何,主要有三个衡量标志:知名度、美誉度、信任度。卓越的企业形象之所以卓越,正由于它们在公众中有着非常高的知名度、美誉度和信任度。

(一) 知名度是卓越企业形象的基础性标志

所谓知名度,指一个企业被公众知晓和了解的程度,产生社会影响的深度和广度。一般来说,任何一个企业从它出生的那一天起,申请了营业执照,挂出了企业招牌,开动了机器生产,迎接了首批顾客,就有了知名度。对于绝大多数企业来说,只存在知名度的高低,不存在知名度的有无。

知名度的高低,与两个方面因素有关。

一是与企业声誉传播范围的大小有关。企业声誉传播的范围小,知晓该企业的公众就少,企业的知名度就低。如有的小企业处于偏远荒僻的山村,又不注重宣传,其声誉传播只限于一村一乡之内,出了村,出了乡,就无人知晓,其知名度就很低。反之,企业声誉传播的范围大,知晓该企业的公众就多,企业的知名度就高。如国际型大企业,像可口可乐公司、雀巢咖啡公司等,声誉传播至世界上几乎每个角落,几乎每个国家的人都知道有这样一个公司的存在,其知名度就很高。

二是与企业信息被公众接受的多少、深浅有关。企业信息传播得多,被公众接受得多,反映得深,企业的知名度就高;反之,企业信息传播得少,被公众接受得少,反映得浅,企业知名度就相对低些。例如,对于同样具有国际性传播范围的大企业美国可口可乐公司与美国国际商用机器公司(IBM)来说,由于可口可乐公司生产的产品遍及全球,加上铺天盖地的立体式广告轰炸,公众不仅从视觉、听觉上接受了该企业的信息,而且从味觉、触觉上接受了该企业的信息,公众对它的印象自然非常深刻,对它的知晓自然更多一些。而IBM公司,对于大多数人来说,不可能接触、使用其产品,仅仅通过新闻媒介获知其声誉,其知名度比起可口可乐公司来无疑要逊色许多。

知名度一般是可以用等级来衡量的。大体可分为县乡级、省市级、全国级、世界级。例如,具有省市级知名度的企业,指声誉传播仅及一省一市范围内,为一省一市的若干公众所知晓;具有世界级知名度的企业,指声誉传播遍及全球,为世界各国的公众所知晓的企业。

高知名度是企业树立卓越形象的基础和首要标志。首先,只有企业让广大公众知晓,使广大公众了解企业的一切,对企业产生深刻的印象,也就是说,具有一定的知名度,才有可能在此基础上,进一步形成公众对企业的评价或赞美、喜爱、信任。如果该企业没有什么知名度,或知名度很低,没有多少公众了解它、知晓它,对它的评价、喜爱、信任又从何谈起呢?

正因为如此,凡是追求卓越形象的企业都千方百计首先在扩大知名度上下工夫。北京长城饭店是1979年由国务院批准成立的全国第三家中外合资企业。1983年12月试营业。饭店营业伊始,其负责人就把塑造卓越企业形象作为企业在激烈的市场竞争中发展的战略措施,而塑造形象首要的工作就是提高企业的知名度。为此,他们绞尽脑汁,多方奔走,在短时间内,连续举办了多项轰动一时的专题公关活动,其中最突出的一次,是他们利用美国里根总统首次访华这一为全世界关注的事件大做文章,争取到了为里根总统承办答谢宴会的机会。由于里根总统的到来,世界上的众多记者随之蜂拥而至,长城饭店的名字随着里根的宴请,一时传遍全球,知名度大为提高。

(二)美誉度是企业形象的实质性标志

企业的美誉度是指企业在公众心目中声誉美好的程度。如果说企业的知名度是从量上来衡量企业在社会公众中影响的大小,那么,企业的美誉度则是从质上来衡量企业在社会公众中评价的优劣。如果说企业的知名度是一个企业名气大小的标志,那么企业的美誉度则是衡量一个企业名声好坏的标志。

与企业的知名度不同的是,企业的美誉度对于每个企业来讲,不仅存在高低、程度的不同,而且存在有无之别。不是每个企业都具有美誉度的,那些在公众心目中呈现出晦暗形象的企业,是谈不上具有美誉度的。

至于美誉度的高低,通常可分为一般、较好、好、很好、特好几个层次。这样的划分并没有什么绝对的标准,它是各个企业形象在公众心目中经过比较得出的相对性评价。一般来说,那些在公众心目中并未产生特别好感,但又没有什么恶感的企业,属于美誉度"一般"的范畴;而那些在公众心目中产生特别好感,使公众产生喜爱、尊崇、羡慕之情的企业,则以其程度的深浅,分属于"美誉度"较好、好、很好、特别好的层次。只有那些世界上第一流的企业,才会有特别好的美誉度。

美誉度是企业形象更为重要的核心标志。这是因为企业的知名度只是从量上、从外在形式上体现着企业形象,或者说知名度只是企业形象外在的标志。当然没有一定的知名度,就谈不上有美誉度,知名度是美誉度的基础。但是,美誉度才是企业形象的实质性标志。从某种意义上说,知名度并不能说明什么。知名度大不一定是好事。有一些企业,知名度很大,可那是恶名远扬,世人尽知其劣迹,这样的知名度还不如不要的好。只有美誉度才能真正成为企业形象的实质性标志。一般来说,美誉度高,企业形象就卓越;美誉度低,企业形象就不那么卓越。美誉度越高,企业形象就越好。正因为如此,众多的企业都把强化美誉度当作塑造卓越企业形象的核心工作来抓。

案例分析 11-1

林氏木业的奇迹

林氏木业作为家具电商的代表性企业,家具产品质量的严控一直是企业战略重点。林氏木业坚持以产品作为核心竞争力,坚定以质量为核心的产品供给原则。

生产高质量家具产品,从原材料起就需要得到严格控制。林氏木业大力加强原材料、运输等各个方面管理,保障原材料和产品的质量,不仅指定合资质供应商进行原材料采购,从根本上保证产品的环保性,也对各个工序中的原材料进行监测,派专人对产品进行抽检,合格后才允许送进成品仓库。

林氏木业设有专业的品质管理部门,实时掌握原材料和生产情况,严格把控原材料、半成品、成品三方面的质量,保证林氏木业每一件产品到达顾客家后得到认可。

林氏木业还大力构建迅捷有效的售后反应体系,对顾客提出的问题在限定时间内给予处理,对顾客合理的要求毫不犹豫,尽量满足顾客的要求,获得广泛好评。在电商平台上的评价优于同类的企业。

2007年,林氏木业在顺德创立。

2013年,"双11"时林氏木业以1.6亿元的销售额创造家具类单天销量过亿纪录。

2014年8月,林氏木业在佛山启动首家O2O体验馆,宣布正式涉足O2O模式,加速线上与线下体验的融合。

——节选自凤凰资讯,http://news.ifeng.com/a/20170316/50784357_0.shtml

总结:在互联网无孔不入的今天,美誉度对企业和产品具有决定生死的重要性。良好的美誉度能够帮助企业迅速占领市场,如潮的差评也可以转眼之间淹没一个企业。林氏木业依托互联网迅速建立起了良好的美誉度,从而很快占领市场,而企业对产品和服务质量的不断追求才是成功的基石。

(三)高信任度是卓越企业形象的核心标志

信任度指公众对企业的信任程度。一个企业只要获得了公众对它的某种信任感,就有了信任度;公众对一个企业的信任感越强烈,企业的信任度就越高。例如,某企业一种新产品问世,如果公众普遍认为,"这家企业能出什么好产品?不买",那么这家企业在公众中就没有信任度。如果公众普遍认为,"这个厂家有一定实力,产品质量也过得去,可以买了试试",那么这家企业在公众中就有一定的信任度;如果公众普遍认为,"此乃一流企业的产品,连各国政要都信任它,买它不需要犹豫",那么这家企业在公众中就有很高的信任度。

信任度是企业形象最为重要的核心标志。这是因为:

第一,从企业形象标志的内在层次来看,信任度属于最高层次。企业形象的三个标志不是同时产生的,首先,公众对企业产生印象,企业就获得知名度;其次,公众对获取的有关企业的信息进行整理、评价,产生有关企业的美誉度;最后,公众将这些印象的评价,上升为对企业的某种情感,表现出某种程度的信任、理解、尊敬、喜爱,企业形象在公众心目中才达到了最高的境界。信任度在企业形象的标志中居于最高层次。

第二,从企业形象标志的内涵来看,信任度具有最丰富的内容。信任度作为公众对企业的信任程度,反映的是公众对企业的情感关系,它是企业的知名度、美誉度在公众心理中实现的一个升华。

第三,从企业形象标志的作用来看,信任度具有最直接的特征。从企业来讲,塑造卓越企业形象的根本目的,不在于要使自己扬名,也不在于要取悦公众,而在于实现企业自身的效益和发展。只有取得了公众的信任度,才能使公众支持企业,去买企业的产品,从而实现企业的发展,实现企业塑造卓越形象的根本目的。

企业的信任度,既表现在量上,表现为有多少公众的信任和支持,又表现在质上,表现为公众支持的力度有多大,是一般的支持,还是较大的支持,还是全力支持。信任的量和质不同,受到公众支持的程度也不同,从而企业信任度也就不同。

只有那种在公众中拥有极高信任度的企业形象,才是卓越的企业形象。在国际上,一些极负盛名的大企业,如美国的通用、福特、杜邦、IBM、可口可乐公司,日本的三菱、松下、索尼、丰田等,它们的生产规模大,产品质量好,服务质量优,公关宣传广,形成了自己独特的企业文化,得到了广大公众的信任和支持。例如美国通用公司的汽车年销量达 1 000 多万辆,有这么多公众信任它,购买它的产品,该企业的形象可想而知。

在国内,正在崛起的一些大企业,如上海大众、南京熊猫、无锡小天鹅、仪征化纤、杭州娃哈哈、江苏春兰等公司,它们经过多年的经营,在生产规模、产品质量、服务水准、企业精神、职工待遇、广告宣传、公益赞助等诸方面都在非常广泛的公众中留下了深刻、美好的印象,得到了他们的称赞、信任和支持。正是在这个意义上,我们说它们具有卓越的企业形象。

相反,如果一个企业尽管它的知名度很高,美誉度似乎也不错,但没有多少公众信任它,或对它的产品将信将疑,支持度不高,购买力就是上不去,那么,这个企业的形象就不能说是良好的。例如,在我国有一些保健品生产企业,广告铺天盖地地做,赞助公益活动出手又大方,还搞了诸如有奖竞答、公众品尝、免费赠送等活动,一时在公众中的知名度、美誉度似乎真的上去了,但人们对它的新产品并不信任,看的多,买的少。这些企业或许会感到纳闷:我们的企业形象那么好,为什么产品的销路不佳呢?其实,信任度,才是企业形象卓越的根本标志。离开了高信任度,企业形象就不可能达到卓越的境界。塑造卓越形象,应该在提高公众信任度上下更多的工夫。

第二节　企业 CIS 战略的含义与构成

一、企业 CIS 战略的含义与特点

(一) 企业 CIS 战略的含义

CIS 是英文 corporate identity system 的缩写,即企业识别系统,也称为企业形象整体化战略,这个概念源于 corporate identity,即企业识别。

CIS 概念最早出现于美国,当时主要出于商务需要,在经济活动中以统一的图形或字标形象符号来加强视觉识别,以区别于其他公司并表达自我,进而达到扩大销售额的目的。这种称为 CIS 策划的经营技法被认为是美国"车辆文化"的产物。20 世纪 50 年代初,美国交通业发展迅速,高速公路网密布,马路、高速公路上的所有路牌均采用深绿

色底、白字,并有标志马路等级的符号,非常显眼,一目了然,可以使司机识别出路标的含义。受此启发,一些企业主也采用一些鲜明的标志来标识企业。如在美国,当司机看到黄色的"M",就会联想到麦当劳快餐店;看到蓝、红两色并排条状的招牌,就会想到加油站;看到方形红色招牌中布一条白色波浪曲线,就会想到可口可乐;看到光亮的星形标志,就知道是"假日旅馆"连锁店的招牌等。这种由标准的字体、图形和色彩组成的强调形象设计、强调设计统一性的企业标志,可以帮助企业塑造一种容易为公众接受的企业标志形象。

CIS 经过不断的发展和演变,就目前而言,企业形象识别系统是指一个企业运用独特、新颖、鲜明、引人入胜的标志,将企业的内在气质和外显事物通过传播向企业的内外公众进行宣传,借以树立企业良好的社会形象,达到促销的最终目的。

CIS 概念,可以从以下几个方面来理解。

第一,CIS 的内容。CIS 的内容就是传播企业的内在气质和外显事物。什么是内在气质?我们说企业的内在气质是指企业在生产经营过程中应该达到的目标,应该遵守的经营信条,应该奉行的价值观念,应该体现的精神风貌。企业的内在气质在 CIS 中称为理念识别。什么是外显事物?外显事物主要是指企业在生产经营过程中开展的种种活动,包括企业的内部活动,如企业管理制度的制定、企业职工联欢会、职工的优质服务竞赛等;也包括企业对外开展的一切活动,如企业的公益活动、优惠活动、新闻发布会、外部公关活动等。企业的外显事物在 CIS 中称为企业的活动识别。

第二,CIS 的表现形式。CIS 的表现形式即通过什么来表现,它是通过独特、新颖、鲜明、引人入胜的企业标志来表现。企业标志指企业区别于其他企业、表现自己独特个性的"代号",使人们一见到这个"代号"就知道是代表某个企业。在 CIS 中,企业的标志称为视觉识别。

第三,CIS 的手段。CIS 不是设计好放在总经理的抽屉或设计人员的图纸上就万事大吉的,而是要通过一定的手段来"广而告之",这就需要借助传播来扩散。通过报纸、杂志、电视、自办刊物等媒介来向内外公众传授、解释其中的含义;也可通过举办新闻发布会,企业 CIS 培训班等形式来进行宣传、扩散。同时,注意收集来自公众的意见,并汲取其中的精华。总之,要将 CIS 的种种要素落到实处,谨防"只说不做"。注意传播过程中要努力维护传播渠道的顺畅,谨防传播过程中受其他信息的干扰,保护传播内容的精确度。因为外部公众是在接受信息的基础上对企业形成的态度和看法。

第四,CIS 的目的。CIS 的目的是树立良好的社会形象,达到促销的最终目的。任何企业,存在就是为了发展,发展的最终目的是谋取一定的社会利益和经济效益,使企业更好地生存、发展和壮大,即形成一个发展、壮大、再发展、再壮大的良性循环系统。企业实施 CIS,就是为了改善和加快这个循环系统,使企业在竞争中立于不败之地,在竞争中脱颖而出。

因此,CIS 实质是一种企业形象差异化、风格化和个性化的战略,它将企业的各种要素简单地浓缩成一个简洁的视觉符号,一种鲜明的色彩基调,一句凝练的企业口号,一系列丰富的企业行为……这些符号、色彩、口号、行为的全方位运转,借助大众传播媒介传给社会大众,给社会大众造成一种强烈的冲击和震动,引起公众对企业的关注、熟识、记忆,形成对该企业的特别印象,产生对该企业的偏爱和信任,最终形成一种心理和思维上的定式,建立稳固的信赖关系。

(二) CIS 的特征

1. 统一性

企业形象是由企业内部诸多因素构成的统一体和集中表现,是一个完整的有机整体,如企业员工的形象、产品或服务的形象等,这些因素之间具有内在的必然联系。因此,在企业形象策划过程中,应把企业形象贯穿并体现在经营管理思想和管理活动中,把企业的外感形象和内在精神的方方面面体现出来,依靠全体员工的共同努力,使塑造企业形象成为大家的自觉行动。

2. 差异性

差异性不仅体现在企业的视觉标志上,而且也表现在企业的产品、经营目标、企业文化和发展战略上。这种差异性,不仅是企业或个人识别的基础,也是企业在激烈竞争的市场中的立身之本。

3. 传播性

企业形象可以通过各种传播渠道从某一类公众传送给另一类公众。这一特征为企业形象策划达成自身目的提供了理论依据。成功的企业都善于透过对企业形象的整体规划,以一套强有力的识别系统,传递出企业明确的诉求信息,进而引起消费者的共鸣与回馈。信息传播的正确性和有效性,是企业形象策划成败的重要内容。

4. 稳定性

企业形象一旦形成,就表现出相对的稳定性,一般很难改变。即使企业的性质发生变化,如果信息刺激较弱,也不会引起公众的注意,公众往往以过去的态度和经验对各种信息做出反应。

5. 长期性

企业形象策划的基本点是企业的长远利益。企业形象的社会认知度及影响力的培育需要企业具备相对长期持久的视觉面貌。这样才能突显企业的竞争优势,传达有效且高品质的企业信息,以优秀的形象体现企业与众不同的存在价值。

6. 操作性

CIS 系统在企业内外得到有效的贯彻,必须实行标准化的管理,强调操作的科学性、规范性。例如,标准字、标准色的使用都有严格的限制和界定,以保证系统在任何时间、地点所发布的信息都具有实际意义上的操作依据,从而达到维护企业形象的统一和整体面貌的目的。

7. 动态性

尽管企业形象具有相对稳定性,但这种稳定性并不意味着不可改变。随着企业内部因素和外部环境的改变,企业形象也会随之发生变化。只要变化足够大,时间足够长,并且这些变化正好是公众注目和关心的,那么公众对企业的态度和舆论就会发生变化。

二、企业 CIS 战略的构成

CIS 是在 CI 实施的基础上派生出的"企业统一化"体系,或称为"企业形象识别系统",旨在理论上、形象上、行为上完善 CIS 的执行。我们可以把 CIS 战略定义为"它是一个企业(或其他企业)为了塑造企业形象、通过统一的视觉设计,运用整体传达沟通系统,将企业的经营理念、企业文化以及企业经营活动等传达给所有企业关系者,以突显企业的个性精神,使社会公众对企业产生一致的认同感和价值观,从而提高企业竞争能力的经营战略"。

CIS 战略是通过将企业的理念识别、行为识别和视觉识别三大基本部分经过统一化整备,共同塑造企业良好形象的经营策略。

企业形象识别系统中,理念识别、视觉识别和行为识别是它的三个子系统,三者之间的关系,可以用一棵大树来表示,树根是理念识别,树枝和树叶是行为识别和视觉识别。也就是说,理念识别是内核,行为识别处于中间层,而视觉识别则是最张扬的部分。中国著名设计师贺愚华先生对于 CIS 中的三要素有一个生动的比喻:理念识别是 CIS 的策略面,是企业的心,它看不见却统帅一切,它贯穿于行为识别、视觉识别之中,指导着这两者的活动;行为识别是 CIS 的执行面,是企业的手,它负责企业动态要素的执行和完善;视觉识别是 CIS 的展开面,是企业的脸,它负责企业的静态要素。两者共同将理念识别具体化、可视化。理念识别、行为识别和视觉识别的关系如图 11-1 所示。

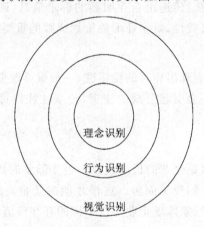

图 11-1 理念识别、行为识别和视觉识别的关系

理念识别,即企业的经营理念,它是 CIS 的核心。理念识别系统是企业经营哲学、价值取向、企业精神、文化性格、座右铭、管理思想、行为准则、经营方针、经营宗旨与信条等的结合体。理念识别是 CIS 的深层次观念系统,也是 CIS 运作的原动力和实施的基础。

行为识别,是指企业在实际经营过程中所有具体执行行为的规范化和协调化。行为识别系统是动态的识别系统,主要包括规范化经营理念的执行,各级职能部门规范化的接受和管理制度的实施,企业收受来自社会的对企业的信息回馈、信息整理,以及有益企业的各类公益公关活动等。具体表现为:企业发展战略的制定、经营目标的确立、企业机构的设置、科技发展重点和产品开发方向的确定、促销手段的运用、营销策略的谋划、员工行为规范的制定、员工教育和福利以及公益文化活动的确定等。

视觉识别,指以标准化、系列化的方式对企业精神和行为所做的外在化视觉形象设计。如企业名称、标志形象、标准字体、标准色彩、中心宣传词及口号、企业造型等,广泛应用于销售系统、办公系统和环境系统中,如应用于办公用品、设备、招牌、旗帜、看板、建筑外观、交通工具、衣着饰物、橱窗、广告及陈列展示等。视觉识别系统是企业识别系统的外显系统,属于静态信息传播符号,是CIS中分列项目最多、层面最广、效果最直接的向社会传递信息的部分。

企业识别系统甚至还包括听觉识别和嗅觉识别等。

综上所述,CIS最主要的目的与总的公关目标一致,仍是塑造美好的企业形象。只是CIS强调将构成企业形象的要素转化成统一的识别系统,然后再借助于各种信息传递方式将其准确、清晰地展示给公众。同时,CIS在塑造企业形象的过程中,其主要的方式和手段是利用整体传播沟通系统进行信息传播,而且这类整体传播不是对企业形象的被动传达,而是一种主动的、创造性的传达。这种最为快速的、便捷的塑造企业形象的方式和手段,虽然不能取代企业经营本身,但其确是企业管理中的一个重要部分。

三、企业 CIS 战略策划

(一) 企业 CIS 战略策划的内容

1. 企业理念识别

企业理念识别,是企业的灵魂,是企业的精神支柱,是企业个性化的集中体现,也可以说是企业的精神"宪法"。企业理念要浸透整个企业行为。它包括企业价值观、企业哲学、企业精神、企业道德、经营理念、企业座右铭、企业性格等方面的内容。

这里的关键是如何把企业精神概括好、提炼好。经过多年来企业界人士与理论界人士的共同研讨,大家对如何概括企业理念有了这样的共识,就是企业理念设计应有以下三个基本原则。

一是个性化原则,努力避免一般化的表达。如松下公司的理念是,为社会提供像自来水一样方便的服务。这是松下幸之助在目睹拉车人饮用自来水时悟出并结合企业实践产生的理念。这个构思富有创造性、故事性,有独特之处,被认为是个典型。

二是民族化原则。这就是要考虑民族精神、民族习惯、民族特点,体现民族形象。

三是多样化原则,即理念表达方式要避免单一化、雷同化。

企业家是企业文化的第一设计者。一个企业的理念识别系统往往最能体现企业家、企业决策者的素质、胸怀、风格和追求。

2. 行为识别系统

行为识别系统包括对内、对外两方面。对内的行为活动包括:企业管理、员工教育、服务态度、应付技巧(包括电话礼貌)、工作环境、福利状况、废弃物处理、公害对策及项目开发等。对外的行为活动包括:市场调查、产品开发、客户服务、公关、促销活动、流通对策、金融业务、股市对策、公益活动等。好的企业行为能直接作用于社会公众,使公众形成良好的印象与评价。

3. 视觉识别系统

视觉识别系统包括两类要素。一类是基本要素，包括：企业名称，品牌标志，品牌标准字体，企业标准色、辅助色，企业象征图案、企业造型，宣传标语口号等。基本要素在企业行为中必须严格遵守，不能任意改变。另一类是应用要素，包括事务用品，如名片、信封、信纸、明信片、便条纸、邀请函、贺卡、证书、奖牌、票券、文具、赠品、笔记本、公文表格、招牌、介绍信、茶具、餐具、卫生用具等。

在视觉识别系统中，如何选择标准色、辅助色很重要，因为不同颜色在视觉传达中给人不同的心理感受，也就是说使人在感觉上、心理上、情绪上以及注意力方面，会产生不同的反应。比如，红色能给人以活泼、热情的感觉；蓝色给人以严肃、深奥的感觉；绿色给人以清新、活力的感觉；黄色给人以醒目、辉煌的感觉；黑色给人以肃穆、凝重的感觉。张艺谋导演的电影《英雄》主题存在着巨大争议，许多人怀疑这部电影究竟要宣扬什么样的思想。但不得不承认，张艺谋确实是视觉传达处理的高手。由这部电影对颜色处理产生的鲜明效果，我们可以联想到企业标志设计在颜色选择上所应有的视觉张力和冲击力。

这里应特别介绍企业名称和企业标志应注意的问题。

企业名称确立的原则应当是简短、爽朗、有意义、有时代感和好听好识好记。中国老字号常用三个字，如同仁堂、全聚德、盛锡福、瑞蚨祥、六必居、陈李济等，讲究仁、德、福、祥这样的文化底蕴。

案例分析 11-2

店名中的文化

全聚德的企业名称与企业精神是一致的，那就是："全而无缺，聚而不散，仁德至上"。这个名字是什么意思？周恩来总理有一次在全聚德接待外宾，外宾很好奇地问这个店名的含义。周总理精辟地解释为："全而无缺，聚而不散，仁德至上。"由此，这12个字便成了全聚德的企业精神和经营之魂。

"贵友大厦"这个店名起得也很好，好就好在它好识好记，能够和广大市民的心相沟通，而且有东方传统文化的底蕴和美德：热诚好客，敬重朋友。对于"贵友"的含义，可以有不同的解释，如"'贵友'寓意为'天下诚为贵，四海皆为友'"。又如一位顾客来信讲："贵友，贵友，不愧视顾客为尊贵朋友"，这也是对"贵友"店名的一个通俗而准确的释义。我看从这里再引申一下，可以用这样八个字来说明"贵友"的含义："顾客为友，以友为贵"。不管怎么说，"贵友"都表明了把消费者、顾客视为尊贵朋友的意思。既然是尊贵朋友，那就必须善待，必须热情，而不能慢怠，更不能欺诈。这样，"贵友"这个店名，就具有东方人所看重的文化底蕴和大众化的文化品位。

总结：一个好的名字会给顾客留下较深的印象，成为企业众口相传的一张名片。

相当一段时期，我们的企业按地名、数字起名，如建了第4棉纺厂，再建一个就是第5棉纺厂。这种状况在市场经济条件下有所改变，如北京蓝岛大厦，地处北京的东大桥，原来考虑叫东大桥百货商场，后来觉得叫东大桥百货商场小了些，可叫朝阳区百货商场，可当时李贵保总经理觉得都不好。经过征集店名筛选，定为蓝岛大厦。蓝岛大厦的建筑好像一座岛屿，加上外墙是蓝色玻璃幕墙，像蓝色的海洋。顾客购物到来，就如航海人到了岛屿一样有一种归家、温馨之感。在市场竞争日趋激烈的环境中，企业形象是一种重要资源，它的作用是多方面的。

企业标志的设计应当具体、单纯、明快、一目了然、越简单越好，而且应具有亲切感。

视觉识别的应用系统一般来讲有这样几个方面：广告媒体、交通工具、衣着制服、室内设计、建筑设计、展示和包装设计等。

关于企业标志设计的独特文化底蕴，我想以案例说明问题。

案例分析 11-3

中国国际航空公司的企业标志、航标："凤凰"

国航航标"凤凰"的设计，出自画家韩美林之手。凤凰，在东方文化中有很多论述。它是百鸟之王，凤凰飞起，众鸟随从，能给人们带来吉祥和幸福，有东方文化的底蕴。请国外的设计公司就不大可能设计成这个样子。

"凤凰"是中国古代神话传说中的百鸟之王，国航选择"凤凰"作为公司的航徽，是因为它能代表中国传统文化特色，又象征着吉祥如意；图案中凤凰昂首高飞，展现了当代中国自强不息的精神；凤凰图案组合成 VIP（very important passenger），其含义为凡是乘坐国航航班的旅客都被视为贵宾，会受到最高礼遇。关于这只腾飞的"凤凰"图案，国航的同志还做过这样的介绍：凤凰是一只美丽吉祥的神鸟，美丽的凤凰飞越高耸的昆仑山，翱翔于四海之外。这只神奇的鸟在哪里出现，就给哪里带来安乐与祥和。

所以，每当它在蓝天中展翅飞翔，总有成千上万只各种各样的鸟伴随和跟随着它。

在理念识别、行为识别、视觉识别三大系统中，理念识别是企业的灵魂，是进行企业整体形象设计的依据；理念识别为整个企业识别系统的运作提供了指导思想。行为识别系统和视觉识别系统的设计只有体现企业经营理念的精神实质，才能形成统一且个性鲜明的企业形象特征。

总结：企业的标志是企业区别于其他企业的最主要特征之一。在现代品牌营销的潮流下，鲜明易识的企业标志是塑造明星企业的重要因素。

(二) 企业 CIS 的程序

1. 第一阶段：准备计划

以公司最高负责人为中心的筹备委员会，先研究 CIS 计划，慎重检讨公司必须施行 CIS 计划的理由，了解 CIS 施行的意义和目的。然后，再决定 CIS 计划的大致范围，是只改变企业标志等视觉要素呢，还是要彻底、重新检讨整个企业理念？

筹备委员会的会长可由董事长兼任，或由董事长委任代理人选。如果是后者，则此委员会的会长将来可能会担任 CIS 执行委员会的会长。一般而言，各委员是从公司内各部门的中级主管中选出来的，约有 5～10 人，也有 20 个人的委员会，这要看具体情况而定。

一旦决定要施行 CIS 计划，就要成立 CIS 委员会，以设计今后的计划。在此阶段，必须决定委任哪一家 CIS 专业机构或专业公司，听取设计专家意见。

2. 第二阶段：现状分析

现状分析包括企业内部环境和外部环境。关于企业内部环境的分析，必须进行意识调查，和企业最高负责人面谈，和各部门负责人面谈，和员工面谈。同时进行企业形象调查、视觉识别审查等活动，找出公司目前的问题，使 CIS 计划中的问题明确化。

企业外界环境的分析，是指对企业营运环境的分析，包括市场的分析和其他竞争企业形象的分析等相关分析活动，以掌握本公司在企业界的地位，并摸索、检讨公司今后的存在位置。

3. 第三阶段：企业理念和事业领域的确定

根据上述现状的把握，便可进而重新检讨企业理念和事业领域。以企业的经营意志和社会、市场背景为基础，预测 10 年后、20 年后的情况，以确定公司的事业领域。同时，将现存的企业理念和现在、未来相对照，据此而构筑出企业活动的方向。

4. 第四阶段：整合企业结构

根据企业理念、事业领域来检讨企业的内部结构系统，以形成新的企业体制。

5. 第五阶段：统一行动识别、视觉识别

行动识别是指通过企业结构的整合过程，必然会表现出来的新的企业活动。员工行动方面，可积极地推行内部促进运动，展开全公司的企业理念的贯彻实施计划，使企业整体的行动统一化。

视觉识别是指人人看得到的信息传递媒体。换言之，企业在视觉媒体的表现，也必须加以统一。心理学研究的成果表明，在人摄取外界信息的五个感觉道中，透过视觉感觉道获取的情报信息约占 83％，所以应特别注意视觉标志系统的统一，透过统一的视觉识别系统，把企业的理念有效地传递给世人。设计和实施的统一是传递企业形象的有效武器，和信息传递的效率化、媒体制作的效率化也有密切关系。

此阶段的工作可细分为基本设计要素的开发、应用设计系统的开发、实施设计和实施各系统的开发等阶段。

基本设计要素包括标准色、企业标志、公司名称标准字等视觉要素。过去,企业标志是必然要重新开发的项目,最近则出现了一种新趋势,即利用公司名称标准字的标准化,达到象征的效果。例如麦当劳并未设计出企业标志,而以标准字作为标志使用,采用英文名称的第一个字母 M 作为公司的企业标志,象征两扇永远打开的金色大门。另外,在标志的设计中,现代的设计方式得到广泛的应用,更多地追求标志的美观性和识别性。

制作应用设计系统时,必须考虑企业主要采用哪种信息传递媒体表现理念及行为。如果是连锁企业,则以各店铺为主要媒体;如果是制造厂商,则产品和产品包装是主要媒体;如果是运输业,其主要媒体当然是车辆。其他的一般应用项目包括业务用的账票、设施、杂物、识别标志、制服、徽章,以及宣传、广告的各种媒体。

然而,要一口气改善企业的所有设计并使之统一,的确不太容易,还必须考虑到费用和时间问题。所以,企业可根据优先顺序,逐一变更。

四、企业 CIS 战略实施

企业 CIS 的实施,有利于企业个性的展现,对树立良好的企业形象、拓展和占领销售市场能起到积极的推动作用。企业导入 CIS 能否取得成功,领导重视与否是根本,是关键,说到底是一个意识与观念的问题,有的企业领导不知道 CIS 是怎么回事,或者只零星听说过一些 CIS 名词,谈不上有导入 CIS 的迫切愿望。这样对 CIS"导入"做一点表面文章,又会有什么效果呢?企业对市场的影响力分为直接影响力和间接影响力,不少企业领导人往往只看重直接影响力,即只重视直接的、现场的效应(如场面大小)。但直接影响力的范围终究是有限的,不可能让整个城市参与某企业的活动;要让企业的影响力真正扩大。应高度重视提高和加强潜在的间接影响力。

企业 CIS 实施包括两大部分,即 CIS 导入和 CIS 全面实施。

(一) CIS 导入

CIS 导入是指结合企业的具体情况,开始推行或再次推行(对以前已实施的进行修改和变动)的全过程。CIS 导入是实施 CIS 的关键阶段,它确定了本企业 CIS 的各项基本要素的内容,形成 CIS 执行的关键文件《CIS 手册》,以及全面实施的计划。CIS 导入一般在一定的计划期内完成。

CIS 全面实施是指根据 CIS 导入制订的计划和内容来全面执行和推广。它是具体实施 CIS 的阶段,是 CIS 全面落实和获得效果的阶段,是一个长时间、需要严格管理的阶段。CIS 导入的具体实施包括以下内容和工作步骤。它是一项细致的工作,需要企业全体职工和所有部门的参与。

CIS 具体的实施程序如下。

(1) 企业 CIS 导入的目的和计划被批准和确认。其主要包括:企业内部经过多方讨论确定,企业领导批准实施。

（2）企业落实。企业落实包括：企业内部成立专门负责 CIS 实施的部门和领导机构；与帮助实施 CIS 的公司签订合同；确定在实施过程中各有关部门的权利和义务。

（3）与 CIS 实施有关的所有部门和人员共同研究确定实施目标、实施方针及有关事宜。

（4）制订时间进度计划及各个阶段的详细内容。

（5）进行事前形象调查内容、方法和对象的确定；委托或自行调查企业的确定；进行问卷设计和审查的确定。

（6）实施调查，同时再次确认本企业的经营战略、经营方针等重要文件和依据。

（7）对调查进行统计分析。

（8）根据调查分析，确定或再次确认企业的经营理念的简要表达形式。

（9）把最后确定的理念简要表现形式以报告的形式交付讨论。

（10）调查对理念的讨论结果。

（11）企业最高领导确定用简要形式表现的企业理念。

（12）以理念为核心，系统检查行为识别和视觉识别设计的有关问题。

（13）进行视觉设计和行为设计。

（14）由设计者对视觉识别要素（企业名称、标志、标准色、标准字等）部分的一个或几个方案进行说明，并形成报告。

（15）将视觉识别要素的图案和报告在企业内部进行展示和讨论。

（16）对设计进行事前试验，邀请企业内、外部有关人员在看完展示后填写问卷和进行统计分析。

（17）总结讨论事前试验结果，对方案进行确定、修改或重新设计。

（18）将设计完成的企业名称和标志送到工商行政管理部门进行法律确认，并登记注册。

（19）结合本企业特点，确定视觉识别应用设计应包括的内容。

（20）对视觉要素设计进行确认，向设计者提供应用设计的内容、项目和要求。

（21）对行为识别设计者提供的设计和报告进行讨论、修改和确认。

（22）确定行为识别中有关要素的设计和策划的内容、项目和要求。

（23）对完成的全部设计进行审核和最后确定。

（24）进行《CIS 手册》的设计和印刷。

（25）研究确定对企业内外的 CIS 传达、宣传计划。

（26）对 CIS 应用设计的有关内容进行制作。

（27）实施对内宣传计划。

（28）实施对外宣传计划。

（29）根据最初实施情况，进一步制订全面实施方案。

（30）全面实施 CIS。

对于以上内容和工作程序，每个企业应认真审核，结合本企业实际情况加以修改、增减和完善。

在企业整个 CIS 导入中,有一些关键问题需要很好地把握,它们对是否能成功导入起着举足轻重的作用。

1. 确定导入的目的

确定为什么要导入 CIS,期望解决什么问题是 CIS 导入首先要做的工作。它是前提和动力。确定导入目的要注意以下问题。

(1) 一般目的和特殊目的。从一般意义上说,导入 CIS 是为了识别企业形象。这对所有企业都是相同的。但是,同时应该看到,CIS 是解决问题的学问,企业必须根据自己的具体情况,强调导入 CIS 对本企业需要解决的重点问题。

(2) 全面导入和局部导入。由于企业的情况不同、目的不同,为了以最少的费用解决最主要的问题,避免盲目性和浪费,在 CIS 导入中还可以考虑全面导入和局部导入问题。

所谓全面导入,是指导入 CIS 的全部内容,全面实施 CIS 战略。在绝大多数情况下,CIS 必须全面导入,以保证其完整性,全面发生功效。但是,在某些特殊条件下,局部导入也不失为一种策略。所谓局部导入,是指只导入 CIS 中的个别内容或系统,如只导入视觉识别系统等。

在以下条件下,可考虑局部导入。

过去已实施过 CIS 的企业,由于生存环境发生变化,需要对 CIS 中的某一局部进行重新修正。

由于企业具体条件限制,在短期内对 CIS 中的某些必要因素还不能确定,如经营战略。但是,竞争环境又要求企业必须有明确的感官识别。因此,一开始以 CIS 的视觉识别作为切入点,在之后较长的时间内完成全面导入,这在我国比较多见。由于我国许多企业刚从计划体制下转轨,很多内部经营管理问题不可能在一夜之间解决,加上我国市场环境的特殊性,我们认为,与其在形式上一步到位,不如脚踏实地,一个问题一个问题地解决。在我国,常见的模式是,在初步总结企业理念的基础上,先导入视觉识别系统及部分行为识别要素;在实施一段时间以后,逐步完成全部 CIS 导入工作。虽然我们并不推荐这种做法,但是,在条件非常不成熟的时候,也可作为导入的一种方式,用于解决急需的问题,比如生存问题。其关键问题是,局部导入的企业必须充分认识这种方式可能引起的问题。因为,这可能导致更大的浪费。

2. 导入前形象调查

企业在导入 CIS 过程中的一项重要工作是对导入前企业的实际形象进行调查,这是必不可少的工作。它是 CIS 导入的基础工作之一。

CIS 导入要解决的问题很多来自"理想形象"与"实际形象"的差距。导入前形象调查就是为解决这一问题确定客观依据。

3. 确定或再次确认企业的经营战略

企业的经营战略是 CIS 导入的关键要素。经营战略具体回答了企业为什么存在和怎样存在的问题。它决定了企业生存和发展的方向,是决定企业其他问题的依据。在 CIS 导入的实际操作中,它是确定理念的最重要依据之一。

从本质上讲,经营战略是由企业理念决定的。但是,由于理念本身的复杂性以及它是通过企业行为表现出来的特点,在实际操作中,企业理念确定首要的依据来自企业的经营战略。

认识经营战略和理念的这种关系,对 CIS 导入非常重要。从这个意义上说,当企业经营管理还达不到某一水平时,全面导入 CIS 几乎是不可行的。CIS 导入中的一项重要工作就是确定或再次确认企业已制定的经营战略。

4. 确定理念

在 CIS 导入中,一般要求理念识别在表现形式上用最简洁的语言表述最主要的部分。这种表现方式必须符合以下要求。

(1) 能反映企业复杂理念的最主要部分,尤其关系到企业生存与发展的方向性的原则和问题。企业理念绝不是一句简单的广告语。

(2) 在表现形式上有明确的指向性。

(3) 能获得企业绝大部分职工的认同和支持。因此它需要经过全体职工的讨论,而不是由几个领导拍板决定。

(4) 易于记忆和传播。

在 CIS 导入中的这种理念表现形式经常被作为企业形象广告的主题和广告语;同时,它也是制定行为规范、视觉识别设计的主要参考。它最终形成《CIS 手册》的重要组成部分。需要注意的问题是,它并不代表企业理念的全部;它不能简单地成为口号设计。

5. 制订导入计划

CIS 导入必须认真策划,并在此基础上形成计划,这是科学管理的要求。CIS 导入计划包括以下内容。

(1) 工作内容和时间顺序。

(2) 有关指标和要求。

(3) 企业机构和负责人的确定及职责要求。

(4) 哪些部门和个人在什么时间需要协助完成什么工作。

(5) 计划实施中的协调和控制等。

(二) CIS 全面实施

CIS 全面实施是指根据 CIS 导入制订的计划和内容全面执行和推广,它是具体实施 CIS 的阶段,是 CIS 全面落实和获得效果的阶段,是一个长时间、需要严格管理的阶段。全面实施 CIS 主要包括以下工作。

1. 让企业内外都了解本企业的理念与战略

当企业理念与企业战略制定出来之后,一项必不可少的工作就是企业内外对企业理念与战略的认识与了解。这一点意义重大。为什么有些企业在导入 CIS 之后并没有收到多少成效？一个最根本的原因就是它未能使企业理念与企业战略深入企业内外所有有关企业和有关人员中。

这一举措的目的在于使企业内外的所有有关企业及人员都明确本企业在干什么和为什么而干，从而能够获得认同，进而获得一种亲和力与心理上的共鸣。只有这样，企业的理念与战略才能真正发挥出它应有的作用。

2. 用理念促进企业主体性的形成

理念主体性、统一性的实现，是需要付出长期、艰苦的努力才能真正做到的。理念统一性实现的一个重要特点是，它类似宗教的形式。它不仅要不断地灌输、教育，更重要的是靠具体的事实对抽象理念的"解释"，尤其是企业管理者的身体力行逐步形成。理念推广必须通过多种形式，而不是简单的、教条式的说教形式。

3. 将设计出的视觉识别系统全方位地应用

CIS全面实施一开始的重要工作之一就是将设计出的视觉识别全方位地应用。

每个企业都有外部标志，企业引进CIS前后的一个很大区别，就是系统的视觉识别的全方位应用。这里所谓全方位，是指一切必须运用和可以利用的地方与场合。这对加强识别记忆有重要意义。

在CIS全面实施中，必须强调企业标志、标准字、标准色等要素的使用，必须严格按照《CIS手册》实施。任何变形或特殊使用都要有严格的审批制度。

4. 规范企业行为

这是企业主体性的外在表现，它是动态识别过程。CIS全面实施中这方面的工作主要包括以下几方面。

（1）根据行为识别原则具体制定或修改完善企业的各项规章制度，并严格执行；

（2）通过培训和教育规范领导与职工的行为表现；

（3）根据《CIS手册》完善内部工作环境；

（4）重新制定或修改职工的提拔与奖励制度及生活福利的分配制度；

（5）全面实施企业的经营战略、经营方针和政策；

（6）全面重视企业经营管理水平和职工素质的提高；

CIS全面实施与企业经营管理是相互交叉和相互包容的。导入和实施CIS作为企业和品牌形象的切入点的一个重要意义在于，以此为线索的实施，条理更清楚，具有更强的操作性。

技能训练

训练目标：

1. 了解CIS战略的含义与特点；
2. 熟悉CIS战略的主要构成；
3. 熟悉CIS战略实施的主要步骤。

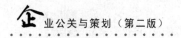

训练内容：

天福公司准备引入CIS,但却引发了激烈的争论。

1. 天福公司中层管理人员反对全面引入CIS的原因

有的人认为,公司落到现在的境地,某些高层管理人员应承担责任,改变公司的现状不是引入CIS就能实现的。

有的人认为,面对公司当前的困境,有很多更重要的事情亟待解决,引入CIS不是首要的事情。

有的人认为,公司以往务虚的内容已经够多了,甚至使员工不能踏实地工作,现在公司必须在工作作风上彻底扭转。CIS是"花架子"。其他的原因是某些中层管理干部素质相对低下,他们的工作表现和工作方式与其职位不相称,他们常常拒绝任何形式的重大变革。当然,也有人对CIS缺乏深入了解,并且抱有很大的偏见。

2. 专业人员的观点

作为以国际化为目标的大型集团公司,天福公司如果要顺应社会潮流、摆脱困境、追求新的发展就应该全面地导入CIS；导入CIS应是公司的一项全面、长期、持续的工作；CIS不是单纯的标志规范以及以此为基础的应用程序,它是一个由CIS专业人员和企业全体人员共同参与、制订和实施的有机的系统工程,导入条件要求比较严格,导入CIS须创造条件、选择载体、调整重心、分阶段有步骤地进行。

3. 公司在决定全面导入CIS之前的理念和文化

经营战略："营造具有国际化标准的工业示范区"。

公司理念："营造环境,构建未来"。

在文化方面强调团队精神和务实的工作作风。

4. 决策结果

在原有的企业标志基础上,请专业公司设计《CIS手册》,并根据情况逐步推广。

试分析：

天福公司是否应引入CIS,CIS真有那么大的作用吗？何时引入CIS比较合适？现在是否是最佳时机？为什么？

训练步骤：

1. 了解CIS战略的基本含义与特点；
2. 对材料所述的情况进行分析；
3. 给出分析的结果。

训练要求：

1. 分析要遵循CIS的基本原则；
2. 实训的形式可以是讨论或者中心发言。

本章小结

本章阐释了企业形象的基本含义和实施CIS战略的意义,概括分析了企业形象对企业的重要作用,它作为企业的脸面,对企业的经营发展有着极其重要的推动或者阻滞作用;同时,分析了企业形象的基本类型和主要特征,这对推动树立企业形象有着很好的理论指导作用;还深入分析了企业形象的三个基本标志及其之间的关系,给企业形象公关活动指明了方向;接着较详细地梳理了推动企业形象的CIS战略的基本构成和实施步骤,给企业如何紧跟世界潮流、走向全球化提供了基本的操作示范。

本章练习

一、判断题(10小题)

1. 企业形象是公众对企业的主观印象的总和,因此是一个主观性的概念。( )
2. 企业塑造良好的企业形象的目的就是推销产品。( )
3. 企业形象取决于公众的主观看法,因此随着公众的看法改变,有很大的波动性。( )
4. 公众通过直接接触企业的产品和服务,亲自体验所形成的企业形象是直接形象。( )
5. 对企业的产品或者形象有抵触的部分是企业形象的正面形象。( )
6. "众口铄金"说明企业形象具有传播性。( )
7. 企业形象的基础性标志是美誉度。( )
8. 国际大型企业的对外宣传一般只用一个标志,这体现了CIS的统一性。( )
9. CIS理念最核心的是理念。( )
10. CIS的目的应该与企业公关的目的是一致的。( )

二、单项选择题(5小题)

1. 企业通过CIS使得内部员工同心同德,这体现了CIS的( )作用。
   A. 吸引人才   B. 获得社会的理解与支持
   C. 增强内部凝聚力   D. 增强资金筹措能力
2. 企业的目标、企业哲学、企业精神与风气等无形部分所形成的形象是( )。
   A. 外部形象   B. 内部形象   C. 内在形象   D. 外在形象
3. 高信任度是卓越企业形象的( )。
   A. 核心标志   B. 基础性标志   C. 实质性标志   D. 外在标志
4. CIS是指( )。
   A. 企业识别   B. 企业理念   C. 企业文化   D. 企业精神
5. 企业对内和对外的各种活动作为企业CIS的一个部分,称为( )。
   A. 企业理念识别 B. 企业行为识别 C. 企业视觉识别 D. 企业活动识别

三、多项选择题(5小题)

1. 企业CIS战略实施包括( )几个方面。
   A. CIS建立   B. CIS导入   C. CIS全面实施   D. CIS架构
2. CIS导入要确定的内容有( )。
   A. 确定导入的目的   B. 导入前的形象调查

C. 确定企业的经营战略　　　　D. 确定理念
3. 根据公众对企业的了解,企业形象可以分为(　　)。
   A. 企业表层形象　　　　　　　B. 企业实质形象
   C. 企业深层形象　　　　　　　D. 企业实体形象
4. 企业形象的基本标志包括(　　)。
   A. 知名度　　B. 美誉度　　C. 高信任度　　D. 高支持度
5. 企业形象的特征有(　　)。
   A. 客观性　　　　　　　　　　B. 主观性
   C. 唯一性　　　　　　　　　　D. 稳定性与传播性

四、问答题

1. 为什么说信任度是企业形象最为重要的核心标志?
2. 请解释 CIS 的含义。
3. 请解释企业形象的含义。

五、案例分析题

"可口可乐"新形象

1886 年,美国亚特兰大的药剂师彭伯顿创造了可口可乐饮料,百余年来以其独特的口味,通过营销战略和广告战略为主的市场活动,其魅力已风靡全球。在世界各大企业的商标中,"可口可乐"居首位,已在消费大众的心目中产生了十分深刻的印象。然而在 20 世纪 60 年代末,该企业领导层却毅然决定更改标志,力求跨越历史传统,创造迎接新时代的形象。"可口可乐"董事长迪克森曾说:"我不愿停留在传统的过去,而寄希冀于新鲜的未来。"1965 年,主管营业销售部门的副总经理哈威和美国总公司副总经理暨品牌主管赫伯特两人在纽约第五街伊丽莎白·阿登(Elizabeth Arden)美容室讨论,决定把"可口可乐"塑造成"青年歌手"般的新形象,并酝酿形成了开发新形象的计划"阿登计划"(Project Arden)。

"阿登计划"关于塑造"可口可乐"新形象而设定的目标如下:

• 对消费大众,不但要使其继续饮用,更要使其认识饮用"可口可乐"的文化价值;

• 要使人们认识到饮料市场上"可口可乐"产品优良,是家喻户晓的饮料;对于新形象的主要受众年轻人要有强烈的诉求力;迅速将"可口可乐"的新形象在消费市场中建立起来。

由于"可口可乐"新形象的塑造重点在于视觉识别,所以,市场调查的重点是商品标志。经过广泛的市场调查,"可口可乐"原有的标志识别中有四个要素是不可缺少的:

• Coca—Cola 的书写字体;

• Coke 的品牌名称;

• 红色的标准色;

• 独特的瓶形。

上述四个基本要素是可口可乐公司多年来投入巨资所构筑的宝贵财产,新的设计必须在此基础上开发。

负责设计开发的 L&M 公司花费了几个月的时间,从数以百计的方案中审慎地选出符合"阿登计划"精神的新标志——正方形中配置 Coca—Cola 书写体的标准字,Coke 瓶形特有的弧线轮廓予以象征化的、像缎带一样的线条。

1968 年 12 月,新方案终于获得公司决策者的认可,期间市场调查、设计开发作业和反复测试的时间长达 3 年之久。

1. 从上述的案例来看,CIS 是( )。

  A. 企业形象   B. 企业标志

  C. 企业形象塑造的过程   D. 企业产品标志

2. 在上述的案例中,可口可乐公司将企业的新理念物化到产品形象上的行为转化方式称为( )。

  A. CIS   B. 企业宣传   C. 企业公关   D. BI

3. 从可口可乐公司新的产品标志设计上可以看出,企业标志的设计可以不遵循的原则有( )。

  A. 易辨性   B. 坚持传统

  C. 艺术性   D. 协调性、传达性

4. 可口可乐公司 CIS 导入的时机是成功的因素之一,从上述的资料中,你认为当时选择改变形象的原因是( )。

  A. 企业形象深入人心   B. 企业产品的变化

  C. 时代的变迁,社会环境的变化   D. 企业领导的灵机一动

5. 从上述案例中,没有提及的可口可乐公司的 CIS 导入程序是( )。

  A. 提案准备   B. 调查   C. 设计开发   D. 实施管理

各章练习参考答案

第一章

一、判断题

1~5 错;对;错;错;错　6~10 对;错;对;错;对

二、单项选择题

1~5 B;B;C;A;C

三、多项选择题

1. ABC　2. ABC　3. ABCD　4. ABCD　5. ACD

四、问答题

1. **答**　(1)疏通渠道以塑造企业良好形象。企业公关人员通过广泛的社会交际活动,疏通、理顺和改善各种与企业相关的渠道和关系,以塑造良好的企业形象。

(2)协调关系为产品打开销路。良好的企业形象是以企业产品的过硬质量为基础的,否则就没有坚强的后盾,表面的关系不可能维持长久。因而企业公关要以良好的素质(包括过硬的产品质量)为基础,通过协调关系展示产品形象和企业形象。

(3)调整内部策略以适应社会要求。企业不能适应社会,社会就有可能淘汰企业。因此,企业通过公关活动联合的关系、开创的渠道和塑造的良好形象,需要不断巩固和发展,需要企业经常注意调整内部策略,不断创新公关活动方式与方法,建立起广泛的社会联系纽带,保持企业与社会环境的平衡,完善企业在社会公众中的良好形象,从而达到与社会公众相互适应、相互合作的目的,进而赢得市场竞争的主动权。

2. **答**　企业公关的要素:公关的主体——企业,公关的客体——公众,公关中介——传播媒介。

企业公关职能:传播沟通,协调关系,决策咨询,塑造企业形象、处理危机。

3. **答**　(1)水平和垂直思考谋划法。水平思考谋划法是指基于水平思维方式而进行的企业公关方案的策划方法。水平思考法(lateral thinking),又称为戴勃诺理论、发散式思维法、水平思维法。垂直逻辑的思考和分析法(vertical thinking)是以逻辑与数学为代表的传统思维模式,这种思维模式最根本的特点是:根据前提一步步地推导,既不能逾越,也不允许出现步骤上的错误。

(2)德尔斐法。该方法最初由美国兰德公司和道格拉斯公司提出,是一种广泛征集专家意见的方式。

(3)公众调查法。公众调查法是通过对公众的调查、了解来掌握公众对企业的不满、要求、意见和建议,并以此作为企业公关策划的依据。公众调查法的具体方法有公众座谈法、公众问卷法和走访调查法。

(4) 头脑风暴法(BS)。头脑风暴法又称头脑激荡法,最早是由奥斯本提出的一种群体策划的方法。该方法的主要做法就是将所有参加人员召集在一起,让他们对某个问题发表自己的意见和见解。

(5) 对演法。对演法也称"逆头脑风暴法"。这种方法通常是将成员分成持不同观点的小组,相互辩论,各抒己见,充分论证、暴露矛盾,充分展示各种方案的优、缺点。这种方法在准备报告上级或交付客户前,用于自我审查比较适合。

(6) 创意逆反法。创意逆反法其实就是头脑风暴法的派生方法。该方法是让人们对某个方案只提批评意见,尽量挑毛病,甚至吹毛求疵也行,从而达到改进方案的目的。

(7) 创意裂变法。创意裂变法也称原子弹法。顾名思义,就是说创意智能经过突变"爆炸",形成新创意、新方法、新思想。

(8) 替代法。替代法在日常生活中用途相当广泛。替代也就是用相似的物品或方法来取代原来的,从而达到相同或更好的效果。

4. 答 企业公关的一般过程分为七个步骤:调查情况、制定目标、确认公众、选择传播媒介、编制预算、传播策动、效果评价。

五、案例分析题

1~5 D;A;C;C;B

第二章

一、判断题

1~5 错;对;错;错;错 6~10 错;对;对;错;错

二、单项选择题

1~5 D;B;B;C;B

三、多项选择题

1. ABCD 2. ABC 3. ABCD 4. ABCD 5. ABCD

四、简答题

1. 答 企业公关人员的培养有两种基本的方法,即课堂讲授和实际操作。但不管哪种方法都强调理论联系实际。

从课堂讲授来看,虽然主要是侧重公关知识和有关知识的传授,但在传授过程中要充分显示出操作性的特点。从国外公关教学经验比较丰富的学校的课程设置来看,他们在授课过程中,有相当大的比例是采取案例教学和课堂讨论方法,甚至连考试的试题也带有较强的实际操作性。

2. 答 做好企业公关从业人员的教育培养工作是发展企业公关事业和提高公关人员综合素质的有效途径。因此,需要做以下几个方面的工作。

(1) 在培养目标上,通才型公关人才培养与专才型公关人才培养结合。

(2) 在培养内容上,系统教育与单项培训相结合。

(3) 在培养方式上,教育单位办班、用人单位办班和联合办班等三者相结合。

3. 答 (1) 公关专业知识。公关专业的学科知识包括:公关理论知识,如公关的基本概念、公关的由来、公关的职能、公关活动的基本原则,以及公关的三大要素——企业、公众和传播的概念和类型、不同类型公关工作机构的构建原则和工作内容、公关工作的基本程序等。

（2）背景学科知识。背景学科知识包括：管理学类学科，包括管理学、行为科学、市场学、营销学等；传播学类学科，包括传播学、新闻学、广告学等；社会学和心理学类学科，包括社会学、心理学、社会心理学等。

（3）操作性学科知识。操作性学科知识对提高公关人员的实际工作能力有直接的帮助，如广告学、写作学、演讲学、社会调查学、计算机应用与社交礼仪知识等。

（4）方针政策知识。公关人员应熟知党和政府的有关政策、法令、法规，了解社会的政治、经济、文化等诸方面的现状及未来的发展趋势。

另外，公关人员有时会根据特定的需要，开展某些特定的公关工作，譬如，企业的产品由内销转为外销，企业需要开展国际公关工作，这时，公关人员就有必要了解国际关系、国际市场营销、国际公关等方面的专业知识和有关国家的政治、经济情况。

4. **答** 公关计划、方案的实施，工作千头万绪、具体繁杂，没有较强的组织能力是很难顺利做好工作的。组织能力是公关人员从事公关活动的重要保证。在筹划一项公关活动时要深思熟虑，精心准备，制订详细周密的计划、措施，设想可能发生的种种情况；在活动开展过程中，要穿针引线、烘托气氛，左右逢源、应付自如；在活动结束后更要认真总结，仔细归纳得失利弊，任何经验教训都是下一次活动的基础和依据。协调能力是指公关人员要随时并善于发现企业内外、企业与公众之间的矛盾和不平衡；善于发现各类公众对企业产生的误解或不信任，及时加以沟通、协调；或通过上级领导部门，或通过新闻媒介，或通过自己的劝导、游说，进行调解，以维护企业的声誉。

五、案例分析题

1～5 D；B；B；B；A

第三章

一、判断题

1～5 错；对；错；错；错　6～10 对；错；对；错；对

二、单项选择题

1～5 B；B；C；A；C

三、多项选择题

1. ABC　2. ABC　3. ABCD　4. ABCD　5. ACD

四、问答题

1. **答**　（1）突出主题原则。在选择公关策划方案时，不仅要使公关策划方案的主题得到体现，同时也要使公关活动的主题与企业的整体形象一致。

（2）简单经济原则。简单并不代表不好，越是简单实用的公关策划方案，越能让公关活动有效地开展起来。有些公关策划者在公关策划时产生这样的误区，认为把活动搞得越大、活动项目越复杂，公关策划的方案才是好方案。其实不然，有时在细节上多下工夫、经济简单的方案也会得到好效果。

（3）随机应变原则。公关策划方案不仅要及时，还要适应以后局势的转变。

2. **答**　方案的优化可以从三个方面去考虑：提高方案的可行性，降低耗费，优中选优。优化方案的方法有以下几种。

（1）重点法。当我们对一个方案进行优化时，可先从合理度、可行性、耗费三个方面分析，哪些方面的提高或降低对该方案的合理值影响最大，即把影响最大的方面确定为重点。如果方案中合理度与可行性都很高，就是费用太高，则可将耗费定为重点。

（2）轮变法。轮变法的具体运用如下：在影响整体的要素中，将其中一个作为变数，其他的作为定数，对作为变数的要素作数量的增减，以期在其他要素不变的情况下提高合理值，直到不能再增减。然后，换另一个要素作变数，而将原来的那个要素与其他要素一起作定数，依此类推。直到合理值不能再提高为止。

（3）反向增益法。此法与轮变法的不同在于：轮变法是以其他要素不变为前提，去增减一个要素的值；反向增益法则是以一个要素的较小变动去求得其他要素的较大变动。人们通常只考虑如何降低成本，以增加利润，而反向增益法则是考虑如何增加少量成本，以求增加大量利润，取得"舍寸进尺"的效果。

（4）优点综合法。设计出来的每个方案都有优点和缺点，未被选上的方案未必就没有一点优点，被选上的方案也未必就没有一点缺点。优点综合法就是将各方案中可以移植的优点部分综合到被选上的方案中，使被选上的方案好上加好，达到最优化。

3. 答　企业公众意见调查可采取不同的方法进行，常见的有访问调查、"公开企业"调查、社会意见征询调查等。

第一，访问调查。访问调查是由企业派调查人员直接面对公众，将事先准备好的有关企业各方面情况的问题，征求公众的意见，同时也回答公众有关企业各方面的问题。访问调查常用访谈、信访、民意测验和电话访问的方式进行，其中，访谈最为常用。

第二，"公开企业"调查。"公开企业"调查就是邀请公众直接到企业所在地参观、考察，将企业的全貌直观地展示给公众，让公众亲身体验企业的活动，然后再听取公众的意见。公众通过直接考察、了解企业，能更全面、客观地认识企业。从某种意义上说，它能进一步加深企业在公众心目中的印象，由公众再作宣传，向公众征求意见，以了解企业在公众心目中的地位和形象，体现出企业能够真正重视公众，接受公众的意见，特别是公众提出的批评意见。"公开企业"调查的方式不但能调动公众关心企业的积极性，帮助企业出谋划策，而且还可以向公众表明，企业闻过则喜，诚恳接受公众意见的态度。

第三，社会意见征询调查。社会意见征询调查侧重于公众对企业的经营管理、服务态度、产品质量、价格定位、社会舆论、企业形象、信誉度、知名度及认可度等方面的调查。调查人员应通过各种途径保持与公众的联系、沟通和交流。另外，企业还可以在社会各界聘请兼职的信息资料调研人员，让更多的公众参与了解企业、理解企业的各项活动，以便企业推进调整各方面的工作。社会意见征询调查需要综合运用多种调查手段和方法，其中公众来信、来访最为常用。

五、案例分析题
1～5 B；C；D；C；C

第四章

一、判断题
1～5 错；对；对；错；错　6～10 错；对；错；对；错

二、单项选择题

1～5 B；A；B；D；C

三、多项选择题

1. ABCD 2. BCD 3. ABCD 4. ABCD 5. ABCD

四、问答题

1. 答 （1）民主管理激励。切实保证员工的主人翁地位，让员工有权参与企业重大决策，有权对企业领导进行监督和咨询。

（2）奖惩激励。充分肯定内部员工的合理动机和正确行为，使之发扬光大，同时彻底否定员工的不良行为，使之收敛和消退。奖励应将物质鼓励与精神鼓励相结合。奖励和惩罚要及时，当员工做出成绩或给企业造成损失时要及时给予表扬、奖励或惩罚，其效果最佳。

（3）榜样激励。以员工熟悉的先进典型为榜样，以榜样带动一般，以先进推动后进，使先进更加严格要求自己，对后进则会产生触动作用。

（4）领导行为激励。领导行为对广大职工有很大感染、鼓舞和示范效应。

（5）情感激励。注重对职工的感情投资，除关心员工工作外，还应对员工工作之外的学习、生活给予关心、照顾。

（6）反馈激励。及时把员工的业务成绩和学习的效果反馈给本人，同时做出客观的评价和奖赏。

2. 答 （1）树立正确的顾客观。

（2）增强服务意识，实行全过程星级服务。20世纪90年代是服务制胜的年代，越来越多的企业意识到：提供恰当的服务品质可变成商战利器，为公司创造并保持可观的竞争优势。

（3）建立顾客资料库，加强双向沟通。进入21世纪，传统的大众营销方式逐渐向一对一营销方式转换。

（4）与顾客进行联谊活动。选择一定的时机（如节假日）与顾客进行联谊活动，在联谊活动中双方的情感自然而然得到交流与升华，彼此间能建立亲密而融洽的关系。

3. 答 （1）培养和提高政治素质。应及时、全面、准确地了解与企业有关的各项政府法令、法规与政策、措施，为企业的决策提供依据，以保证企业的活动在政府的许可范围内进行，服从政府的指导和管理，做政府的模范公民，以赢得政府的信赖和支持。

（2）加强与政府的双向沟通，比如呈送文件、向上级汇报，或者请上级领导来本企业检查和指导工作等，使政府能够了解企业的基本情况和发展动向。

（3）加强人际交往，建立与政府官员的私人感情。

（4）积极参加政府企业的各种公益活动。

（5）邀请政府官员参加企业重大活动。

（6）利用国事活动，扩大宣传效应。

五、案例分析题

1～5 D；A；C；D；C

第五章

一、判断题

1~5 对；错；错；对；错 6~10 对；错；错；对；错

二、单项选择题

1~5 C；B；A；D；A

三、多项选择题

1. ABCD 2. ABC 3. BCD 4. ABD 5. ABCD

四、问答题

1. 答 （1）以诚取信的原则。企业要在公众心目中树立良好的形象，关键在于诚实守信。只有诚实守信才能获得公众对本企业信任的回报。如果企业以欺骗的方法，吹嘘自己，骗得一时骗不了一世，最后必然失去公众的信任。

（2）公众利益与企业利益相协调的原则。企业的生存、发展不能离开社会的支持。劳动力、资金、生产资料的提供是通过各种市场关系来实现的，但最终是由社会来提供的。此外，企业还要受政府的宏观调控和政策法规的制约等。因此，企业开展公关活动时，必须将公众利益与企业利益结合起来。

（3）讲究道德的原则。企业应从社会、企业长远发展的全局出发，开展营销公关工作，评价经济效益，明确自身的责任，遵守公关职业道德，使企业利益同公众利益相一致。

2. 答 更准确地满足消费者的需求。在整个市场上，消费者的需求是不同的。通过为每一个消费群体制订一个独特的营销组合，企业可以为满足消费者需求提供更好的解决方案。

（1）增加利润。不同的消费群体会对价格产生截然不同的反应。某些消费人群会比另一些消费人群对价格的敏感性低得多。市场细分可以帮助企业在每个细分市场上获得最好的价格，从而有效地提高其平均价格水平，并增加公司的盈利。

（2）获得细分市场的领导地位。在任何特定的市场内，占市场主要份额的品牌将是非常赚钱的。市场的领导地位给它们带来了规模经济。同时，它们在销售和生产方面，也可以建立分销渠道。

（3）留住客户。企业瞄准不同的消费群体提供相应的产品或者服务，为的是随着客户需求变化保留其忠实度。

（4）关注营销传递。市场细分可以使企业找到将产品的信息推广传达到目标群体的媒介渠道。

市场细分过程与建立细分标准有关，根据标准可以区分出有相似需求的消费人群。这些标准必须根据具有以下特点的消费群组来建立：这个细分市场的消费者对某个特定的营销组合应该有同样反应。其上述反应必须与其他细分市场的消费者截然不同。这个消费人群必须能够为企业的投资提供足够多的回报。用来区分市场细分的标准必须是可操作的。

3. 答 （1）市场集中。即只选择一个细分市场集中营销。通过集中营销，可以更加清楚地了解细分市场的需求，并树立良好的形象，以确保自己在该细分市场中的稳固地位。

(2) 差异化。即选择性地进入几个不同的细分市场,其中每个细分市场都具有吸引力,并符合企业的目标和资源。通过差异化的方式进入市场,可以降低企业的风险。

(3) 市场专业化。即在某一个细分市场上提供所有的产品,以集中满足该细分市场的各种需求。

(4) 产品专业化。即企业只提供一种产品,并将该产品用于各类细分市场。

(5) 市场涵盖。即为所有的细分市场提供所有的产品或服务。

五、案例分析题

1~5 A;A;C;D;B

第六章

一、判断题

1~5 对;错;错;错;对 6~10 错;错;对;对;对

二、单项选择题

1~5 C;D;A;B;D

三、多项选择题

1. ABCD 2. ABC 3. ABCD 4. ABCD 5. ABCD

四、问答题

1. 答 (1) 有助于增强企业内部的凝聚力。

(2) 有助于与参加者沟通情感。

(3) 有助于加强企业与外部的交往。

(4) 有助于传递和保存企业的价值与传达企业情操体系中的某些理念。

(5) 有助于维持社会和团体结构的示敬礼仪,从形式上维护企业共同具有的价值观。

(6) 有助于扩大企业的影响,提高企业的知名度和美誉度。

2. 答 (1) 隆重热烈型。主管领导讲话,请名人来剪彩,其目的是宣传企业的实力雄厚,前途远大。

(2) 艰苦朴素型。并非所有的开业典礼都要大操大办、大张旗鼓才行,其实艰苦朴素的开业典礼更适合我国的国情。

(3) 别具一格型。这种开业典礼的特点是突出特色,与众不同,花小钱办大事,花同样的钱办更大的事,不花钱同样能办事,以此来吸引公众,给公众留下深刻的印象。

(4) 社会公益型。这种形式的开业典礼不追求典礼的形式,却十分重视典礼的社会公益性,通过为社会公益事业竭诚奉献来塑造企业的良好形象。

(5) "别有用心"型。这种形式的开业庆典有两种情况,一种是"以正掩邪"型;一种是"以正压邪"型。第二种"以正压邪"型才是我们所提倡的。所谓以正压邪就是利用开业典礼,请权威人士光临,以排除小人之辈的干扰,以为以后工作的顺利开展做好铺垫。

3. 答 (1) 地点的选择。在选择具体地点时,应结合庆典的规模、影响力以及企业的实际情况来决定。企业礼堂、会议厅、本企业内部或门前的广场以及外借的大厅等,均可予以选择。企业在室外举行庆典活动时,切勿因地点选择不慎,因而制造噪音,妨碍交通或治安。

(2) 环境的美化。在反对铺张浪费的同时,应当量力而行,着力美化庆典举行现场的环境。为了烘托出热烈、隆重和喜庆的气氛,可在现场张灯结彩,悬挂彩灯、彩带,张贴一些宣传标语,并且张挂标明庆典具体内容的大型横幅。同时,还可以邀请乐队届时演奏音乐、敲锣打鼓,营造热闹的气氛。

(3) 现场的规模。当选择举行庆祝仪式的现场时,应当牢记的是并非愈大愈好。从理论上说,现场的规模应与出席者人数的多少相适应。人多地方小,拥挤不堪,会使人心烦意乱;人少地方大,则会让来宾对本企业产生"门前冷落车马稀"的错觉。

(4) 音响的准备。在庆典举行之前,务必把要使用的音响准备好,尤其是麦克风和传声设备,应进行先期检查。在庆典举行前后,可播放一些喜庆、欢快的乐曲,以活跃气氛。

五、案例分析题

1~5 A;A;D;A;C

第七章

一、判断题

1~5 错;对;错;错;错　6~10 对;错;错;对;错

二、单项选择题

1~5 B;C;B;D;C

三、多项选择题

1. AD　2. ABD　3. ABCD　4. ABCD　5. ABCD

四、问答题

1. 答　从一般意义上讲,社会赞助就是指企业的赞助,它是企业对社会事业或社会活动捐助资金或物资的公关活动。而媒介赞助主要是广告公司或新闻媒介机构利用大众传播媒介无偿地为赞助对象进行"广告"宣传,使公众获得有关的信息,从而采取对赞助对象有利的互动行为。

2. 答　(1) 明确赞助宗旨。

(2) 体现企业特色。

(3) 保持连续性、配套性。

(4) 进行合理预算。

(5) 借用新闻媒介。

3. 答　企业的赞助活动,必须要能够体现出企业的特色,要能够实现企业公关的目标,因此在实施的过程中必须注意以下几个基本的原则。

(1) 实现社会公益性和企业功利性的统一。

(2) 保证赞助活动的社会透明度。

(3) 主动赞助,信守承诺。

(4) 科学管理。

五、案例分析题

1~5 B;A;C;D;D

第八章

一、判断题

1~5 错;对;错;错;错　6~10 错;对;对;对

二、单项选择题
1～5 B;C;A;D;B
三、多项选择题
1. ABC 2. AD 3. ACD 4. ABCD 5. ABCD
四、问答题
1. **答**   会展地点的选择,要依据以下三个原则进行。

一是市场推广可行性。主要考察展览场地所在地的目标市场的大小及其对周围的辐射程度。适宜的展览场地及其周边区域一般是一定区域的经济中心和商业贸易中心之一,理想的展览场地还应是将要展出产业比较发达的区域之一。从展览对周围的辐射程度看,展览场地所在城市最好是区域经济发展具有较强的集聚效应、服务业对周边地区的服务程度比较高、产业间的配套联系比较紧密的。

二是观众可达性。主要考察展览场地的交通便捷性及开馆、闭馆时间与周围交通线路的合理配置。一般大型展馆的选址已经考虑了交通便利的因素,如接近地铁站和主要交通线路的出入口,有众多的交通线路通过等。在举办大型展览期间,还应在开馆、闭馆期间设置临时增加的专线车,做好出租汽车的车辆调配等工作。

三是场地适宜性。主要包括展出场地与展出场地设备的安排两方面。选择展览场地,首先要考虑展览总面积的大小,大的展出面积要选择大型场馆,以保证有足够的展出场地,而小的展出则可选择规模适中的展馆,与会议相配套的展示,甚至可以选在举办会议的宾馆展示区域或在会议场所附近的展示厅,以突出展示本身的功能。

2. **答**   (1)会展策划工作复杂,涉及面广,需要集合各部门的人才分头负责,集体决策,所以要成立会展项目策划工作小组。会展策划工作小组组成人员包括:①策划主管。策划主管负责沟通、协调各策划人员的工作,全权负责策划方案的制订或修订。②策划人员。策划人员负责编拟会展项目计划。③文案撰写人员。文案撰写人员负责撰写各类会展文案,包括会展常用文书、会展社交文书、会展推介文书、会展合同等。④美术设计人员。美术设计人员负责各种类型视觉形象的设计,包括广告设计、展示空间设计等。⑤市场调查人员。市场调查人员负责进行市场调查及完成市场调查报告。⑥媒体联络人员。媒体联络人员负责进行媒体宣传推广。

(2)进行市场调查与分析。会展市场调查是会展策划的基础,它是以科学的方法,有系统、有计划、有组织地收集、记录、整理和分析与会展相关的各种信息,从而为会展项目的确立和会展方案的设计提供科学依据的活动。

3. **答**   会展主题是对会展的宗旨、目标、具体题材等的提炼和艺术加工。经过提炼后的主题应简练、新颖、流畅、易记、上口,并能充分地表达出会展的目的。会展主题的提炼方法主要有:

(1)归纳提炼法。归纳提炼法就是通过对会展的指导思想、宗旨、目的要求等的归纳,总结提炼出主题的方法。

(2)加工提炼法。加工提炼法就是在归纳的基础上,利用修辞艺术进行优化,加工提炼出主题的方法。这种方法可以使会展主题更上口、动听、深刻,而且有一定的内涵,不流于直白、简单。

(3) 借用法。借用法就是借用熟知的名人名言、警句和现实生活中一些闪光的语言作为会展的主题。这些语言的借用能反映会展的意旨,使会展主题显得更深刻、更美好、更感染人。

五、案例分析题

1~5 C;A;C;D;A

第九章

一、判断题

1~5 对;对;错;对;对　6~10 错;错;对;对;对

二、单项选择题

1~5 A;D;C;C;B

三、多项选择题

1. ACD　2. ABC　3. ABCD　4. ABCD　5. ABCD

四、问答题

1. **答**　电视的优点是:具有音像同步的特点,可以真实生动传播事情或事情发生、发展的过程,能使观众产生身临其境的真实感,具有较强的吸引力;电视传播是最接近面对面的个人传播,传播时聚集在屏幕前的又以家庭和各种小群体为多,他们在同一时间共享同一信息,彼此间交流和互动,容易产生亲切感,从而具有强烈的感染力;电视节目不受观众文化程度的影响,老幼皆宜,具有大众性;电视表现手法和节目内容丰富多样,可综合运用文字、图片、动画、电影、声响等各种技巧以及特技手段来加深观众的印象。

电视的缺点:节目制作成本高,制作过程也稍长;节目有固定时间,观众的选择余地较小,一般都处于被动地位。

2. **答**　信息传播的成功与否最终表现在对受传者在四个层次上的影响。

(1) 信息层次。这是最基本的层次。即要使受传者得到欲知或未知的信息。在这个层次上公关所进行的活动除了交流信息之外没有其他目的。只要信息比较及时、比较准确地传递出去,并为受传者所理解,那么公关的传播就没有失败。

(2) 感情层次。感情层次是指受传者对传播者或信息的喜爱、情绪等。人非草木,孰能无情。感情是态度和行为的潜在因素。对公关人员而言,公关传播活动要十分注意联络与公众之间的感情。这个层次的形成往往是在不知不觉之中进行的。

(3) 态度层次。人们对自己接受的信息经过自己的思考、判断都会有一个态度。受传者对传播者的信息是认同还是排斥,这是由受传者的态度决定的。公关的传播活动在很大程度上是围绕公众的态度而展开的。它立足于精心策划的公关活动去影响和改变公众的态度,使公众理解、接受、支持自己的观点和主张。公关工作就是要通过传播影响公众对某一个问题的态度。态度层次是传播的重要层次。

(4) 行为层次。即传播引起了受传者的行为,是传播效果的最高层次和传播的最终目的。行为层次是以信息层次、感情层次和态度层次为基础的。

3. **答**　拉扎斯菲尔的"两极传播"的假设是:"观念总是先从广播和报刊传向'意见领袖',然后再由这些人传到人群中不那么活跃的部分。"也就是说,信息的传递是按照"媒介—意见领袖—受众"这种两极传播模式进行的。这里所提出的中间环节"意见领袖",其作用与意义举足轻重。意见领袖又称"舆论指导者",指社会活动中能有较多机会接触来自各种渠道信息的人,即"消息灵通人士",或对于某一领域有丰富知识与经验的"权威专家",其态度和意见对广大公众影响较大。

在传播活动中,信息传播者大多是通过大众传播媒介来接触社会消费者的。当看到厚厚的报纸和每隔十几分钟就要跃上荧屏的电视广告时,我们应当意识到,大众传播媒介的力量是巨大的,但不是法力无边的。人们在进行传播时,千万不可忽略那些卓有成效的以人际传播和企业传播方式所达到的传播效果,千万不可忽略"意见领袖"的指导作用。

五、案例分析题

1～5 B;A;D;B;C

第十章

一、判断题

1～5 错;错;对;对;对　6～10 错;错;错;错;对

二、单项选择题

1～5 D;A;C;A;A

三、多项选择题

1. BD　2. ABCD　3. ABCD　4. ABD　5. ABC

四、问答题

1. 答　英国危机公关专家里杰斯特提出关于危机处理的"3T"原则:"Tell your own tale"(以我为主提供情况);"Tell it fast"(尽快提供情况);"Tell it all"(提供全部情况)。

第一个"T"强调的是危机处理时企业应牢牢掌握信息发布的主动权,包括信息发布人要由本企业的人担任,信息发布要从企业自身角度出发,以此来增加信息的保真度,从而主导舆论,避免发生信息失真,甚至出现信息真空的情况。

第二个"T"强调的是危机处理时企业应尽快地发布信息,占有主动性,以避免由于信息真空或信息被其他媒体抢先报道而造成企业的被动不利局面。要做到尽快对外发布信息,以正视听,首先必须遵循第一时间出现在第一现场的原则,以便于随时随地地把最新的信息发布出去。

第三个"T"强调的是信息发布应真实全面,对与危机相关的信息要实言相告。越是隐瞒真相越会引起更大的怀疑。

2. 答　(1) 深入现场,了解事实。

(2) 分析情况,确立对策。

(3) 安抚受众,缓和对抗。

(4) 联络媒介,主导舆论。

(5) 多方沟通,加速化解。

(6) 有效行动,转危为机。

3. 答　公关危机也叫危机公关,它是指由于某些突发事件及重大问题的出现,影响了企业生产经营活动的正常进行,对企业的生存、发展构成威胁,从而使企业形象受到严重损害。

五、案例分析题
1~5 A;B;C;B;C

第十一章

一、判断题
1~5 错;错;错;对;错　6~10 对;错;错;错;错

二、单项选择题
1~5 C;C;A;A;B

三、多项选择题
1. BC　2. ABCD　3. ACD　4. ABC　5. ABD

四、问答题

1. 答　第一,从企业形象标志的内在层次来看,信任度属于最高层次。企业形象的三个标志不是同时产生的,首先,公众对企业产生印象,企业就获得知名度;其次,公众对获取的有关企业的信息进行整理、评价,产生有关企业的美誉度;最后,公众将这些印象的评价,上升为对企业的某种情感,表现出某种程度的信任、理解、尊敬、喜爱,企业形象在公众心目中才达到了最高的境界。信任度在企业形象的标志中居于最高层次。

第二,从企业形象标志的内涵来看,信任度具有最丰富的内容。信任度作为公众对企业的信任程度,反映的是公众对企业的情感关系,它是企业的知名度、美誉度在公众心理中实现的一个升华。

第三,从企业形象标志的作用来看,信任度具有最直接的特征。从企业来讲,塑造卓越企业形象的根本目的,不在于要使自己扬名,也不在于要取悦公众,而在于实现企业自身的效益和发展。只有取得了公众的信任度,才能使公众支持企业。去买企业的产品,从而实现企业的发展,实现企业塑造卓越形象的根本目的。

企业的信任度,既表现在量上,表现为有多少公众的信任和支持;又表现在质上,表现为公众支持的力度有多大,是一般的支持,还是较大的支持,还是全力支持。信任的量和受到公众支持的程度也不同。从而企业信任度也就不同。

2. 答　CIS是英文 corporate identity system 的缩写,即企业识别系统,也称为企业形象整体化战略,这个概念源于 corporate identity,即企业识别。

CIS概念,可以从以下几个方面来理解。

第一,CIS的内容。CIS的内容就是传播企业的内在气质和外显事物。什么是内在气质? 我们说企业的内在气质是指企业在生产经营过程中应该达到的目标,应该遵守的经营信条,应该奉行的价值观念,应该体现的精神风貌。企业的内在气质在CIS中称为理念识别。什么是外显事物? 外显事物主要是指企业在生产经营过程中开展的种种活动,包括企业的内部活动,如企业管理制度的制定、企业职工联欢会、职工的优质服务竞赛等;也包括企业对外开展的一切活动,如企业的公益活动、优惠活动、新闻发布会、外部公关活动等。企业的外显事物在CIS中称为企业的活动识别。

第二,CIS的表现形式。CIS的表现形式即通过什么来表现,它是通过独特、新颖、鲜明、引人入胜的企业标志来表现。企业标志指企业区别于其他企业、表现自己独特个性的"代号",使人们一见到这个"代号"就知道是代表某个企业。在CIS中,企业的标志称为视觉识别。

第三,CIS的手段。CIS不是设计好放在总经理的抽屉或是设计人员的图纸上就万事大吉的,而是要通过一定的手段来"广而告之",这就需要借助传播来扩散。通过报纸、杂志、电视、自办刊物等媒介来向内外公众传授、解释其中的含义;也可通过举办新闻发布会,企业CIS培训班等形式来进行宣传、扩散。

第四,CIS的目的。CIS的目的是树立良好的社会形象,达到促销的最终目的。

因此,CIS实质是一种企业形象差异化、风格化和个性化的战略,它将企业的各种要素简单地浓缩成一个简洁的视觉符号,一种鲜明的色彩基调,一句凝练的企业口号,一系列丰富的企业行为。

3. **答** 企业形象是指社会公众及企业成员对企业总体的印象和客观的评价。具体来说,企业形象是社会公众对一个企业的整体看法和评价。它包括企业机构是否健全、设置是否合理、人员是否精干、运转是否灵活、办事是否高效等。

企业形象这个概念包含了以下四层含义。

(1) 公众是企业形象的感受者和评价者,这种评价是有一定标准的。

(2) 企业形象不是形象主体的自然流露,而是经过企业刻意塑造和追求的结果。

(3) 公众对企业形象的认知是整体的、综合的,而不是局部的、个别的,是经过理性选择和思考的最终印象。

(4) 公众对企业形象的认知要从印象上升为信念并据此做出判断、评价。

五、案例分析题

1~5 C;D;B;C;D

[1] 厉以宁,曹凤岐.中国企业管理教学案例[M].北京:北京大学出版社,1999.
[2] 冯兰.公关训练[M].武汉:武汉大学出版社,2003.
[3] 张香兰,郭迈正.企业公共关系[M].北京:中国物价出版社,2003.
[4] 巴文华.企业公共关系新编[M].广州:中山大学出版社,2006.
[5] 黄荣生.企业公共关系[M].北京:中国商业出版社,1996.
[6] 彭和平.企业公共关系与传播媒介[M].西安:陕西人民教育出版社,1992.
[7] 马小红,李宁,等.企业公共关系教程[M].北京:北京出版社,2004.
[8] 江林.21世纪企业公共关系构筑[M].北京:中国物资出版社,2002.
[9] 郎佩娟.企业公共关系[M].北京:中国建材工业出版社,1997.
[10] 范贵喜.企业公共关系[M].北京:兵器工业出版社,1995.
[11] 黄卫东,张展新.企业公共关系[M].北京:中国商业出版社,1995.
[12] 俞宏标.企业公共关系实务[M].杭州:浙江大学出版社,2006.
[13] 企业国际化管理研究课题组.中小企业公共关系国际化管理案例[M].北京:光明日报出版社,2005.
[14] 胡春良,李万兵,等.现代企业公共关系教程[M].郑州:河南大学出版社,1997.
[15] 张岩松.企业公共关系危机管理[M].北京:经济管理出版社,2000.
[16] 徐晨光,傅剑华,贺韧.企业公共关系纵横谈[M].长沙:湖南文艺出版社,2000.
[17] 孙丽娟,等.企业公共关系与实务[M].沈阳:辽宁大学出版社,1997.
[18] 许丽遐.现代企业公共关系实务[M].北京:北京航空航天大学出版社,2009.
[19] 张德,吴剑平.企业文化与CI策划[M].北京:清华大学出版社,2008.
[20] 吴德民,王春丽,刘太鹏.公共关系实务[M].哈尔滨:哈尔滨地图出版社,2006.
[21] 樊泳雪.公共关系学概论[M].成都:四川大学出版社,2006.
[22] 田蜩媛,等.现代促销理论与实务[M].北京:经济科学出版社,2006.
[23] 曹红玲,王芸.公共关系学[M].合肥:中国科学技术大学出版社,2006.
[24] 杨明娜,陈敏,等.公共关系学[M].北京:电子科技出版社,2007.
[25] 乐飞,翟年祥.公共关系教程[M].合肥:安徽大学出版社,2004.
[26] 张践.公共关系:从理论到实务[M].北京:人民出版社,2003.
[27] 姚建平.实用公共关系[M].重庆:重庆大学出版社,2002.
[28] 吴建勋,等.公共关系案例与分析教程[M].北京:中国物资出版社,2002.
[29] 熊源伟.公共关系学[M].合肥:安徽人民出版社,1990.

[30] 邢颖.企业实用公共关系[M].北京:中国劳动出版社,1991.
[31] 赵灵奎.现代公共关系学[M].天津:天津科技翻译出版公司,1989.
[32] 熊源伟.公共关系策划[M].广州:中山大学出版社,1991.
[33] 方宏进.公共关系原理[M].长沙:湖南文艺出版社,1988.
[34] 王瑨.公共关系原理与实务[M].2版.北京:中国劳动社会保障出版社,2006.
[35] 王乐夫.公共关系概述[M].北京:高教出版社,1994.
[36] 居延安.公共关系学导论[M].上海:上海人民出版社,1987.

　　伴随着中国改革开放的深入,中国经济发展已经取得了举世瞩目的成就,中国正在由过去的世界工厂向设计工厂、研发中心转型。但是,我们必须清醒地看到,现代企业的竞争,已经从产品质量、产品技术、产品价格等的竞争转向企业形象、产品知名度、美誉度、服务水平等更高层次的竞争。因此,企业在做好优秀产品的同时,要很好地了解内外部关系,做好公关,把握机会,迎接挑战。企业公关理论的引入和推广是推动企业腾飞强力的助推器。

　　从目前来看,中国企业的表现还不是很尽如人意。当然,这和我国公关学研究的发展相对比较缓慢也有一定关系。公关作为一门应用学科,就其抽象的理论而言并不复杂,但就它的实务运作来说,却是十分丰富、千姿百态的。在国外一些院校公关学的教学中,公关实务教学的课时要大大超过公关一般原理教学的课时。而且,即使一般公关原理的教学,也大都将各种精彩的案例分析贯穿其中。

　　为贯彻教育部关于教育改革的精神,以广州广播电视大学为首组织编写了"全国高等学校应用型人才培养·企业行政管理专业系列规划教材",本书作为其中的一本,就是以应用为目的、以实用为原则、以可操作性为标准进行编写的。内容上从工商等企业公关工作的实际出发,结合一些典型案例,比较全面、系统地介绍了公关实务运作的基本原则、方法和技巧。本书和国内同类教材相比,在内容编写上重点突出了其实践性。其以实践为基础,以公关实际工作中常见的问题为出发点,以实际工作中的难点问题为突出点,以提高公关人员的素质为重点,并加入了一系列的案例和练习。

　　本书可供企业行政管理专业或公关等专业作为教学使用,也可以作为企业行政管理人员培训教材使用。愿本书在培养公关人才、提高公关人员素质和工作技能方面有所作为,为中国企业公关的推广和发展作出一点贡献。

　　在本书的编写过程中,很多的领导和专家、同事给予了大力支持和帮助。特别是武汉大学"珞珈学者"特聘教授、博士生导师、政治与公共管理学院副院长、公共管理(MPA)教育中心主任丁煌博士,华中师范大学王端教授的关心、支持和指导,在此表示深深的感谢!

　　由于作者水平有限,加之收集资料等技术层面的局限,本书疏漏、不足和错误之处在所难免,希望读者批评、指正。

编　者
2017年11月于广州麓湖

与本书配套的二维码资源使用说明

  本书部分课程及与纸质教材配套数字资源以二维码链接的形式呈现。利用手机微信扫码成功后提示微信登录,授权后进入注册页面,填写注册信息。按照提示输入手机号码,点击获取手机验证码,稍等片刻收到 4 位数的验证码短信,在提示位置输入验证码成功,再设置密码,选择相应专业,点击"立即注册",注册成功。(若手机已经注册,则在"注册"页面底部选择"已有账号? 立即注册",进入"账号绑定"页面,直接输入手机号和密码登录。)接着提示输入学习码,需刮开教材封面防伪涂层,输入 13 位学习码(正版图书拥有的一次性使用学习码),输入正确后提示绑定成功,即可查看二维码数字资源。手机第一次登录查看资源成功以后,再次使用二维码资源时,只需在微信端扫码即可登录进入查看。